云制造联盟创新生态系统
演化机理与运行机制

王 京 著

国家自然科学基金青年项目：云制造联盟创新生态系统演化机理与运行机制研究（编号：71804035）
教育部人文社会科学研究青年基金项目：云制造联盟创新生态系统发展机制研究（编号：18YJC630177）
黑龙江省哲学社会科学研究规划项目：基于三螺旋理论的黑龙江省绿色创新生态系统构建及创新机理（编号：16GLC07）

科学出版社
北 京

内 容 简 介

本书首先介绍云制造、创新生态系统、产业联盟等基本概念及其理论和实践发展，以此提出云制造联盟创新生态系统内涵及模型。其次，借鉴三螺旋理论、Logistic 模型、社会网络分析方法等理论及工具，从互动演化、种群演化、网络演化三方面揭示云制造联盟创新生态系统演化机理。再次，利用演化博弈理论、量子多目标进化算法、MATLAB 仿真工具等，从共生、循环、平衡三方面构建云制造联盟创新生态系统运行机制。最后，以航天云制造联盟为典型案例，进行实证研究并提出发展对策。本书的研究提出了一个崭新的交叉科学研究方向——云制造联盟创新生态系统，不仅开拓了云制造领域研究视角，而且丰富了创新生态系统应用的研究成果，同时完善了云制造创新管理的技术手段和方法选择，以期承载更多创新要素、资源和力量来整合、协同推进制造业转型升级。

本书可供相关企业管理人员及研究人员阅读和参考。

图书在版编目(CIP)数据

云制造联盟创新生态系统演化机理与运行机制/王京著. —北京：科学出版社，2022.3

ISBN 978-7-03-071431-2

Ⅰ. ①云… Ⅱ. ①王… Ⅲ. ①计算机网络-应用-制造工业-研究 Ⅳ. ①F407.4-39

中国版本图书馆 CIP 数据核字（2022）第 021242 号

责任编辑：杨慎欣 张培静 / 责任校对：崔向琳
责任印制：吴兆东 / 封面设计：无极书装

科学出版社 出版
北京东黄城根北街 16 号
邮政编码：100717
http://www.sciencep.com

北京九州迅驰传媒文化有限公司 印刷
科学出版社发行 各地新华书店经销
*
2022 年 3 月第 一 版　开本：720×1000　1/16
2023 年 1 月第二次印刷　印张：15
字数：302 000
定价：99.00 元
（如有印装质量问题，我社负责调换）

前　言

在创新 3.0 时代背景下，新一代信息技术迅速发展，正悄然改变着制造业的生产方式和创新模式。应"云"而生的云制造以实现制造企业内部资源优化配置与跨企业社会化协同制造的工业互联网为基础，成为新一轮工业革新浪潮的驱动力。为深入实施制造强国战略，需构建符合我国特色的云制造联盟，并充分发挥产业链资源整合、云制造示范试点作用。由于制造业创新的生态化转型，云制造联盟创新生态系统的产生是科技进步、国际竞争及生态发展的必然结果，体现云制造产业的新特点和新需求，其演化机理与运行机制研究是理论界及实践界亟须探讨的重要问题。由此，本书以云制造生态化发展与创新生态系统理论互动契合为切入点，从系统论视角、利用生态学隐喻，分析云制造联盟创新生态系统模型；分别从互动演化、种群演化、网络演化三方面揭示云制造联盟创新生态系统演化机理，弥补只从单一层面探讨其演化问题的缺陷；从共生、循环、平衡三方面构建云制造联盟创新生态系统运行机制，提高联盟创新资源利用效率；选取典型云制造联盟进行实证调研，并提出对策建议。

目前云制造联盟创新生态系统研究尚处于起步阶段，尤其关于云制造联盟创新生态系统演化机理与运行机制的研究，还没形成完整的理论体系与管理模式。针对这一问题，在完成国家自然科学基金青年项目"云制造联盟创新生态系统演化机理与运行机制研究"（编号：71804035）、教育部人文社会科学研究青年基金项目"云制造联盟创新生态系统发展机制研究"（编号：18YJC630177）及黑龙江省哲学社会科学研究规划项目"基于三螺旋理论的黑龙江省绿色创新生态系统构建及创新机理"（编号：16GLC07）的基础上，本书根据云制造产业特点，揭示云制造联盟创新生态系统演化机理，提出云制造联盟创新生态系统运行机制，有助于指导云制造产业的发展实践。

全书共 7 章。第 1 章阐述本书的研究背景、目的及意义，对云制造联盟创新生态系统进行系统概述，介绍云制造、创新生态系统、产业联盟等基本概念的界定，对云制造联盟创新生态系统的相关研究进行总结，并综述相关研究及发展现状。第 2 章在深入剖析云制造联盟内涵和运作模式基础上，界定云制造联盟创新生态系统的内涵和特征，构建云制造联盟创新生态系统模型，以此提出云制造联盟创新生态系统演化维度和路径，设计云制造联盟创新生态系统演化机理与运行机制体系框架，为探讨云制造联盟创新生态系统演化机理与运行机制奠定基础。第 3 章基于云制造联盟创新生态系统呈现的演化特征——功能形态的不断演化、种群的变异和进化、关系结构的持续变化等，从功能维度、要素维度、结构维度三方面揭示云制造联盟创新生态系统演化机理。第 4 章构筑良好的信任关系以保持云制造联盟创新活动的正常运行，引入前景理论，构建信任机制，有效检测云制造联盟成员间的信任关系。同时，考虑合作创新的参与动机，建立合作伙伴选择策略模型，以此构建云制造联盟创新生态系统合作伙伴选择机制。第 5 章分析云制造联盟创新生态系统创新资源集成问题的特点及其复杂性，基于演化博弈思想，构建创新资源集成机制。同时，将一个复杂的制造任务分解成若干个制造子任务，运用量子多目标进化算法，确定最优云制造服务组合方案，进而构建云制造联盟创新生态系统服务组合机制。第 6 章从个体生态位、生态位宽度与重叠度视角，构建生态位决策模型，并利用仿真方法揭示不同情境下的创新发展规律，构建云制造联盟创新生态系统生态位决策机制。同时，云制造合作各方需要在法律和政策的引导下，签订协议以明确约定各方的权利义务关系，以此提出利益分配原则，设计利益分配流程，建立利益分配模型，由此构建云制造联盟创新生态系统利益分配机制，使参与联盟协同制造的各方成员得到有效的利益保障。第 7 章以航天云网工业互联网公共服务平台为实证对象，收集云制造联盟创新生态系统实际演化及运行数据，了解其生态化发展路径，归纳云制造联盟创新生态系统演化机理与规律。另外，将理论研究与实践情况进行对比，指出理论研究可优化之处，为云制造联盟创新生态系统运行机制的实际运用提供方法与策略，以此进一步探索云制造联盟创新生态系统转型升级实现路径，推进"中国制造"向"中国智造"的转变。

由于作者水平有限，书中不妥之处在所难免，恳请广大读者批评指正。

王　京
2021 年 10 月

目 录

第1章 云制造联盟创新生态系统概述 ·· 1
1.1 研究背景、目的及意义 ·· 1
1.1.1 研究背景 ·· 1
1.1.2 研究目的及意义 ··· 3
1.2 云制造 ·· 4
1.2.1 云制造内涵及特征 ·· 4
1.2.2 云制造产业应用 ··· 4
1.2.3 云制造研究现状 ··· 7
1.3 创新生态系统 ·· 14
1.3.1 创新理论 ·· 14
1.3.2 创新生态系统理论 ·· 15
1.3.3 创新生态系统研究现状 ··· 17
1.4 产业联盟 ··· 40
1.4.1 产业联盟定义 ·· 40
1.4.2 产业联盟特征 ·· 41
1.4.3 产业联盟和其他组织形式之间的关系 ·························· 41
1.4.4 产业联盟研究现状 ·· 42
1.5 本章小结 ··· 49
参考文献 ··· 49

第2章 云制造联盟创新生态系统演化与运行系统分析 ················ 55
2.1 云制造联盟内涵及运作模式 ··· 55
2.1.1 云制造联盟内涵及特征 ··· 55
2.1.2 云制造联盟平台 ··· 56
2.1.3 云制造联盟协同运作机理 ·· 61
2.1.4 云制造联盟服务模式 ·· 62
2.2 云制造联盟创新生态系统内涵及模型 ································ 64
2.2.1 云制造联盟创新生态系统内涵及特征 ························· 64
2.2.2 云制造联盟创新生态系统模型及构成 ························· 66
2.2.3 云制造联盟创新生态系统构成因素的相互关系 ············ 69

2.3 云制造联盟创新生态系统演化机理与运行机制体系框架 ················ 70
 2.3.1 云制造联盟创新生态系统演化维度 ······························· 70
 2.3.2 云制造联盟创新生态系统演化过程与路径 ······················· 71
 2.3.3 云制造联盟创新生态系统运行机制设计 ·························· 72
 2.3.4 云制造联盟创新生态系统演化机理与运行机制关系分析 ······ 74
2.4 本章小结 ··· 75
参考文献 ·· 75

第3章 云制造联盟创新生态系统演化机理

3.1 云制造联盟创新生态系统互动演化机理 ································ 77
 3.1.1 云制造联盟创新生态系统互动演化主体 ·························· 77
 3.1.2 云制造联盟创新生态系统互动演化目标、功能及特点 ········· 78
 3.1.3 云制造联盟创新生态系统主体角色变迁及混生组织 ············ 79
 3.1.4 云制造联盟创新生态系统互动能力度量 ·························· 83
3.2 云制造联盟创新生态系统种群演化机理 ································ 85
 3.2.1 云制造联盟创新生态系统种群关系 ································ 85
 3.2.2 云制造联盟创新生态系统种群演化模型 ·························· 86
 3.2.3 云制造联盟创新生态系统种群演化模型仿真分析 ··············· 87
3.3 云制造联盟创新生态系统网络演化机理 ································ 90
 3.3.1 云制造联盟创新生态系统网络内涵及演化动因 ·················· 90
 3.3.2 云制造联盟创新生态系统网络演化过程 ·························· 93
 3.3.3 云制造联盟创新生态系统网络特征值 ····························· 96
3.4 本章小结 ··· 99
参考文献 ·· 99

第4章 云制造联盟创新生态系统共生机制

4.1 云制造联盟创新生态系统信任机制 ····································· 101
 4.1.1 云制造联盟创新生态系统信任形成 ······························· 101
 4.1.2 云制造联盟创新生态系统信任关系博弈分析 ···················· 102
 4.1.3 云制造联盟创新生态系统信任关系博弈模型求解与仿真 ······ 107
4.2 云制造联盟创新生态系统合作伙伴选择机制 ························· 116
 4.2.1 云制造联盟创新生态系统合作伙伴选择原则 ···················· 117
 4.2.2 云制造联盟创新生态系统合作伙伴选择评价指标体系构建 ··· 117
 4.2.3 云制造联盟创新生态系统合作伙伴选择评价模型 ·············· 119
4.3 本章小结 ·· 124
参考文献 ··· 124

第5章 云制造联盟创新生态系统循环机制 ... 126

5.1 云制造联盟创新生态系统创新资源集成机制 ... 126
5.1.1 云制造联盟创新生态系统创新资源集成特征分析 ... 126
5.1.2 云制造联盟创新生态系统创新资源集成模型 ... 128
5.1.3 云制造联盟创新生态系统创新资源集成模型仿真分析 ... 140

5.2 云制造联盟创新生态系统服务组合机制 ... 149
5.2.1 云制造联盟创新生态系统服务组合原则 ... 149
5.2.2 云制造联盟创新生态系统服务组合体系结构及流程 ... 150
5.2.3 云制造联盟创新生态系统服务组合优选 ... 152

5.3 本章小结 ... 155
参考文献 ... 156

第6章 云制造联盟创新生态系统平衡机制 ... 157

6.1 云制造联盟创新生态系统生态位决策机制 ... 157
6.1.1 云制造联盟创新生态系统生态位 ... 157
6.1.2 云制造联盟创新生态系统生态位特征值计算 ... 158
6.1.3 云制造联盟创新生态系统生态位决策模型 ... 158

6.2 云制造联盟创新生态系统利益分配机制 ... 160
6.2.1 云制造联盟创新生态系统利益分配原则与方法 ... 160
6.2.2 云制造联盟创新生态系统利益分配模型 ... 162
6.2.3 云制造联盟创新生态系统利益分配模型仿真分析 ... 167

6.3 本章小结 ... 170
参考文献 ... 170

第7章 云制造创新生态系统演化机理与运行机制实证研究 ... 172

7.1 航天云制造联盟背景简介 ... 172

7.2 航天云制造联盟创新生态系统演化机理 ... 173
7.2.1 航天云制造联盟创新生态系统互动演化机理 ... 173
7.2.2 航天云制造联盟创新生态系统种群演化机理 ... 176
7.2.3 航天云制造联盟创新生态系统网络演化机理 ... 180

7.3 航天云制造联盟创新生态系统共生机制 ... 207
7.3.1 航天云制造联盟创新生态系统信任机制 ... 207
7.3.2 航天云制造联盟创新生态系统合作伙伴选择机制 ... 209

7.4 航天云制造联盟创新生态系统循环机制 ... 210
7.4.1 航天云制造联盟创新生态系统创新资源集成机制 ... 210

  7.4.2 航天云制造联盟创新生态系统服务组合机制 ················ 211
7.5 航天云制造联盟创新生态系统平衡机制 ······················ 212
  7.5.1 航天云制造联盟创新生态系统生态位决策机制 ············ 212
  7.5.2 航天云制造联盟创新生态系统利益分配机制 ·············· 214
7.6 航天云制造联盟创新生态系统发展对策 ······················ 215
7.7 本章小结 ··· 230
参考文献 ·· 231

第1章

云制造联盟创新生态系统概述

■ 1.1 研究背景、目的及意义

1.1.1 研究背景

当前,制造业与互联网+、云计算、大数据、人工智能等新一代信息技术的深度融合是全球制造业转型升级发展的重要途径[1]。特别是,以新一代信息技术为基础、实现制造企业内部资源优化配置与跨企业社会化协同制造的工业互联网,成为新一轮工业革新浪潮的驱动力。基于这样的时代背景,制造范式正在飞速演进[2],如图1-1所示,一种新型的生产模式——云制造应运而生[3]。为实现"中国制造2025"所确定的战略目标,需构建符合我国特色的云制造联盟,并充分发挥产业链资源整合、云制造示范试点作用。云制造联盟是由制造企业为核心,联合生产性服务业的企事业单位、研究机构及其他相关组织所形成的合作网络,以创新驱动为指导,借助互联网平台,使覆盖整个产品开发生命周期的大量分布式资源得以在联盟内无缝共享,为用户在云端提供多种云制造服务,推动制造业向智能化、集成化方向发展。

习近平总书记在党的十九大报告中明确指出,创新是引领发展的第一动力,是建设现代化经济体系的战略支撑。这是一个极为深刻的论断,也指明了中国制造业的发展方向。创新是云制造产业持续发展的助推力,也是制造企业竞争优势的重要来源[4]。云制造是产业技术创新的产物,所体现出的服务性、规模性和易扩展性等特点,满足了制造企业创新对于成本更低、应用更加广泛的追求。创新为云制造企业提供了改造产业格局,树立了行业地位的机遇。在新一轮全球产业革命中,各国都在积极建构自己的制造业体系,该体系背后是技术体系、标准体系、产业体系,核心是制造业生态系统的主导权[5]。同时,全球制造业创新体系正在经历重大转变,主要包括:创新主体从单一的个体组织发展为具有合作创新关系的多主体协作网络;创新流程从单调的线性创新模式转变为多维度、多层次的非线性创新模式,从以技术创新为核心扩展为技术创新与商业模式创新相结合,以生态协同、跨界融合为特征的全球制造业创新生态系统正在形成。

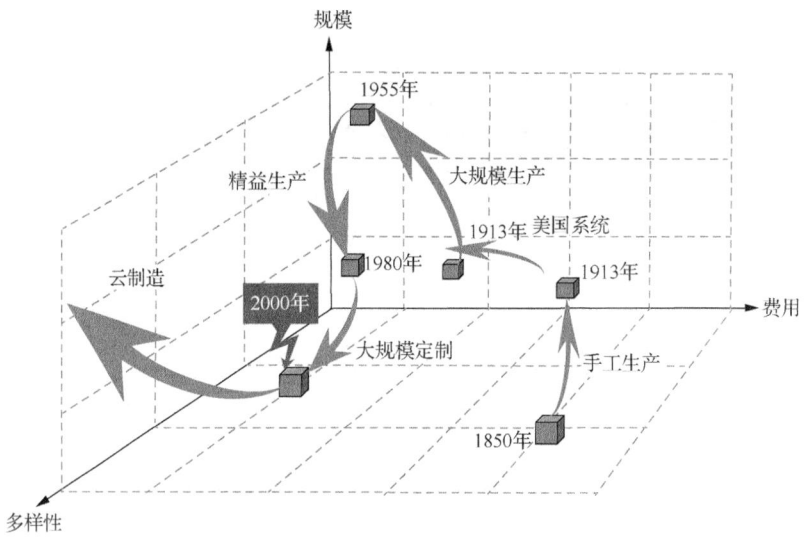

图 1-1 制造范式演进过程

从创新生态系统研究的时空分布来看,自 2003 年这一概念兴起,到 2013 年得到相关研究机构、学者的重视,其研究成果主要分布在经济管理领域[6];从创新生态系统研究的内容来看,研究主题多样化,区域创新生态系统、战略性新兴产业、创新能力、创新范式的交叉或共现成为其热点内容。目前的研究趋势应从如何建立、评估创新生态系统,转移到如何运营不同类型的创新生态系统,同时探讨随着时间、环境的演化如何更好地发挥创新生态系统的作用。由此应该加强跨学科、跨领域、跨机构的合作,互通有无,在交互中碰撞出新的研究方法、研究方向[7]。云制造联盟创新生态系统的研究正是这样一个崭新的领域,不仅开拓了云制造管理领域研究视角,而且丰富了创新生态系统应用的研究成果。同时,由于制造业创新的生态化转型,云制造联盟创新生态系统的产生也是科技进步、国际竞争及生态发展的必然结果。

云制造联盟创新生态系统不仅具有开放式创新、绿色创新、可持续创新、网络创新等多种创新模式的优势,而且是新一代信息技术与创新过程管理深度融合的产物。由于制造业的生态化转型,以平台为基础的云制造联盟创新生态系统在组织范围上突破了企业边界,在形式上体现为云服务单元的联合,社会化网络协同成为主要的创新活动方式,系统也会随着时间、环境的变化而不断进化。以此关注焦点应从云制造系统组成及平台框架等静态结构性问题,转向云制造平台生态系统内部相互作用的动态演化问题。针对这一新型的组织形式和管理问题,传统的理论和方法难以分析和解决,需要构建学科融合、多层次跨领域的研究体系。

1.1.2 研究目的及意义

1. 研究目的

云制造联盟创新生态系统是一个复杂系统,在其生命周期内,要经历一系列的发展演化阶段。云制造联盟创新生态系统究竟会发展至什么状态?发展过程主要受哪些因素的影响?是否能实现预期的目的?这些都是学者普遍关心的问题。参与到云制造联盟组织中的创新个体通过彼此间的交互、影响、选择和适应,在联盟中获得生存和发展。个体间的相互作用共同维护着联盟创新生态系统的平衡与稳定,并使其持续演化。由以上分析可知,从生态学、系统论的观点研究云制造联盟创新活动,将其视为一种生态系统是可行的。同时,通过借鉴生态学中的理论与方法来分析云制造联盟创新生态系统中成员创新之间的动态、复杂关系及系统发展的演化规律并建立相应的运行机制,能够为云制造联盟创新的有序组织、运行提供指导和参考。

2. 研究意义

(1) 理论意义。从生态系统视角,利用三螺旋理论、网络演化模型等方法探索联盟内多主体活动规律,从互动演化、种群演化、网络演化三方面揭示云制造联盟创新生态系统演化机理,构建一套完整的云制造联盟创新生态系统运行机制,可丰富和扩展现有关于云制造联盟创新管理的相关理论与方法。使云制造产业更加符合网络经济要求，提升云制造创新资源含量及利用效率，为构建按需使用、易拓展、计费灵活的云制造联盟创新管理机制提供理论指导与解决方案。

（2）实践意义。将云制造联盟创新生态系统演化机理及运行机制的研究成果应用于云制造服务平台的管理规则中，可有效管理参与联盟内创新活动的个体，建立可信任的云服务环境，让参与云制造的个体获得更高的收益，逐步由制造型企业向服务型企业转型，对于保障云制造联盟可持续、健康的生态化发展具有重要意义。同时为制定生态化创新政策、完善制造业创新环境、增强云制造的创新能力、嵌入全球价值链等，提供切实可行的办法及方向性指导。

1.2 云制造

1.2.1 云制造内涵及特征

目前，国内外对云制造均有不少相关的研究。国内学者在 863 计划、国家重点研发计划的资助下，展开大量的科研和实践，收获了很多成果。李伯虎院士等最先在 2010 年提出了云制造模式，并指出其与云计算的关联，在云制造领域成为领军人物并起到了很大的引领作用[3]。而后，李伯虎等又对云制造的技术内涵、典型特征以及应用进行了补充阐述，再一次推动了云制造的发展。国外奥克兰大学的 Xu 于 2012 年描述了从云计算到云制造的发展历程[8]。佐治亚理工学院的 Wu 等发表了相关文献研究云制造的概念、现状、关键技术等[9]。

李伯虎等提出云制造的定义为：云制造是一种利用网络和云制造服务平台，按用户需求组织网上制造资源（制造云），为用户提供各类按需制造服务的一种网络化制造新模式。云制造综合体现为"智能化制造技术特征"，具体可以概括为：制造资源与能力的物联化、制造资源与能力的虚拟化、制造资源与能力的服务化、制造资源与能力的协同化、制造资源与能力的智能化[3]。

1.2.2 云制造产业应用

云制造形成了独特的支持广泛网络资源和环境的制造平台，为客户提供高附加值、低成本的服务,其应用方向如图 1-2 所示。

云制造产业的应用方向主要包含五大类。①针对大型集团企业的研发设计能力服务平台,市场上的大型集团大都具有自主研发能力,但这样的能力也会带来技术发展的桎梏,例如大型企业的自研框架很难得到继承,其外包公司或者底层公司无法将这些体系进行复用,增加了工程开发的时间和人力成本,自研上云就是解决这

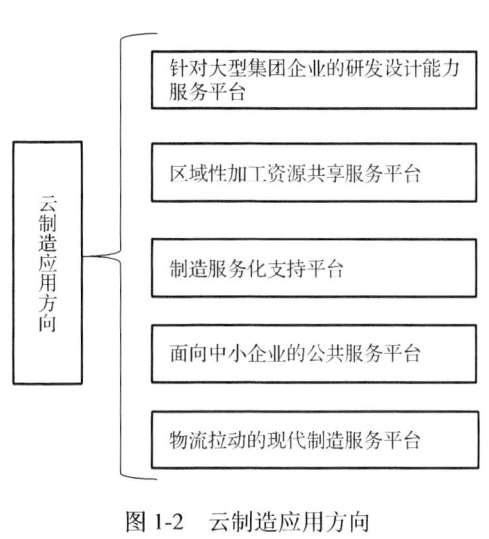

图 1-2　云制造应用方向

一问题的很好思路。②区域性加工资源共享服务平台,这一理念的产生是基于上一条存在的缺陷,上云后的业务无法进行自动整合,需要大量的人工撰写说明文档或手动整理,非常耗时耗力,使用共享服务平台,将这些步骤进行自动化管理,可以实现其高效利用。③制造服务化支持平台,这一理论的起源依托于 Google 内部运维体系的建立。如何对企业内部的产品进行规范化的监控和优化,对此 Google 提出了模型,该模型详细地描写了在企业中如何对产品进行数据监控、数据埋点、数据诊断,可以促进企业的良性循环发展。④面向中小企业的公共服务平台,目前市场的份额大量掌握在大型集团或企业手中,中小型企业缺少核心竞争力,又没有完善的制度吸引人才,缺乏资金,没有合理的发展规划,导致市场发展逐步向不均衡靠近,而面向中小型企业的公共服务平台则为它们提供了一系列的解决方案和应用案例等。⑤物流拉动的现代制造服务平台。针对我国制造业物流成本高等现状,利用射频识别、物流优化等技术,研究整机制造企业、零部件制造企业和物流企业的多方协作模式和第三方服务模式,建立物流拉动的现代制造服务平台,为制造业的整机制造企业、零部件制造企业和物流企业协作提供服务,促进制造业发展[10]。

国家智能制造系统创新研究院数据显示,全球云制造产业市场规模由 2015 年的 178.3 亿美元发展到 2019 年的 473.9 亿美元,增势迅猛,如图 1-3 所示。2018 年中国云制造产业市场规模达到 933.8 亿元,同比增长 30.4%。与之对比,2019 年

的增速略低,为27.9%,而此时的市场规模已超过1000亿元[11]。

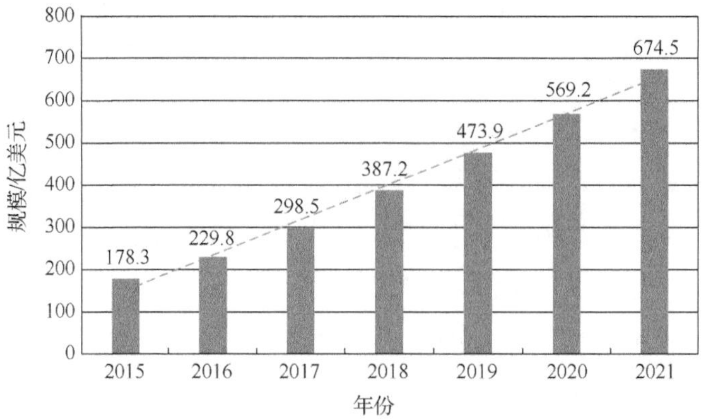

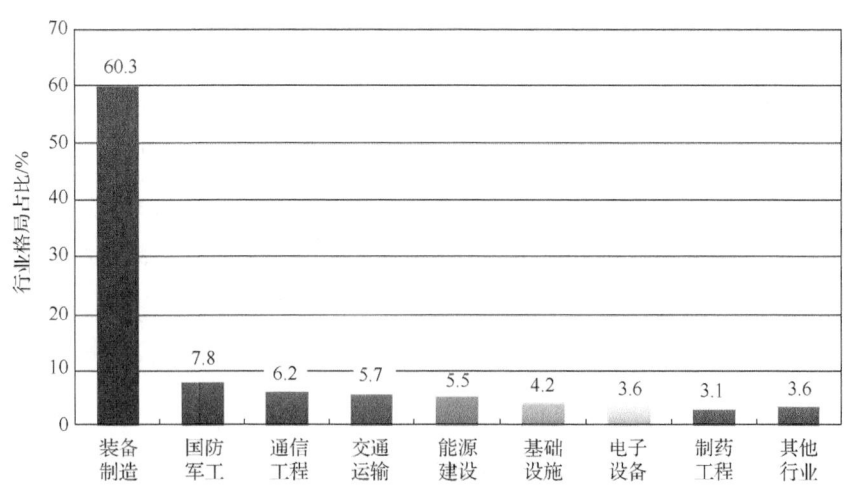

图1-3　2015～2021年全球云制造产业市场规模(其中2020年、2021年为预计)

在今后的发展中,依仗于政府有效的政策调控和企业之间的良性竞争,中国云制造产业不断提高创新能力、深化改革管理模式,中国制造业与云产业的共同发展也将趋于常态化。

从云制造产业格局分布角度来看,如图1-4所示,当前云制造产业主要分布在装备制造、国防军工、通信工程等领域,其中,装备制造业占比远远高于其他行业。随着云制造产业技术和平台的不断完善,更多领域和行业开始利用云制造平台技术为企业赋能提升价值。

图1-4　2019年中国云制造产业行业结构

1.2.3 云制造研究现状

1. 云制造发文数量

我们通过分析 CNKI 数据库和 WOS 数据库中相关文献，探讨云制造发展历程及其研究情况。通过对 2010~2020 年"云制造"相关文献发文情况的分析，从一定程度上可以看出这一领域研究发展速度与受关注程度，如图 1-5、图 1-6 所示。CNKI 数据库中 2010~2016 年有关云制造的科研文献数量处于增加状态，2017~2020 年的文献每年维持在 200 篇以上。WOS 数据库中有关云制造的科研文献数量从 2010~2020 年一直处于增加状态。以上表明云制造在国内外都受到广泛关注。其原因在于云制造有着广泛的应用价值，以及深入探索的科研空间。

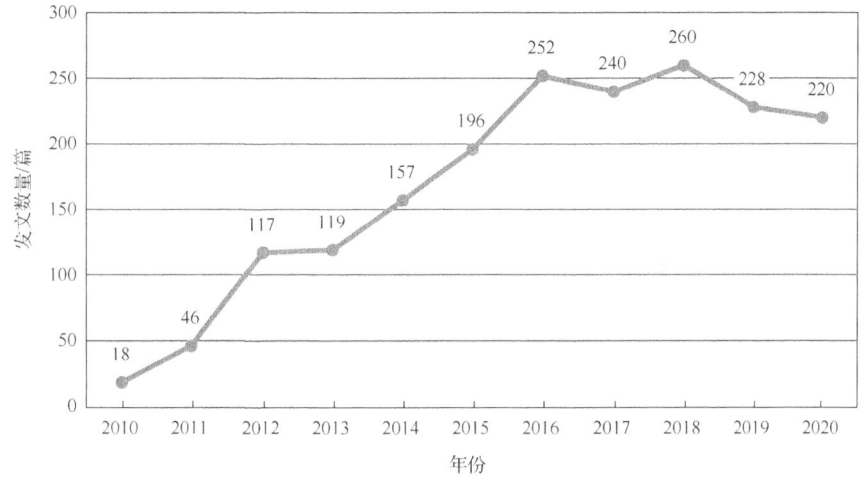

图 1-5 CNKI 数据库中相关文献发文数量统计图

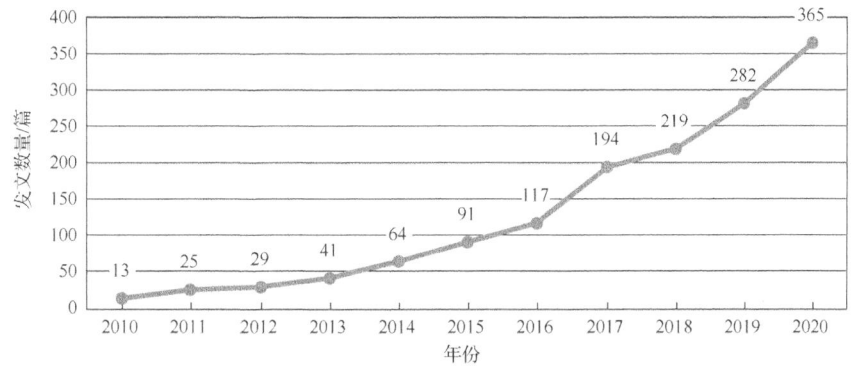

图 1-6 WOS 数据库中相关文献发文数量统计图

2. 云制造相关学者

（1）CNKI 数据库中相关文献研究学者。图 1-7 是运用 CiteSpace 分析 2010～2020 年文献得到的 CNKI 数据库中云制造学者合作网络，图中信息表示云制造的研究学者以及学者之间的合作关系。该图的网络密度 Density 值为 0.0101>0.01，网络密度较大，表明发文学者之间的合作关系相对紧密。云制造合作网络中学者的研究方向主要涉及计算机软件及计算机应用、机械工业、自动化技术、互联网技术等领域，表明云制造这一研究领域融合了多科学知识，涉及范围也比较宽广。

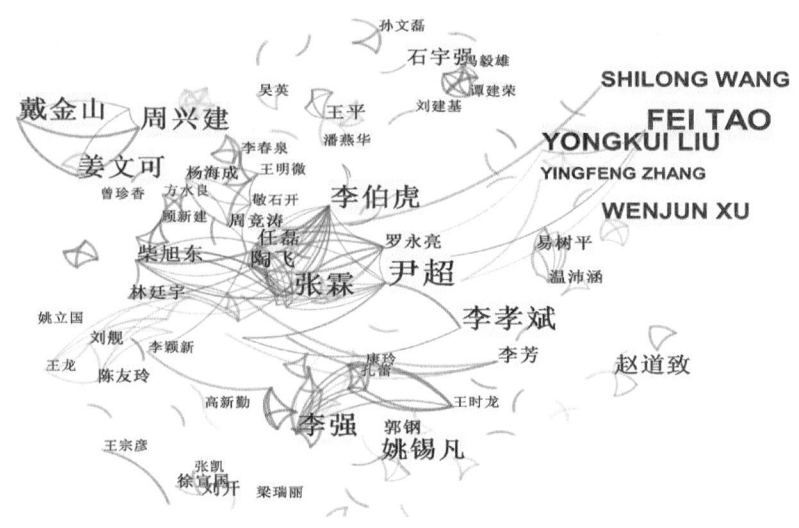

图 1-7　CNKI 数据库中云制造研究学者合作网络图

合作网络中发文量较多的学者，有内蒙古科技大学机械工程学院的李强教授，现可在 CNKI 数据库中检索到相关文献 20 篇左右。李强教授主要的学术研究方向有对数螺旋堆齿轮、云制造、有限分析元、服务平台等领域，其研究团队成员有内蒙古科技大学研究故障诊断与滚动轴承的秦波，研究个性化定制与云制造的汝渴等人员[12]。重庆大学机械与运载工程学院陈友玲教授主要关注的领域是大规模制造，研究方向为云制造环境下资源需求分析与各类资源的配置问题，相关文献被引 10 次[13]，其研究团队成员包括段克华、王龙、刘舰等。重庆大学机械与运载工程学院的王时龙教授，其研究领域主要为分布式数控（distributed numerical control，DNC）系统、多股螺旋弹簧等，其研究团队成员包括重庆大学研究计算机集成制造与企业信息化的宋文艳，研究计算机智能协同监控、数控技术、装备自动化的康玲，以及研究数控机床云端化的郭亮等。王时龙与北京航空航天大学的李伯虎、张霖等学者合作发表过《云制造——面向服务的网络化制造新模式》，该文献在 CNKI 数据库中被引用过 1122 次[3]。李伯虎与张霖作为国内最早开展云制造研究的学者，他们所在的学者合学网络最为宽泛。两位学者与重庆大学的王时龙教授，以及北京仿真中心的柴旭东博士都有合作关系。

（2）WOS 数据库中相关文献研究学者。WOS 数据库中相关文献研究学者间的合作关系如图 1-8 所示，其合作关系相比于 CNKI 数据库更加紧密。WOS 数据库中有关云制造领域的文献有一部分由中国学者发表。在图 1-8 的合作关系图谱中，北京航空航天大学的张霖教授处在较为核心位置，在 WOS 数据库中可以查到由张霖教授发表的文献有 37 篇，其发表的文献中阐述了云制造模式的基本概念及其主要特点和应用状况，为其他学者的研究奠定了基础[14]。北京航空航天大学的陶飞教授，与张霖教授有紧密合作关系，在 WOS 数据库中可以查到由陶飞教授发表的文献有 16 篇，陶飞教授将云制造定义为计算与服务导向型制造模型，在其研究中融合了物联网、云计算等技术，使云制造模式进一步完善。国外学者中 Valilai 对云制造的研究较为关注，其主要提出了基于云计算的分布式制造系统的协作和集成平台与基于云制造范式的分布式制造企业优化平台，为云制造的实际应用做出了贡献[15]。Schaefer 对云制造的研究也有较多的贡献，他认为云制造的提出体现了中国先进的战略眼光，并基于云制造模式设计出增强产品实现虚拟制造系统[16]。

图 1-8　WOS 数据库中云制造研究学者合作网络图

3. 云制造相关研究机构

(1) CNKI 数据库中相关文献研究机构。图 1-9 为 CNKI 数据库中相关文献研究机构合作网络图，统计结果显示有 148 家研究机构关注云制造理论。

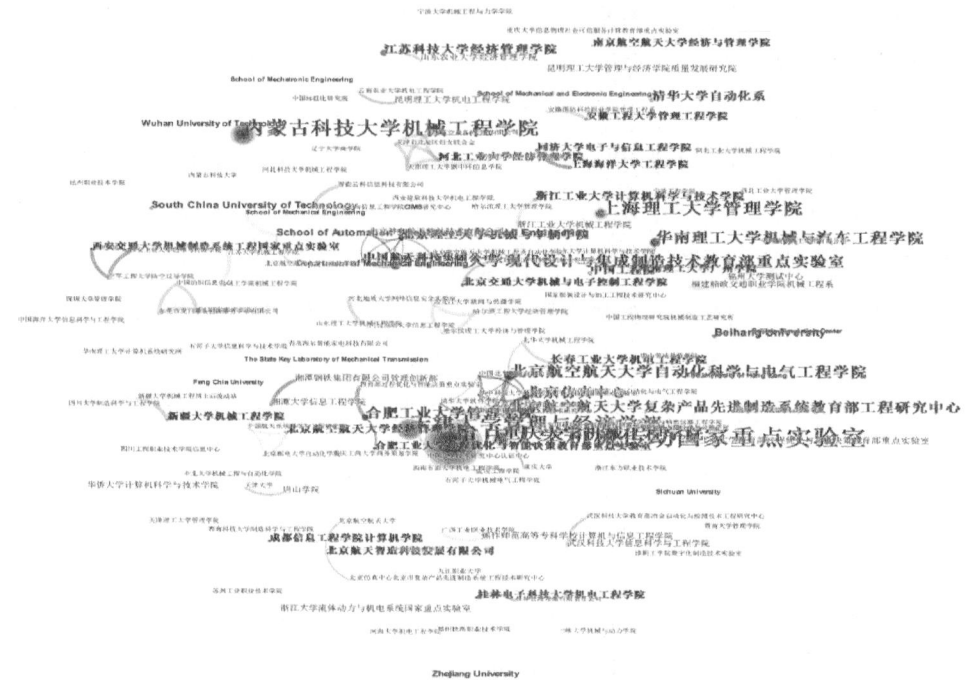

图 1-9　CNKI 数据库中相关文献研究机构合作图谱

研究机构合作网络中处在核心位置的机构是重庆大学机械传动国家重点实验室，云制造这一领域内的两个重要学者陈友玲与王时龙都是这一机构的教授。内蒙古科技大学机械工程学院也在持续关注云制造研究，李强教授带领的研究团队来自于这一学校。发文量 20 篇以上的研究机构还有天津大学管理与经济学部，该机构的代表性学者是赵道致教授。

(2) WOS 数据库中相关文献研究机构。图 1-10 为 WOS 数据库中相关文献研究机构合作网络图，统计结果显示有 214 家研究机构关注云制造理论。

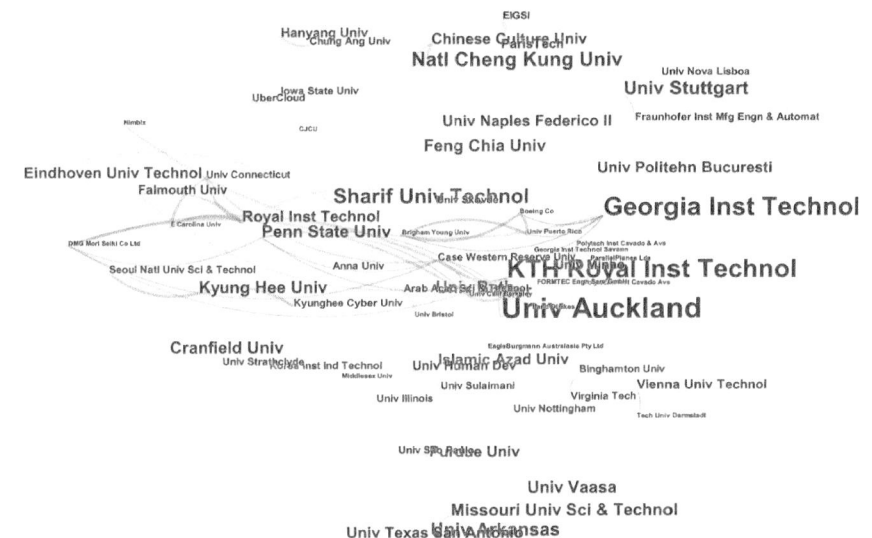

图 1-10　WOS 数据库中相关文献研究机构合作图谱

在 WOS 数据库中可查询到新西兰奥克兰大学学者发表的云制造相关文献 23 篇，并且极为关注中国从云计算到云制造的发展进程，并提出云制造在制造服务管理方面的可互操作方案。瑞典皇家理工学院对云制造的研究发展也有一定的贡献，在 WOS 数据库中可查询到该机构学者发表的相关文献 19 篇，提出基于云的制造模式是数字制造与设计创新的新范式，并主要研究云制造系统中人工智能领域的应用。此外，伊朗谢里夫理工大学学者也在关注云制造的研究，Valilai 教授就属于这一学术机构。

4. 云制造关键词知识图谱分析

（1）CNKI 数据库中学术文献关键词共现图谱。图 1-11 是运用 CiteSpace 软件生成的 CNKI 数据库中学术文献中的关键词共现图谱。图谱生成所参考的文献发表时间跨度为 2010～2020 年，时间切片为 1 年，选取每个时间切片内出现次数排名前 50 的关键词生成图谱。图谱中所包含的关键词个数只占这一领域关键词总数的 2%，也是这一领域内出现最频繁的关键词。图谱中网络节点的个数为 216 个，表示关键词共 216 个。节点与节点之间的连线共 705 条，两个关键词之间有连线说明两个关键词之间存在某种关联，可能是其代表的范畴有所重叠，在同几篇期刊文献中共同被提到过。抑或者是关联性很强，可以相互解释其代表的含义。

网络密度表示关键词之间实际的关系数与理论上最大关系数的比值。该图谱网络密度为 0.0304>0.01，数值比较大，说明图谱中节点之间的关系紧密。

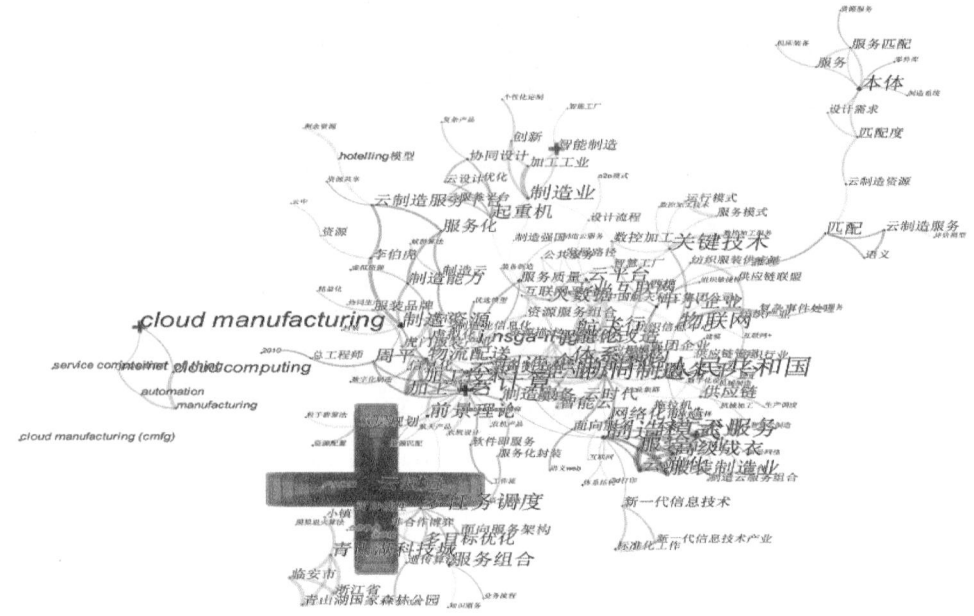

图 1-11　CNKI 数据库中云制造学术文献关键词共现图谱

关键词共现网络中，通过节点的大小表示关键词出现的次数，节点越大出现的次数越多，也就是在文献中经常被提到。云制造是出现次数最多的关键词，是文献中的核心概念。云制造实质上是一种面向服务的网络化制造模式。所谓网络化制造模式是将网络信息技术应用于制造业务，使制造能力突破空间与规模的限制，覆盖产品的全生命周期活动与过程，使制造企业高效、高质、低损耗地最大化满足市场需求。而云制造所应用的关键技术，如云计算、大数据、物联网、智能制造等，也作为突显关键词出现在图谱中的重要位置。云制造的技术特征，如数字化制造、物联化、精益化、个性化定制也在关键词共现图谱中有所展现。

除了云制造之外，图谱中的突显关键词还有云计算，云计算是云制造的核心技术，云制造是云计算在制造领域的应用与进一步发展。首先是资源上的扩展。云计算提供与共享的资源主要包括计算资源（计算基础架构、平台资源、软件资源等），而云制造是在云计算已有资源的基础上，将各种制造的硬件资源以及制造应用的各种信息、软件、数据、知识作为资源在平台上共享。其次是服务内容与模式上的扩展。在内容上，在云计算原有的基础设施即服务（infrastructure as a service，IaaS)、平台即服务（platform as a service，PaaS）、软件即服务（software as a service，SaaS）的基础上，云制造添加了产品全生命周期过程中的设计、生产加工、实验、仿真、经营管理、集成等作为服务内容提供到平台上。在模式上，与云计算单项批处理的模式相比，云制造平台可实现单主体完成或多主体协同完成某一阶段或跨阶段的制造任务，并满足用户按需获得制造能力。

（2）WOS 数据库中学术文献关键词共现图谱。图 1-12 是运用 CiteSpace 软件生成的 WOS 数据库中学术文献中的关键词共现图谱。图谱生成所参考的文献发表时间跨度同样为 2010~2020 年，时间切片也为 1 年，选取每个时间切片内出现次数排名前 50 的关键词生成图谱。图谱中的关键词共 351 个，节点与节点之间的连线共 590 条。该图谱网络密度为 0.0096<0.01，数值比较小。

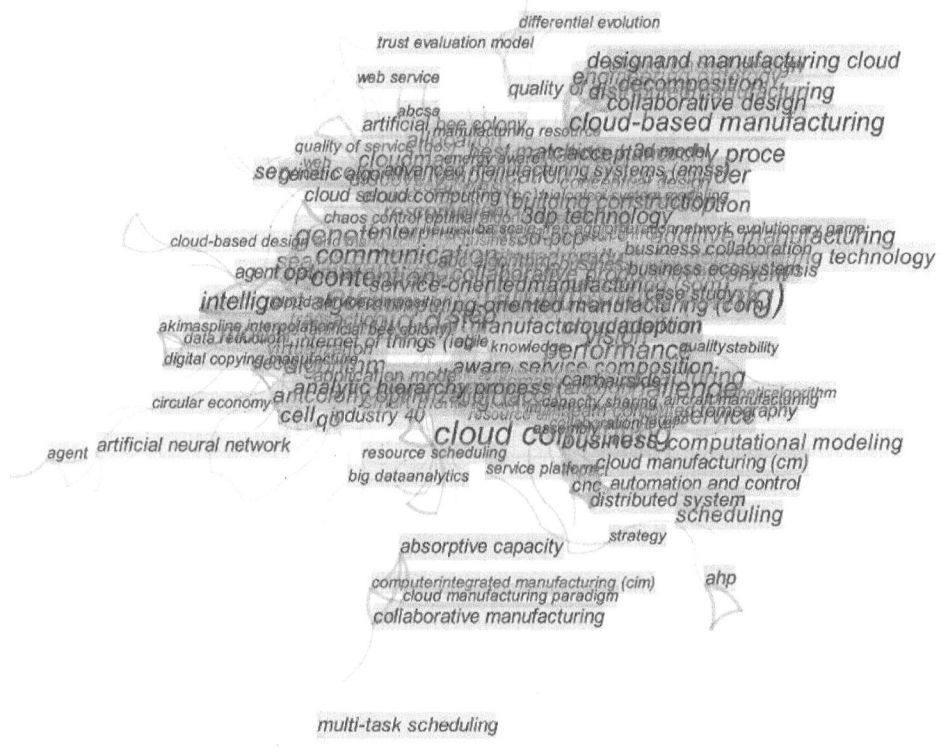

图 1-12　WOS 数据库中云制造学术文献关键词共现图谱

关键词图谱中出现频次最高的关键词是 cloud manufacturing，说明研究紧紧围绕这一主题。出现频次较高的有 service composition、optimization 以及 algorithm，说明相关研究比较注重实际应用。云制造实际上是一种面向服务优化制造模式，所以服务组合与优化是两个出现频次较高的关键词。除此之外，与云计算相关的关键词如 cloud computing、frame、big data 等有较高的出现频次，说明在相关研究中云计算作为云制造的基础概念仍然是研究重点。云制造在发展中也融合了其他的制造概念，如 industry 4.0、collaborative manufacturing、intelligent manufacturing 也作为高频词在图谱中出现。

1.3 创新生态系统

1.3.1 创新理论

"创新"一词是由熊彼特在其著作《经济发展理论》中提出的，熊彼特认为"创新"是"企业对生产要素的新组合"，这一定义体现了创新是位于经济系统内部，自发而且不连续的内涵[17]。众多学者也从不同角度对"创新"进行了定义，见表 1-1。自熊彼特以后，创新理论的发展方向主要有两个，一是创新技术理论，这一理论的思想主要是认为技术创新是内生变量，是经济增长的基本因素。与其他商品一样，技术也有市场失灵，如公共产品、创新收益、非排他性、外部性等。适当的政府干预将极大地促进技术创新。二是制度创新理论，这一理论的主要思想是，在技术创新与制度创新的关系中，制度创新决定技术创新，而不是技术创新决定制度创新。想要不断努力改进技术，只有通过建立能够不断鼓励人们创新的产权制度，才能增加私人利润。

表 1-1 创新定义

代表人物	创新定义	概念解析
熊彼特[18]	创新是指把一种新的生产要素和生产条件的"新结合"引入生产体系。包括五种情况：引入一种新产品、引入一种新的生产方法、开辟一个新的市场、获得原材料或半成品的一种新的供应来源、实现一新的组织	创新概念包含的范围很广，如涉及技术性变化的创新及非技术性变化的组织创新
索洛[19]	认为技术进步才是经济增长的重要来源	强调生产力水平提升的重要来源是对世界规律认识的加深
伯恩斯[20]	从创新环境出发，认为技术进步和组织发展是并驾齐驱的	创新应围绕企业及其环境之间的互动
弗里曼[21]	创新是一技术的、工艺的和商业化的全过程，其导致新产品的市场实现和新技术工艺与装备的商业化应用	创新就是指新产品、新过程、新系统和新服务的首次商业性转化
傅家骥[22]	企业家抓住市场的潜在盈利机会，以获取商业利益为目标，重新组织生产条件和要素，建立起效能更强、效率更高和费用更低的生产经营方法，从而推出新的产品、新的生产（工艺）方法，开辟新的市场，获得新的原材料或半成品供给来源或建立企业新的组织，它包括科技、组织、商业和金融等一系列活动的综合过程	从企业角度界定创新
切斯布鲁夫[23]	创新应更多地运用外部渠道而不仅仅是内部资源，来与合作者共同分享风险和收益	随着开放程度的加深，创新能更快速地转移

基于以上国内外学者对创新的界定，可知创新概念有广义和狭义之分。创新的狭义概念为创新成果的市场实现。创新的广义概念开始于新想法的形成，经过成功商业转化、推广和扩散等环节，终止于社会经济的增长。

创新按照不同的分类标准，可以分为不同的类型：①按照强度不同，创新可分为渐进性创新和突破性创新（激进性创新）；②按照参与主体不同，创新可分为自主创新和合作创新；③按照创新对象不同，创新可分为产品创新、过程创新等。

1.3.2 创新生态系统理论

1935 年，英国生态学家 Tansley 首次提出"生态系统"一词，并给出界定：所有物质和有机元素共存，并作为一个完整的单元共同运转[24]。一般而言，生态系统由生物和非生物两部分组成，是一个生物群落及其无机环境相互作用的自然系统。Moore 将"生态系统"这一生态学的概念引入企业管理，将其定义为"以组织互动为基础的经济联合体"[25]。Garnsey 等[26]则认为，商业生态系统是企业业务直接交易时的环境，不仅包括价值链上下游的企业，还包括企业的竞争对手、合作伙伴和监督机构等。

苹果的成功和硅谷的持续领先，带来了创新范式的新一轮的升级，创新系统演变为创新生态系统[27]，创新生态系统概念开始流行。相比之下，创新系统关注的是系统要素的构成和创新资源的分配，认为环境仅仅受到外因的干扰，这是一个静态的、结构性的视角；而创新生态系统关注的是系统参与者的相互依赖和演变，认为环境还会与组织结构、功能和行为过程相互作用，这是一个动态的、演化的和自组织的视角[28]。一些从系统方法转向生态或生态系统方法的学者认为，前者往往不能很好地抓住创新时间和创新结构之间的区别，而后者可以更好地捕捉不同个体、创新活动以及环境之间相互关系的进化性质[29]。表 1-2 及表 1-3 是不同学者对于创新生态系统特征及构成的总结。

表 1-2 创新生态系统特征总结

学者	创新生态系统特征
黄鲁成[30]	整体性、层次性、耗散性、动态性、稳定性、复杂性和调控性
李万等[27]	多样性共生、自组织演化和开放式协同
杨荣[31]	复杂性、开放性、整体性、交互性、动态性、稳定性、层次性
罗国锋等[32]	整体性、层次性、耗散性、动态性、复杂性以及交互性
刘雪芹等[33]	复杂性、时空延展性、演化适应性、继承进化性、栖息性、自组织性和开放性

表 1-3 创新生态系统构成总结

学者	创新生态系统构成的观点
杨荣[31]	创新主体（包括核心主体和辅助主体）和创新环境
罗国锋等[32]	核心层（创新主体）、中间层（支持机构）和外围层（创新环境）
杜勇宏[34]	创新组织（创新实体和创新支持群体）、创新种群（同一地域同种类的创新实体的聚集）、创新群落（由同一社会和经济关系网络中的不同功能的创新种群构成）和创新环境（为创新生态系统的运行提供基础和必要的保障）
van Lancker 等[35]	创新主体、创新过程、主体之间的网络和生态环境系统
刘雪芹等[33]	硬件（创新组织和创新环境）以及软件（多样性的物种、竞合共生的关系、社会关系网络、创业与创新精神等）
戴亦舒等[36]	实施创新主体加支持创新主体的多主体
柳卸林等[37]	核心企业、上下游参与者、用户及其所处的环境

1.3.3 创新生态系统研究现状

1. 发文数量统计

CNKI 和 WOS 数据库中关于创新生态系统文献发文数量的变化情况如图 1-13、图 1-14 所示，2013 年之前代表发文数量曲线的变化都比较平缓，从 2013 年开始两个数据库中关于创新生态系统文献的发文数量都出现持续上升的趋势，且幅度较大。

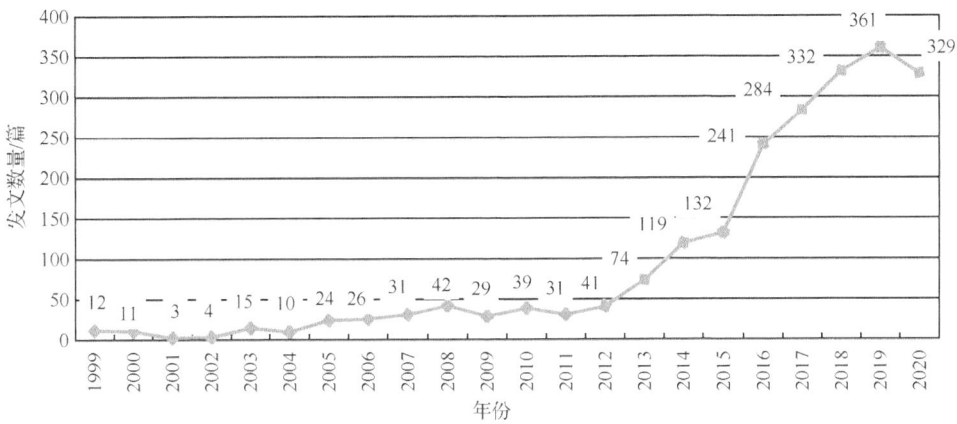

图 1-13 CNKI 数据库中创新生态系统相关文献数量统计图

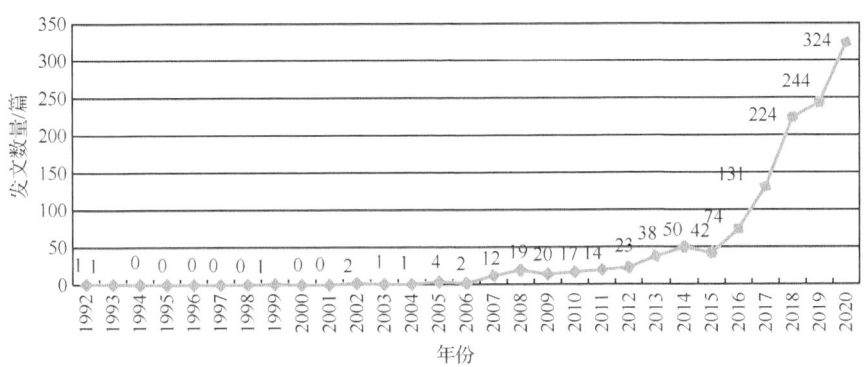

图 1-14 WOS 数据库中创新生态系统相关文献数量统计图

国外关于创新生态系统的研究起步较早，最早的文献发表于 1992 年，是由 Leonard-Barton Dorothy 在《斯隆管理评论》上发表的文献 "The factory as a learning laboratory"。文献的内容为如何将工厂运营为具有创新功能的组织生态系统[38]。国内最早的文献发表于 1999 年，是由张杰发表在《决策借鉴》上的文献"商业生态系统中的知识链"。文献探讨了知识在商业生态系统中创新、传播的途径，以及驱动经济增长的方式，试图为企业的战略决策提供科学依据[39]。

2. 学术期刊影响力

（1）CNKI 数据库中相关文献发表所在的学术期刊影响力。CNKI 数据库中发表相关文献的主要期刊及其影响力如图 1-15 所示。图 1-15 的横坐标表示发文数量，纵坐标表示期刊中所有文献的被引次数之和，气泡的大小表示每篇文献平均被引次数的多少。期刊发文数量的数据区间为[0,70]，被引次数的数据区间为[0,1600]，篇均被引次数的数据区间为[0,70]。参考基本科学指标数据库（Essential Science Indicators，ESI）衡量影响力的评价指标，选取发文数量、被引次数、篇均被引次数三个定量评价指标，利用熵权评价法计算影响力，得到的期刊影响力及其研究重点如表 1-4 所示。

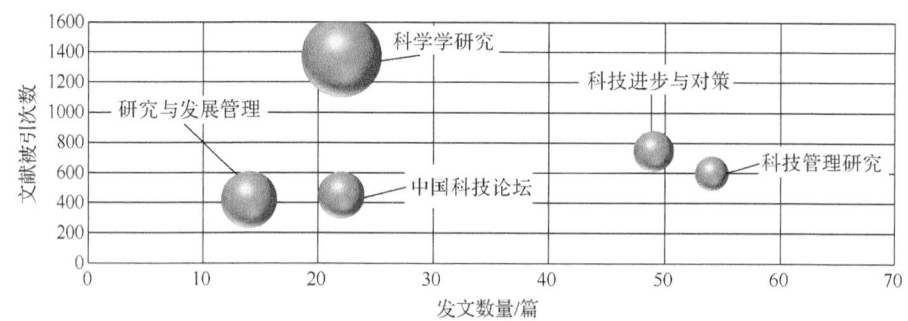

图 1-15　CNKI 数据库中相关文献发表所在的学术期刊影响力图

表 1-4　CNKI 数据库中相关文献的学术期刊表

期刊名	影响力	主要研究的侧重点
科学学研究	70.4	创新生态系统的理论发展、创新范式、创新生态系统的起源、知识演进和理论框架、区域技术创新技术、创新生态系统的视角研究、创新生态体系政策含义等
科技进步与对策	46.5	战略性新兴产业创新生态系统，创新生态系统协同创新，创意产业创新生态系统，创新驱动本质与范式，产学研系统创新网络，创新生态系统的概念、理论基础与治理等
科技管理研究	42.9	企业技术创新生态系统、众创空间生态系统、高科技企业创新生态系统、新能源汽车创新生态系统等

续表

期刊名	影响力	主要研究的侧重点
中国科技论坛	29.6	区域技术创新生态系统、高科技企业创新生态系统、众创空间、产业创新生态系统、战略性新兴产业创新生态系统等
研究与发展管理	29.5	孵化器、战略性新兴产业创新生态系统、高科技企业创新生态系统、区域技术创新生态系统、价值共创机制等

（2）WOS 数据库中相关文献发表所在的学术期刊影响力。WOS 数据库中发表相关文献的主要期刊及其影响力如图 1-16 所示。期刊发文数量的数据区间为[0,80]，被引次数的数据区间为[0,1200]，篇均被引次数的数据区间为[0,60]。经规范化处理与计算，期刊影响力与研究重点如表 1-5 所示。

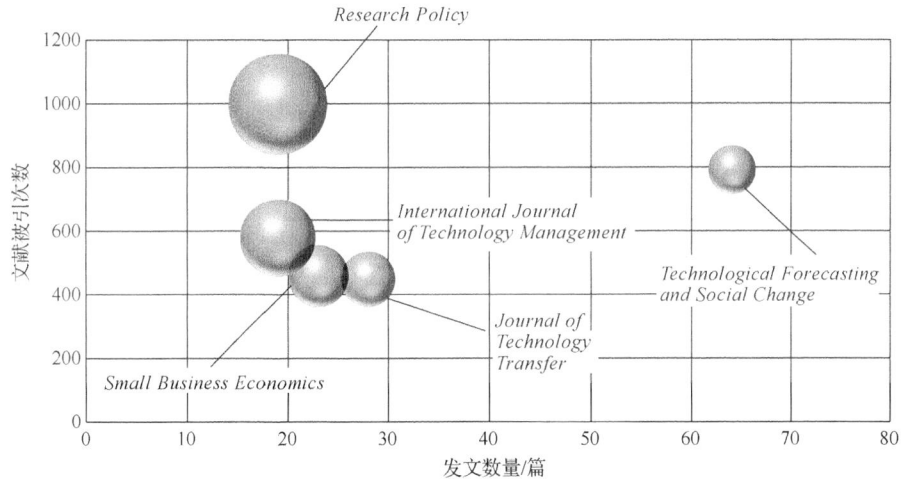

图 1-16　WOS 数据库中相关文献发表所在的学术期刊影响力图

表 1-5　WOS 数据库中相关文献的学术期刊表

期刊名	影响力	主要研究的侧重点
Research Policy	66.8	创业创新情景、跨技术平台、商业生态系统中的价值创造、风险投资、通过创业衍生产品进行物种形成、数字经济中的创新等
Technological Forecasting and Social Change	56.6	知识管理系统、商业生态系统网络分析方法、打印行业创新生态系统、技术的市场壁垒、创新生态系统结构、服务创新研究的文献计量分析等

续表

期刊名	影响力	主要研究的侧重点
International Journal of Technology Management	41.7	创新生态系统的模式与范式研究、开放式创新、创新生态系统中价值的创造与获取、合作与创新等
Small Business Economics	34	创新生态系统的研究方法、企业家生态系统、创业型大学等
Journal of Technology Transfer	33.5	城市创业生态系统、商业模式创新、美国制造业研发战略、大学与产业界的联系、面向学生的创业生态系统等

2004~2020年中国学者发表文献的主要外文期刊如表1-6所示。

表1-6 中国学者发文较多的外文期刊

期刊名	文献数量/篇	主要研究的侧重点
Technological Forecasting and Social Change	8	跨科学、技术和商业的创新生态系统、3D打印行业创新生态系统等
International Journal of Technology Management	4	中国风电制造业协同创新网络、技术生态系统的扩展、基于复杂产品系统的创新生态系统等
Frontiers of Business Research in China	3	数字企业家生态系统等
International Journal of Production Research	3	服务系统的生态演化机制、制造服务生态系统的复杂性分析等

CNKI数据库中关注创新生态系统这一研究领域影响力较大的期刊是《科学学研究》，其文献的数量与质量都比较高，研究内容也较为全面。WOS数据库中在这一领域内影响力较大的期刊是 Research Policy。通过对表1-4~表1-6中的期刊研究重点进行对比统计以及对主要文献的阅读发现，CNKI数据库中学术期刊对创新生态系统理论方面的研究主要包括理论框架、知识演进、创新范式、协同创新、创新驱动等。中国学者在国外发表的文献所选择的期刊比较分散，但提出了一些比较新的研究方向，例如3D打印行业创新生态系统、制造服务生态系统等。同时中国将创新生态系统理论知识与中国国情相结合，产生很多具有中国特色的研究领域如区域技术创新生态系统、高科技企业创新生态系统、战略性新兴产业创新生态系统等。WOS数据库中，学术期刊中的高被引文献的研究内容较为丰富，对理论基础的研究包括开放式创新、创新范式、价值创造、合作创新等；方法的研究包括网络分析方法、物种演化等；实际应用方面的研究包括服务生态系统、城市创业生态系统等。

3. 研究机构影响力与合作图谱

（1）CNKI 数据库中相关文献研究机构影响力与合作图谱。应用 CiteSpace 软件将 CNKI 数据库中相关文献研究机构信息绘制成机构合作网络，如图 1-17 所示，图中显示关注创新生态系统理论的研究机构共 248 家，图谱的网络密度为 0.0035<0.01。

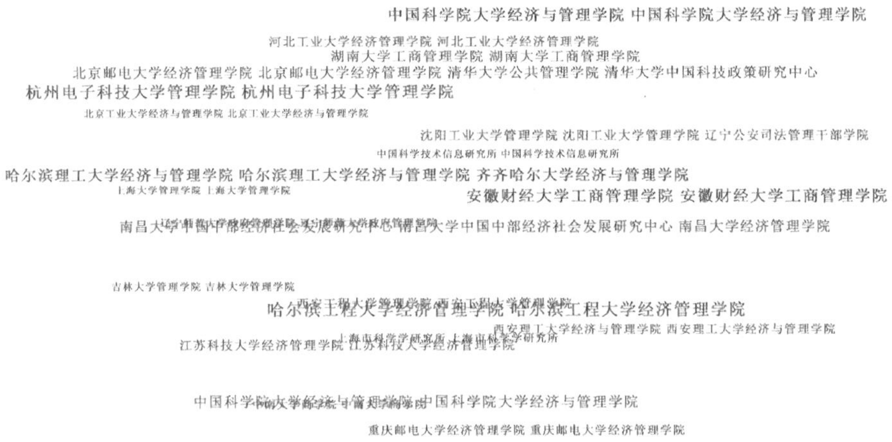

图 1-17　CNKI 数据库中相关文献研究机构合作图谱

CNKI 数据库中相关文献研究机构，取得成果最多的网络是以河北工业大学经济管理学院为主要节点的网络。发文机构合作网络中，代表节点比较突出的研究机构的影响力如图 1-18 所示。比较有影响力的研究机构以及其学者与合作网络如表 1-7 所示。

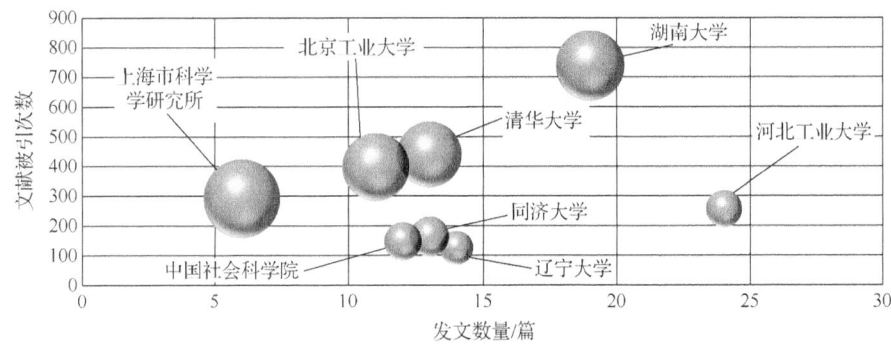

图 1-18　CNKI 数据库中相关文献研究机构影响力图谱

表1-7 国内合作机构表

网络核心研究机构	影响力	隶属该机构学者	合作网络机构
湖南大学	75.1	张运生、张利飞、何团涛、曾德明等	湖南大学工商管理学院、杭州电子科技大学管理学院
清华大学	52.9	陈劲、伍春来、杨道虹等	清华大学经济管理学院、清华大学技术创新研究中心、北京大学国家发展研究院、教育部人文社会科学重点研究基地、浙江大学经济管理学院
北京工业大学	50.5	黄鲁成、顾力刚等	北京工业大学经济与管理学院、哈尔滨工程大学经济管理学院、哈尔滨理工大学经济与管理学院
上海市科学学研究所	48.3	李万、常静、巫英等	上海市科学学研究所
河北工业大学	41.9	张贵、孙丽文、刘雪芹、吕平、韩静等	河北工业大学经济管理学院、河北工业大学京津冀发展研究中心、华北理工大学管理学院
同济大学	27.8	何向武、周文泳等	同济大学经济管理学院、上海大学管理学院、上海交通大学安泰经济与管理学院
辽宁大学	25	郭燕青、李磊、刘丹、何地等	辽宁大学商学院、四川大学商学院、四川大学创新与创业研究所、四川大学软科学研究所、沈阳大学经济学院、沈阳工程学院管理学院
中国社会科学院	24.3	张小宁、李晓华、黄群慧等	中国社会科学院工业经济研究所、中国社会科学院京津冀协同发展智库、中国社会科学院研究生院

（2）WOS数据库中相关文献研究机构影响力与合作图谱。应用CiteSpace软件将WOS数据库中相关文献研究机构信息绘制成机构合作网络，如图1-19所示。合作图谱中的研究机构共157个，网络密度0.0218>0.01。取得较多成果的机构如University of Cambridge、Copenhagen Business School、Karlstad University、Aalto University等，都以关键节点的形式出现在图谱中。

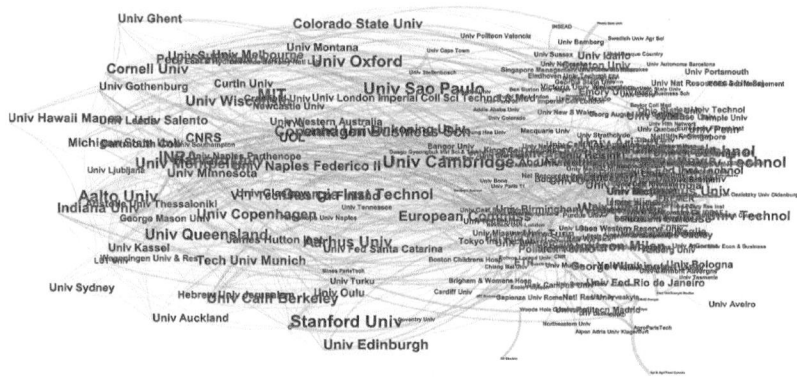

图1-19 WOS数据库中相关文献研究机构合作图谱

将图谱中突出节点代表的机构进行影响力计算,得出机构影响力如图 1-20 所示,比较有影响力的机构及其学者如表 1-8 所示。

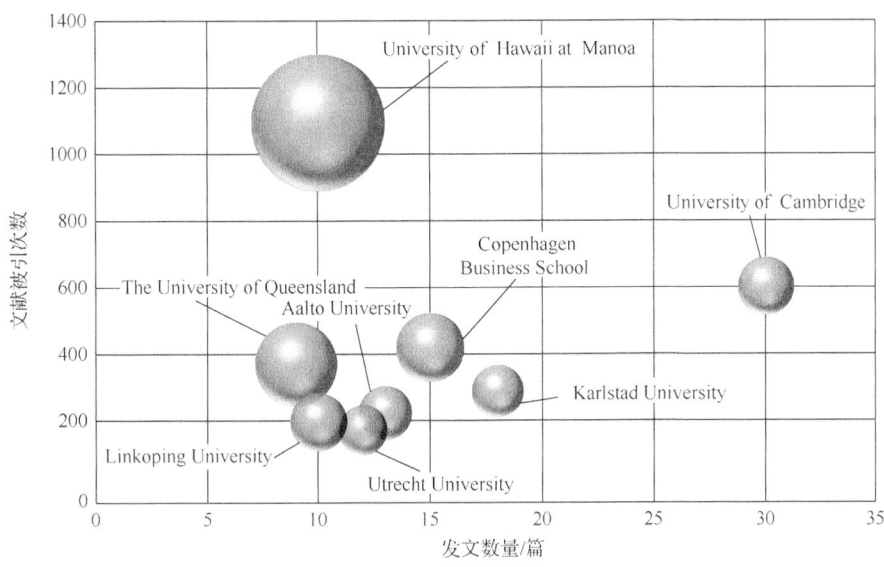

图 1-20　WOS 数据库中相关文献研究机构影响力图谱

表 1-8　WOS 数据库中相关文献研究机构表

相关研究机构名称	影响力	隶属该机构学者
University of Hawaii at Manoa	69.8	Stephen L. Vargo、Robert F. Lusch、Anders Gustafsson、Melissa Archpru Akaka 等
University of Cambridge	48.4	Peter James Williamson、Shahzad Ansari、Harald Overholm、Elizabeth Garnsey、Andy Cosh、Michael Barrett、Ruth N. Bolton 等
Copenhagen Business School	32.6	Marcel Bogers、Ben Eaton、Christoph Hienerth、Kai M. A. Chan、Jonas Hedman、Ralf Wilden 等
The University of Queensland	29.5	Ulrike Gretzel、Sebastian Thomas、Andrew Davies、Bolto Ruth N.等
Aalto University	28.8	Ivo Zander、Marko Kohtamaki、Kristian Moller 等
Karlstad University	28.1	Edvardsson Bo、Kaise Koskela-Huotari、Robert F. Lusch、Lia Patricio、Ruth N. Bolton 等
Linkoping University	19.6	Maribel Guerrero、David Urbano、Janet R. McColl-Kennedy 等
Utrecht University	19.1	Zoltan J. Acs、K. Bruns、Erik Stam、N. Bosma 等

中国学术机构与国外学术机构的合作交流网络如图 1-21 所示。国内学术机构有清华大学、中国科学院、中国科学院大学、浙江大学、北京大学、南京大学、

南京理工大学、北京师范大学、台湾师范大学等，国外学术机构有 University of Cambridge、George Washington University、Bournemouth University、Southampton Solent University、Imperial College London 等。图谱中最关键的节点为清华大学，在 WOS 数据库中可查询到其发表的文献 19 篇，总被引次数 119 次，从发文数量上看仅次于 University of Cambridge，但总被引次数较少，在国外有一定的影响力。

图 1-21　国内外学术机构合作图

通过对比可以看出，国内的研究机构之间学术合作关系较薄弱，并没有构成一个整体的学术交流网络，而是围绕一些有影响力的机构形成许多个小网络。国外的研究机构合作关系较为密切，图谱上的绝大部分学术机构形成了一个整体的合作网络，只有小部分机构游离于网络之外。国内以清华大学为首的一些研究机构积极与国外交流，取得了一定的成果。学术交流有利于学术成果的取得，国内外的学术交流有待进一步的加强。

4. 研究学者影响力与合作图谱

（1）CNKI 数据库中相关文献研究学者影响力与合作图谱。应用 CiteSpace 软件绘制信息图谱，CNKI 数据库中相关文献研究学者的合作网络关系如图 1-22 所示。图中共有 317 个节点，189 条连线，每个节点代表 1 位学者，每条连线表示学者之间存在合作关系。图谱网络密度为 0.0038<0.01，说明学者合作关系比较薄弱。图谱中比较突出的学者有张运生、张贵、郭燕青、陈劲、顾新等。图谱中围绕高产学者的节点形成一个个小的研究网络，这些高产学者的节点之间合作关系较弱。

截至 2020 年，CNKI 数据库中相关文献高被引学者及其所属机构、主要发文期刊、被引次数如表 1-9 所示。

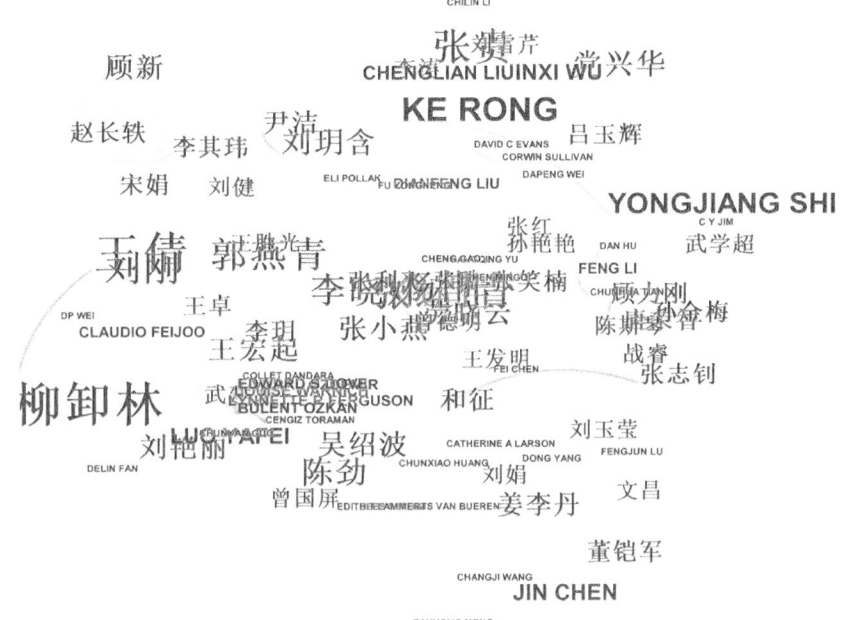

图 1-22　CNKI 数据库中相关文献学者合作网络图

表 1-9　CNKI 数据库中相关文献高被引学者介绍表

学者	所属机构	主要发文期刊	被引次数
张运生	湖南大学	中国软科学、科学学研究、软科学	619
曾国屏	清华大学	科学学研究、软科学	452
陈劲	清华大学	科学学研究、技术经济	405
黄鲁成	北京工业大学	科研管理、科学管理研究	362
李万	上海市科学学研究所	科学学研究	285
顾新	四川大学	研究与发展管理、科学管理研究	187
张贵	河北工业大学	科技进步与对策、软科学	149
柳卸林	中国科学院大学	科学学与科学技术管理	149
郭燕青	辽宁大学	科技管理研究、软科学	122

通过以上信息可以找到在创新生态系统领域内，比较有影响力的学者，并计算出主要学者的影响力，如图1-23所示。张运生影响力63.7、曾国屏影响力55.9、陈劲影响力44.5、黄鲁成影响力39.4、李万影响力37、张贵影响力29.7、郭燕青影响力29.5、顾新影响力28.3、柳卸林影响力22.1。

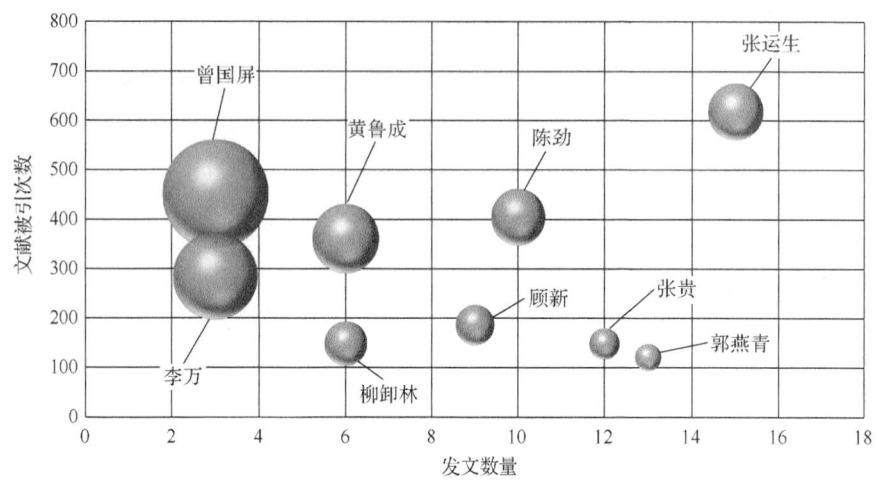

图1-23 CNKI数据库中相关文献高被引学者影响力图谱

张运生是湖南大学的学者，其主要研究领域为高科技企业创新生态系统等。曾国屏是清华大学的学者，主要进行理论层面的研究，如理论演进与创新文化等。陈劲是清华大学的学者，主要进行创新生态系统理论层面的研究，如知识演进与创新管理等。黄鲁成是北京工业大学的学者，主要研究区域技术创新生态系统。李万是上海市科学学研究所的学者，主要进行理论层面研究，如创新范式。顾新是四川大学的学者，主要研究领域为产业创新生态系统等。张贵是河北工业大学的学者，主要进行创新生态系统理论层面的研究，如创新驱动与创新范式等。柳卸林是中国科学院大学的学者，主要进行创新生态系统理论层面的研究，如基于创新生态观的科技管理模式与理论基础等。郭燕青是辽宁大学的学者，主要研究领域为新能源汽车创新生态系统等。

（2）WOS数据库中相关文献研究学者影响力与合作图谱。图1-24显示在WOS数据库中可查询到相关文献的中国学者共有7个，分别以Ke Rong、Jin Chen为中心节点形成两个合作网络。其中Ke Rong是文献数量最多的学者，其主要的研究内容为商业生态系统以及风电制造业协同创新网络。文献数量较多的学者是 Jin Chen（陈劲）教授，主要研究成果为多平台协作创新生态系统。

图 1-24　WOS 数据库中相关文献研究学者合作网络图

应用 CiteSpace 绘制的 WOS 数据库中相关文献研究学者合作图谱如图 1-24 所示，图中学者共 123 个，网络密度 0.0141>0.01，表明学者合作关系较强，但没有形成一个整体的合作网络，而是围绕高文献数量学者形成小的研究网络。

图谱中比较突出的国外学者包括 Stephen L. Vargo、Edvardsson Bo、Mike Wright、Annabelle Gawer 等。国外高被引学者及其所属机构、主要发文期刊、被引次数如表 1-10 所示。

表 1-10 国外高被引学者介绍表

学者	所属机构	主要发文期刊	被引次数
David J. Teece	加州大学伯克利分校	Strategic Management Journal	3299
Adner Ron	达特茅斯学院	Strategic Management Journal	1376
Stephen L. Vargo	夏威夷大学马诺阿分校	Journal of the Academy of Marketing Science	1095
Henry Chesbrough	加州大学伯克利分校	California Management Review	500
Robert F. Lusch	亚利桑那大学	MIS Quarterly	1141

以上信息可以找到国外在创新生态系统领域内，比较有影响力的学者。现在通过综合影响力计算公式，计算得出国外主要学者的影响力如图 1-25 所示。David J. Teece 影响力 80.5、Adner Ron 影响力 45.3、Annabelle Gawer 影响力 44.9、Stephen L. Vargo 影响力 43.3、Robert F. Lusch 影响力 39.8、Edvardsson Bo 影响力 33.6、Mike Wright 影响力 32、Henry Chesbrough 影响力 23.3。

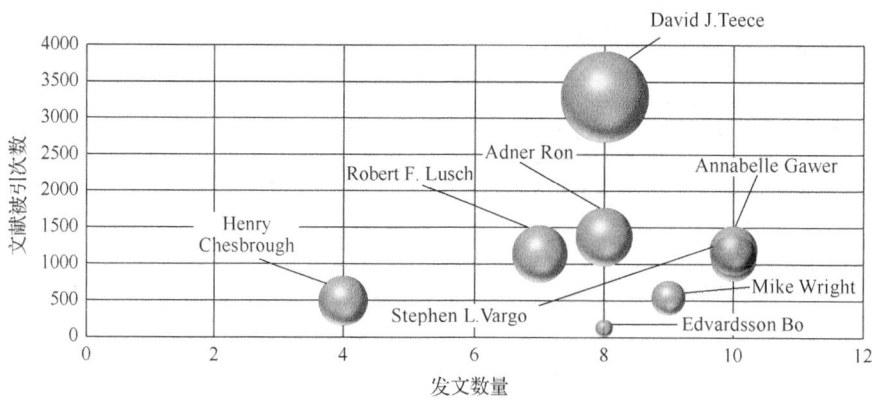

图 1-25 国外学者影响力图谱

David J. Teece 是加州大学伯克利分校的学者，其主要研究方向为企业的创新能力与绩效之间的微观关系。Adner Ron 是达特茅斯学院的学者，其主要研究方向为创新生态系统环境中的技术依存结构。Annabelle Gawer 是萨里大学的学者，其主要研究方向是创新生态系统中的工业平台与技术平台。Stephen L. Vargo 是夏威夷大学马诺阿分校的学者，其主要研究方向是服务生态系统。Robert F. Lusch 是亚利桑那大学的学者，主要研究方向是服务生态系统。Edvardsson Bo 是卡尔斯塔德大学的学者，其主要研究方向是服务生态系统，在图谱中显示与 Stephen L. Vargo 有间接合作关系。Mike Wright 是伦敦帝国学院的学者，主要研究方向为创业创新与商业生态系统内的价值创造。Henry Chesbrough 是加州大学伯克利分校的学者，主要研究方向为开放式创新与策略。

5. 关键词知识图谱分析

（1）关键词共现图谱。关键词是对文献内容的高度概括与凝练，承载着文献中的核心信息。关键词共现分析是 CiteSpace 分析相关文献中的一项非常重要且基础的功能，使用这一功能可以帮助了解创新生态系统这一领域的研究热点与发展趋势。应用 CiteSpace 软件提取 CNKI 数据库中主题为创新生态系统的相关文献的关键词，并绘制关键词图谱。为了便于解读图谱，需要保证生成的图谱清晰、美观，所以采用 Pathfinder 这一裁剪算法对图谱进行裁剪。该算法的原理是根据几何学中的三角不等式原则，在网络图的邻近路线中选取最紧密的关联路线予以保留，关系弱的两个节点之间的连线则剪掉。采用这一方法可以使网络中原有的节点数量保持不变，但忽略掉节点之间不太紧密的联系，使图谱更加清晰，便于解读。最后得到的 CNKI 数据库中相关文献关键词图谱如图 1-26 所示。关键词共现图谱中，通过节点的大小表示关键词出现的次数，节点越大表明该关键词在文献中出现的次数越多。关键词图谱中出现频次排名前 20 的关键词，按出现频次由多到少排序为创新生态系统、生态系统、创新、创新创业、创业生态系统、协同创新、商业生态系统、技术创新、企业、创新生态、企业管理、众创空间、战略性新兴产业、科技创新、创新驱动、产业创新生态系统、运行机制、开放式创新、区域创新生态系统、创新主体。

应用 CiteSpace 软件提取 WOS 数据库中主题为创新生态系统的相关文献的关键词，并绘制关键词图谱。同样使用 Pathfinder 对图谱进行裁剪，得到的图谱如图 1-27 所示。图谱中出现次数排名前 19 的关键词，按出现频次由多到少排序为 innovation、ecosystem、performance、technology、strategy、knowledge、model、entrepreneurship、firm、management、system、value creation、innovation ecosystem、industry、open innovation、competition、evolution、platform、collaboration。

图 1-26　CNKI 数据库中文献的关键词图谱

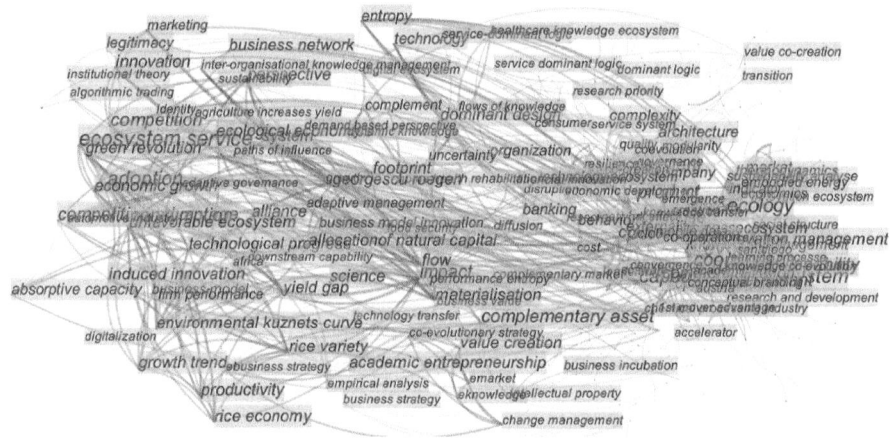

图 1-27　WOS 数据库中文献的关键词图谱

通过对比发现两个数据库相关文献研究相同的内容与方向有："创新"与"innovation"、"生态系统"与"ecosystem"、"创新生态系统"与"innovation ecosystem"、"企业"与"firm"、"企业管理"与"management"、"协同创新"与"collaboration"、"产业创新生态系统"与"industry ecosystem"、"技术创新"与"technology innovation"、"创新创业"与"entrepreneurship"、"开放式创新"与"open innovation"等。这说明在企业创新、技术创新与创新范式等方面的研究，学者交流比较频繁。

第1章 云制造联盟创新生态系统概述

此外，CNKI 数据库相关文献研究的特点体现为：①政府导向性研究。如众创空间、战略性新兴产业、科技创新、创新驱动等这些关键词都代表国家倡导的研究方向。②基础理论性研究。如商业生态系统、区域创新生态系统、创新生态、运行机制、创新主体都属于基础理论性研究。WOS 数据库相关文献研究的特点体现为：①专注于企业视角的研究。如 performance、strategy、model 都是对系统环境内企业运营方面的研究。②理论融合研究。如 system、competition、platform 分别指代系统理论、竞争理论、平台理论。③微观视角研究。如 knowledge 是创新生态系统的要素，value creation 是创新生态系统内的功能，evolution 是创新生态系统的特征。

（2）关键词聚类图谱。通过关键词图谱可以对研究热点进行初步分析，为比较两个数据库相关文献研究的差异性，对关键词图谱中的研究热点进一步分析。根据相关文献的研究内容可以将研究热点图谱进行聚类分析，聚类图谱如图 1-28、图 1-29 所示。如图 1-28 所示，CNKI 数据库中相关文献的研究热点根据研究内容的相近程度可以聚类为创新、生态、产业、商业、区域、技术、知识、平台 8 个主要研究范围。

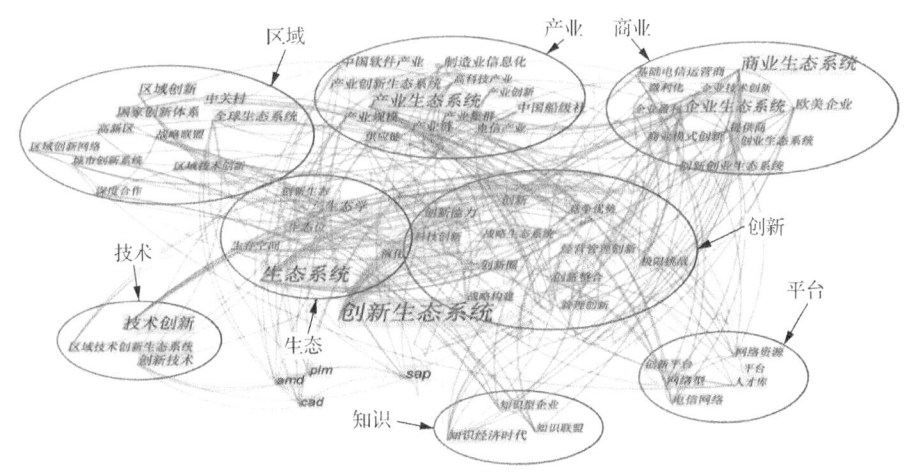

图 1-28 CNKI 数据库中相关文献的关键词聚类图谱

生态聚类与创新聚类是创新生态系统的两个重要理论基石。生态聚类包含的主要关键词有生态位、演化、生存空间等。创新聚类包含的主要关键词有创新能力、创新圈、创新整合、管理创新等。这两个聚类主要研究如何将生态理论与创新理论进一步融合，并应用于研究创新活动。将生态学中种群、环境、生态位、生存机制等概念，以及能量流动、物质交互、信息传递等自然界规律，应用于经济管理领域各类创新活动的研究中。如冯锋等运用物种演化模型描述了创新生态系统内产学研三大主体之间的共生关系[40]。毛荐其等借用生态位理论阐述了创新生态系统内新技术的涌现过程[41]。

商业聚类研究主要将创新生态系统理论应用于商业创新情景中，该类包含的关键词有商业生态系统、企业生态系统、商业模式创新等。企业组织处于不断变化的商业环境中，必须正确认识自身与环境的关系，并跟随环境不断变化。陈国权将生态学应用于商业组织与环境研究，得出商业生态系统的核心特征——共同进化[42]。谭智佳等认为商业生态系统理论的出现，将企业经营由独立自治，转变为与环境交互形成整体，企业之间合作竞争的关系，转变为与环境共生进化，为我国经济管理科学的研究提供了新的视角与方向[43]。

产业聚类研究主要将创新生态系统理论应用于产业创新情景中，该类包含的关键词有产业生态系统、产业创新生态系统、产业集群等。该聚类的研究核心是产业集群，产业创新生态系统也是围绕产业集群构建的[44]。产业集群是指在技术环境相同或相近的环境下，一定地理区域内以产业联动为基础的企业与机构，以创新为目的结成的"生态群落"[45]。许冠南等提出了构建多层联动新兴产业创新生态系统的理论框架并进行实证研究[46]。刘兰剑等从动态演化、可持续创新以及开放性三个维度构建了产业创新生态系统的评价模型[47]。

区域聚类融合了生态理论、创新理论以及区域发展理论，主要研究一定地理区域（如社区、城市、国家等）内创新群落之间以及创新群落与创新环境之间交互作用关系，是创新生态系统较为常见的研究情景之一。该聚类主要包含的关键词有区域创新、区域创新网络、区域技术创新等。区域主要指高新技术开发区这类区域，有知识密集、技术密集、资本密度等特点。黄鲁成首先阐述了区域创新生态系统的概念，并提出区域创新生态系统有调控性、动态性、复杂性、耗散性等特征[30]。孙丽文等应用数学模型分析了区域创新生态系统内创新主体的演化过程，并在此基础上对京津冀区域创新生态系统生态位适宜度进行了量化评价[48]。

平台聚类主要研究如何利用互联网技术及平台优势构建创新生态系统。该聚类包含的主要关键词有创新平台、网络型、网络资源等。平台可以通过网络影响力聚集创新资源（如人才、信息、专利），营造创新环境帮助技术研发企业实现互补式创新[49]。创新信息的传播、创新价值链的构建以及创新资源的整合与配置都可以依托网络平台实现[50]。参与平台创新生态系统的主体既是创新资源的接收者又是创新成果的创造者[51]。

技术聚类主要研究创新生态系统内技术创新过程。该聚类包含的主要关键词有技术创新、区域技术创新生态系统、创新技术等。黄鲁成等[52]、张利飞[53]引进了技术种群的概念,并认为创新生态系统内的技术种群并不是孤立发展的,每个技术种群在创新过程中都需要吸收其他技术种群的创新成果,所以每种技术实现创新都可以推动其他技术进步。

知识聚类主要研究创新生态系统内的知识扩散与利用过程。该聚类包含的主要关键词有知识型企业、知识经济时代、知识联盟等。在知识经济时代,知识被看作是重要的创新资源。詹爱岚等揭示了知识产权管理与创新生态系统机制之间的互动演化关系[54]。许冠南等基于创新生态系统的视角讨论了新兴产业之间的竞争与合作对知识流动网络的影响[55]。

如图 1-29 所示,WOS 数据库中相关文献的研究热点根据研究内容的相近程度可以聚类为生态创新、服务、商业、区域、产品、技术、知识、数字 8 个主要研究范围。

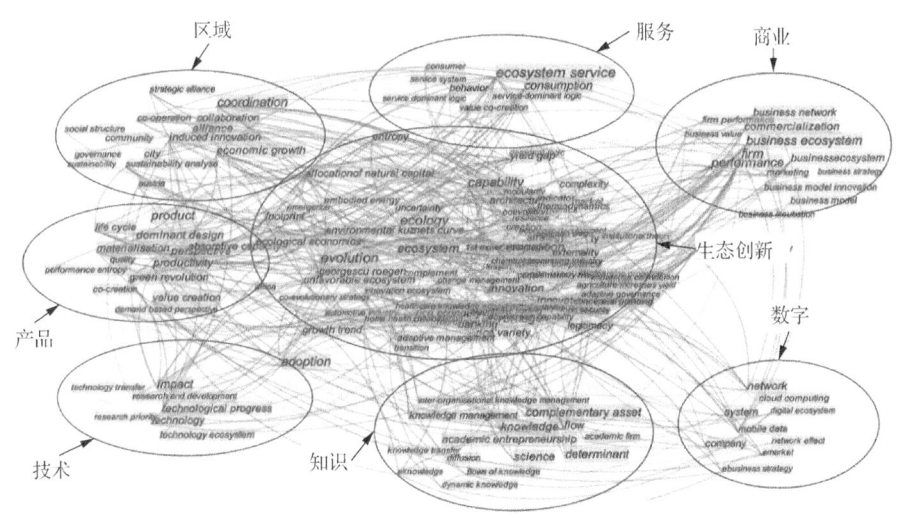

图 1-29 WOS 数据库中相关文献的关键词聚类图谱

生态创新聚类主要包括的关键词有 innovation ecosystem、evolution、variety、embodied energy、growth trend 等。创新是打破原有资源组合关系构建新的生产函数的过程。随着学者对创新环境的不确定性、动态性、复杂性认识的加深，Christensen 等发现创新不一定是渐进发生的，也可能具有破坏性，打破原有的市场平衡，所以提出颠覆性创新理论[56]。Chesbrough 等强调企业应改变高度集权、孤立创新的模式，并提出开放式创新理论，强调创新单元同时整合内外部的创意和资源，进而形成创新活动的网络化与系统化[57]。创新生态系统是在融合上述理论的基础上不断发展与完善的。

服务聚类是创新生态系统理论应用到服务质量管理的情景中，该聚类主要包括的关键词有 ecosystem service、service-dominant logic、service system 等。服务聚类的理论基础是价值共创理论，认为消费者的作用不仅是消耗价值，而且是创造价值过程中的关键因素。而服务过程中不应仅仅关注服务质量与客户满意度，更应该注重在服务过程中创造的价值。Jonas 等通过探索性纵向案例研究分析了利益相关者参与服务生态系统共同创新的驱动力，包括友谊、共同经历、自我代表等八项动力[58]。Vink 等通过应用服务主导逻辑的视角提出了服务生态系统设计的四个核心命题和一个多层次的服务生态系统概念模型[59]。

商业聚类研究将创新生态系统理论应用于商业创新情景中，该类包含的关键词有 business network、business ecosystem、firm performance 等。该聚类的研究主要基于企业视角，研究内容主要为如何将创新成果商业化，创造商业价值以及构建商业价值网络、商业模式创新等。Rong 等总结了物联网对商业生态系统发展的重要意义，并为如何基于物联网构建商业生态系统提供指导建议[60]。D'Souza 等基于商业生态系统视角，设计了工业园区的可行性商业模式框架，并制定了相应的评估标准[61]。

区域聚类同样研究多种创新主体协同创新，该聚类主要包括的关键词有 collaboration、social structure、co-operation、community 等。区域创新生态系统通常由政府发起，汇聚一定地理范围内的企业、大学、研究机构等各类创新主体以联盟的形式组成的，其构建与运行是以经济增长与可持续发展为目的。区域创新生态系统的内部结构取决于城市或社区的社会结构。创新成果的取得往往需要政府发挥职能，提供政策环境诱导企业进行创新。Carayannis 等基于资源观和企业成长理论介绍了区域内四重/五重螺旋创新系统模型及其性质，并探讨了其如何驱动区域合作竞争创业生态系统的运行[62]。Andion 等介绍了通过创建和实施协作数字平台,在巴西弗洛里亚诺波利斯市构建了城市创新生态系统,并测定与分析其可持续性[63]。

产品聚类是将创新生态系统应用于产品经营的情境中。该聚类主要包括的关键词有 value-creation、life cycle、demand based perspective 等。产品是创新过程创造出的价值实体,产品的设计首先应该基于市场需求,产品聚类主要研究如何将在产品生命周期中的各个环节实现创新。Kamalaldin 等使用多个探索性案例研究,调查设备供应商如何配置适当的生态系统战略,为工艺行业公司实现数字化流程创新,并确定四种典型的生态系统策略[64]。Dedehayir 等探究了创新生态系统在颠覆性创新的影响下发生的变化,通过案例研究得出创新生态系统重构的方式应取决于产品设计属性的结论[65]。

从技术聚类可以看出技术创新在 WOS 数据库中同样是创新生态系统研究中备受关注的主题。该聚类主要包括的关键词有 technology transfer、technological progress、research and development 等。Adner 等最早基于生态系统的视角观察技术创新发展的过程,并发现不同技术间的影响关系,与自然界生物的共生关系相类似[66]。Kreiling 等通过案例研究识别了大学技术转移组织在响应区域创新系统的利益相关者时采取的不同组织角色,并讨论了多样化角色带来的管理影响[67]。Kauffman 等以技术组件、技术服务以及技术的基础设施为三要素构建技术创新生态系统,以此扩展了技术创新的路径[68]。

数字聚类主要研究基于信息网络、云计算等数据处理技术构建以及应用创新生态系统。该聚类主要包括的关键词有 mobile data、cloud computing、network effect 等。Kolloch 等运用网络演化的方法,分析了能源工业内的数字创新过程,扩展了有关数字创新管理方面的研究[69]。Abella 等分析了智能城市发布的数据,探讨了如何通过合理运用数据构建智能城市创新生态系统,为居民提供创新服务[70]。

从知识聚类可以看出知识作为极其重要的创新资源十分受关注,该聚类主要包括的关键词有 knowledge transfer、complementary asset、knowledge flow 等。Bacon 等通过模糊集定性比较分析确定了创新生态系统背景下竞争或非竞争合作伙伴之间知识转移成功的条件配置[71]。Sjodin 探讨了企业如何通过流程创新来管理知识处理,阐释了三种联合知识处理策略,从生态理论的角度分析了知识共享的问题[72]。

(3)关键词时区图谱。运用 CiteSpace 的分时区突显功能,将相互联系的突显关键词按时区划分为多个研究阶段，CNKI 和 WOS 数据库相关文献中的关键词时区图谱如图 1-30、图 1-31 所示，通过对图谱分析得出 CNKI 和 WOS 数据库关于创新生态系统理论研究内容与视角的演化过程。根据关键词的突显分布与每年文献的发表情况，得出两个数据库关于创新生态系统的具体研究大体可分为 4 个阶段。

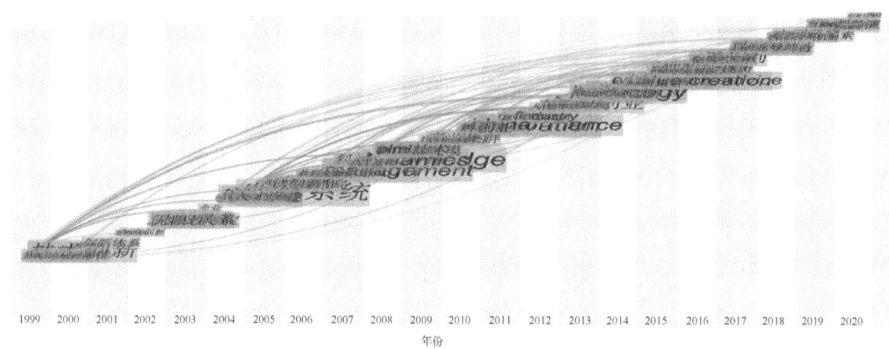

图 1-30　CNKI 数据库中相关文献关键词时区图谱

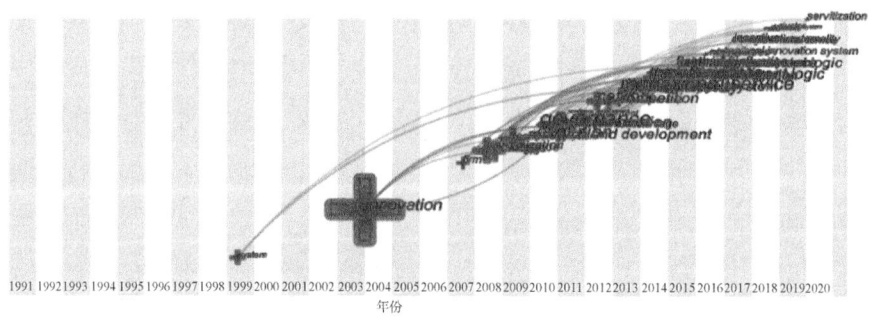

图 1-31　WOS 数据库中相关文献关键词时区图谱

CNKI 数据库中创新生态系统研究的探索阶段（1999~2002 年），1997 年至 1998 年年底，由于受亚洲金融危机的影响，我国原本的"出口替代"型经济受到了重创。面对这一背景，首届全国技术创新大会于 1999 年 8 月召开，中共中央、国务院出台了《关于加强技术创新，发展高科技，实现产业化的决定》，确立了加快技术创新、推进产业结构调整的相关政策，由此创新相关的课题成为政府与学术界关注的重点。该阶段文献发文数量较少，关键词时区图谱上也没有出现重要的关键词。该阶段的主要研究内容包括生态系统型企业文化[73]、超市行业的商业生态系统[74]。

CNKI 数据库中创新生态系统研究的萌芽阶段（2003~2005 年），在这段时间内区域技术与产业集群是学术界研究的热点问题，学者将创新生态系统与这两个热点问题相结合，形成了一定的空间视角和层次视角，如区域视角与产业视角，但研究视角仍停留在宏观层面，研究的内容局限于技术与产业方面的创新。CNKI 数据库中创新生态系统的研究理论基础——可持续发展与生态学，作为重要关键词在时区图谱上突显出来。年发文数量有小幅度提升，关键词出现的数量比较少，主要包括技术创新、生态化、区域技术创新生态系统等。CNKI 数据库中主要研究热点包括区域技术创新生态系统[29]、产业生态系统演化机制[75]、产业集群创新生态体系[76]。

CNKI 数据库中创新生态系统研究的成长阶段（2006~2012 年），科技创新驱动是我国重要的发展战略，高新技术企业也逐步成为国家重点扶持的对象。2008 年我国正式颁布了《高新技术企业认定管理办法》及《国家重点支持的高新技术领域》两份文件，学者对创新生态系统提出了新的研究方向，研究视角由宏观转向微观，研究内容由技术与产业的创新，扩展到了企业管理与商业模式的探索。关键词数量增加且突显分布也比较紧密，CNKI 数据库中关于创新生态系统的研究持续推进。比较重要的关键词包括生态系统、运行机制、企业管理、知识管理系统、孵化器、生态位等。CNKI 数据库中主要研究热点包括高科技企业创新生态系统[77]、孵化器商业模式。

CNKI 数据库中创新生态系统研究的快速发展阶段（2013 年至今），2013 年党的十八届三中全会提出加快建设创新型国家，确立了发展创新的战略性地位。受政策导向，CNKI 数据库中关于创新生态系统的研究大幅增加。大量的关键词集中出现于这一阶段，且分布十分紧密。学者开始重视理论框架的构建，研究的内容更为丰富，包括创新范式、理论框架、知识演进、平台战略等。研究方法也呈现多样化，如扎根理论、生态位适宜度、种群演化、影响因素、熵值法等，使创新生态系统的研究形成了一定的体系，为以后的研究发展奠定了良好的基础。该阶段的特点表现为：创新生态系统理论不断契合于中国的国情，在中国情景视角下研究的内容包括自主创新示范区[78]、京津冀协同发展[79]、"一带一路"[80]等。

WOS 数据库中创新生态系统研究的探索阶段（1992~1998 年），20 世纪 90 年代中期以来，生态位理论被引入到技术能力与技术创新研究中，可以看作是创新生态系统研究的开始。文献数量较少，关键词时区图谱上也没有出现重要的关键词，创新生态系统的研究处于探索阶段。WOS 数据库中在这一阶段的主要研究热点包括商业生态系统之间的竞争[81]、硅谷的高科技创业[82]。

WOS 数据库中创新生态系统研究的萌芽阶段（1999~2006 年），2003 年加州大学伯克利分校教授 Chesbrough 首次提出开放式创新，打破企业原有的封闭式创新模式[57]。这引起学者对创新范式的进一步思考，对创新生态系统的发展产生影响，学者开始采用微观研究视角，研究商业模式与产品创新。作为理论基础的关键词 system、innovation 在这一阶段出现。这一阶段主要研究热点包括创新策略的研究[83]、开放式创新[57]、领导者平台[84]、产品生态系统[85]。这一阶段 WOS 数据库中的创新生态系统研究得到一定的发展。

WOS 数据库中创新生态系统研究的成长阶段（2007~2012 年），2006 年 1 月在东京召开了"美国和日本 21 世纪的创新系统：来自十年变化的经验"重要学术研讨会。这一历史背景推动了创新生态系统的研究进程。大量关键词在这一阶段出现，分布比较紧密。比较重要的关键词包括 firm、performance、technology、ecosystem、open innovation、strategy、network、entrepreneurship、business ecosystem 等。主要研究热点包括企业绩效的本质与基础[86]、技术依存结构[87]、平台演化[88]、价值创造[89]、四重螺旋模式[90]。在这一阶段学者基于平台与价值的研究视角，研究的主要内容由商业模式与产品的创新扩展到技术创新，且理论层面上的研究也得到了一定的发展，如提出平台演化、四重螺旋模式等。

WOS 数据库中创新生态系统研究的快速发展阶段（2013 年至今），2013 年 6 月，主题为"开放式创新 2.0"的国际论坛在都柏林举办，标志着创新生态系统这一新的创新范式，已上升至国家战略部署层面。该阶段相关文献的年发文数量基本呈上升趋势，且大量关键词在图谱中出现，分布比上一阶段更加紧密。比较重要的关键词包括 framework、value creation、innovation ecosystem、collaboration、service ecosystem、platform ecosystem、entrepreneurship ecosystem、technology ecosystem、service-dominant logic 等。这一阶段主要研究内容为服务创新生态系统、产业平台与生态系统创新[91]、创业创新情景[92]、跨技术平台[93]。可以看出这一阶段 WOS

数据库中研究内容丰富，发展了许多研究方向如平台生态系统、技术生态系统、创业生态系统等。可见 WOS 数据库中在这一阶段的研究视角由单一的研究视角变为多样化。

综上所述，CNKI 数据库和 WOS 数据库中创新生态系统的研究背景、研究视角、研究热点如表 1-11 所示。

表 1-11　CNKI 数据库和 WOS 数据库中研究演化过程差异表

		探索阶段	萌芽阶段	成长阶段	快速发展阶段
时间	CNKI 数据库	1999～2002 年	2003～2005 年	2006～2012 年	2013 年至今
	WOS 数据库	1991～1998 年	1999～2006 年	2007～2012 年	2013 年至今
研究背景	CNKI 数据库	亚洲金融危机与国内首届全国技术创新大会召开	创新生态系统与区域技术和产业集群的融合	国家重视发展高科技企业	加快建设创新型国家
	WOS 数据库	生态位理论引入对技术创新的研究	开放式创新被首次提出	美国、日本创新系统学术研究会的召开	第三代创新范式的研究和发展进入一个新的发展阶段
研究视角	CNKI 数据库	引入学习	区域视角与产业视角	企业视角与商业视角	中国情景视角
	WOS 数据库	生态视角	产品视角与开放视角	平台视角与价值视角	多重视角
研究热点	CNKI 数据库	生态系统型企业文化、超市行业的商业生态系统等	区域技术创新生态系统、产业生态系统演化机制、产业集群创新生态体系等	高科技企业创新生态系统、孵化器商业模式、知识生态系统等	创新范式、理论框架、知识演进、多重视角、平台战略、扎根理论、生态位适宜度、种群演化、影响因素、熵值法等
	WOS 数据库	商业生态系统之间的竞争、硅谷的高科技创业等	创新策略的研究、领导者平台、产品生态系统等	企业绩效的本质与基础、技术依存结构、平台演化、价值创造、四重螺旋模式等	服务创新生态系统、产业平台与生态系统创新、创业创新情景、跨技术平台、平台生态系统、技术生态系统、创业生态系统等

对于研究所围绕的主题，CNKI 数据库和 WOS 数据库中都遵循着大致相同的脉络。首先是"可持续发展"学者主要围绕创新生态系统的动态性与平衡性进行

研究。之后学者主要研究如何打破创新的资源限制，突破经济实体创新的边界，即"开放式创新"。以此融合"协同制造"研究主题进一步发展为"协同创新"，更加强调创新生态系统的互动性与耦合性[94]。与"协同创新"同时期的研究主题还有"价值创造"。最后一个阶段的主题是"价值共创"，主要研究创新生态系统的演化发展，实现系统内的共赢。

1.4 产业联盟

1.4.1 产业联盟定义

产业联盟在西方理论中也被称为企业战略联盟、产业技术联盟[95]。产业联盟最初是由美国数字设备公司的简·霍普兰德和管理学专家罗杰·奈格尔所提出来的。产业联盟指的是两个或两个以上有着相同综合实力的相应事业部门或者实力相当的企业，为了实现共同占有市场、共同利用资源等战略目标，通过各种契约、协定从而形成的优势互补相长、风险共同承担、要素采用水平式双向或者多向流动的松散型网络的组织[96]。Porter 在《竞争优势》中对产业联盟做出了相应的定义，认为产业联盟指的是企业之间为了提升市场竞争地位进而采取各种方式进行合作，从而实现战略目标的一种产业模式[97]。

产业联盟形成的目的是以满足当前各种市场的需求为起点，利用市场的牵引能力，经过大量的产业化过程，来完备、发展、提高产业化技术及其相应准则，通过多方合作共赢的商业合作形式来调动、分配产业联盟内部成员的相对资源，从而产生产业群合力，提高该产业在国内外两个不同市场的整体性竞争能力，促进产业联盟内部成员个人的进步以及产业的发展[98]。

虽然产业联盟传入我国的时间相对较晚，但是在国内有大批的专家学者对产业联盟进行深度的研究。房树华等于 2008 年从企业经营角度对产业联盟进行了相应定义，他们认为企业联盟的内部人员可以通过多种方式进行合作，从而增强公司竞争实力和资源相互共享[99]。袁红梅于 2014 年提出产业联盟指的是各企业内部成员之间形成的一种互相合作和资源互补的模式，它是一种有机联合整体，成员之间相互补充、共同合作[100]。目前被专家学者普遍接受的产业联盟的概念是科技部等六部门给出的：产业联盟是指由企业、大学、研究机构或其他组织机构，以企业的发展需求和各方的共同利益为基础，以提升产业技术创新能力为目标，以具有法律约束力的契约为保障，形成联合开发、优势互补、利益共享、风险共担的技术创新合作组织[101]。

1.4.2 产业联盟特征

产业联盟并不是一个企业法人，它是由多个不同的企业因有相近或者类似的产业而相互合作最终所组成的一个大的整体，有相应的一系列特征。王章豹等于2011年提出产业联盟的特征：边界比较模糊、组织相对比较稳定、资源大体互补、共同协作、合作目标战略、风险共同承担、所获得的利益共同享受而且形式多种多样[102]。苏素等于2012年对比了各产业共性技术研发合作组织，从而总结出产业联盟的组织特点：各企业之间的优势互相补充、所获得的利益共享、风险共同承担、具有联盟协议作法律约束[103]。杨伟等于2015年提出了产业联盟主要特征：范围大、组织内部人员比较复杂、带头的企业多元化[104]。

综合产业联盟的概念和内涵以及学者对产业联盟特征的研究，本书从联盟内部人员、联盟宗旨及稳定性三个方面提出了产业联盟的基本特征：①产业联盟边界的模糊性，组织内部人员数量多而且复杂，此外单个成员产权独立、地位平等、不受地域约束；②以提高产业的技术创新力为导向，企业内部资源互相补充、企业之间共同合作、风险共同承担、利益共同享受；③组织稳定性相对比较好，而且拥有与法律相关的合同进行限制，一般都是具有相应的产业联盟管理办法以及调动相应的服务平台来维护产业联盟的正常平稳运行[105]。

1.4.3 产业联盟和其他组织形式之间的关系

市场经济中存在着多种企业之间的共同组织，在企业和市场两者之间起到至关重要的用处，它们与产业联盟存在着联系及区别，比较多种组织形式，见表1-12所示。

表 1-12　产业联盟和其他组织形式之间比较

	企业	战略联盟	产业联盟	行业协会
定义	从事生产、流通或者服务活动，以获利为目的的经济组织	企业间长期合作关系，联盟以共享资源和能力为基础，以实施项目、活动为特征	众多企业形成的，以解决特定产业共性问题为目标的组织	行业内企业自愿组成的旨在促进全行业成员利益的团体
目标	盈利	企业间特定的战略目标	特定的战略目标，即解决特定的产业共性问题	区域内全行业的共性问题
成员	自然人或组织	两个以上企业或机构	产业内众多企业，可跨行业、跨地区，可吸收学、研参加	特定区域内同一行业企业
法律形式	企业，如公司、合伙企业	合作协定、企业、非营利组织等	合作协定、企业、非营利组织等	非营利组织
内部管理	行政命令	多决策中心协商或者受到多决策中心影响的行政命令	多决策中心协商或者受到多决策中心影响的行政命令	多决策中心协商
存续时间	长期	定期，完成特定使命后解散	定期，完成特定使命后解散或转型	长期

1.4.4　产业联盟研究现状

1. 产业联盟发文数量

图 1-32 与图 1-33 是 CNKI 和 WOS 数据库中有关产业联盟的学术文献发表状况。从图中可以看出，进入 21 世纪后，国内外对于产业联盟的重视不断提高，证明了产业联盟对于经济与社会发展的重要意义，侧面体现了产业联盟的研究价值。通过对比可以看出，我国对产业联盟的研究投入一直高于国外，原因在于我国的经济发展以生产制造为主，所以重视产业研究。另外，我国对于发展产业联盟有良好的政治与社会环境，保证了我国的产业联盟研究成果多于国外。

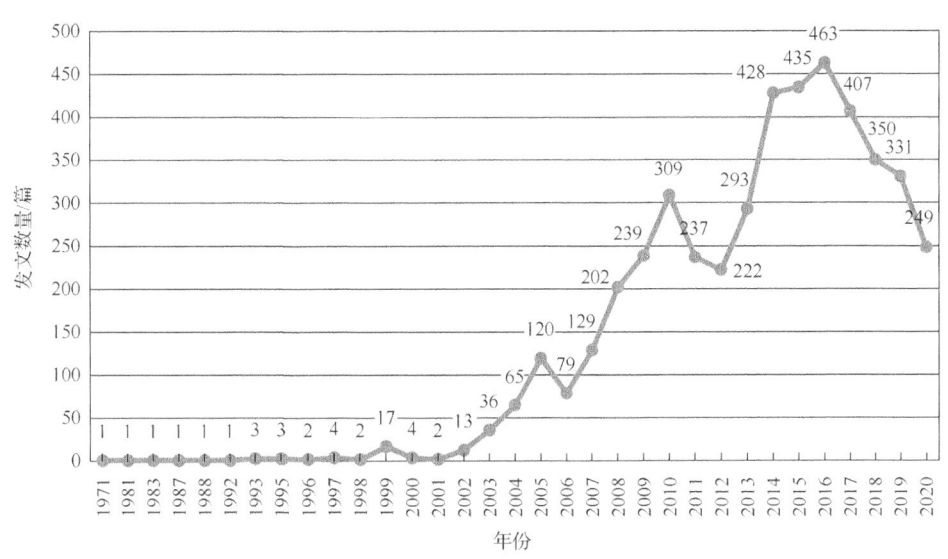

图 1-32　CNKI 数据库中相关文献发文数量统计图

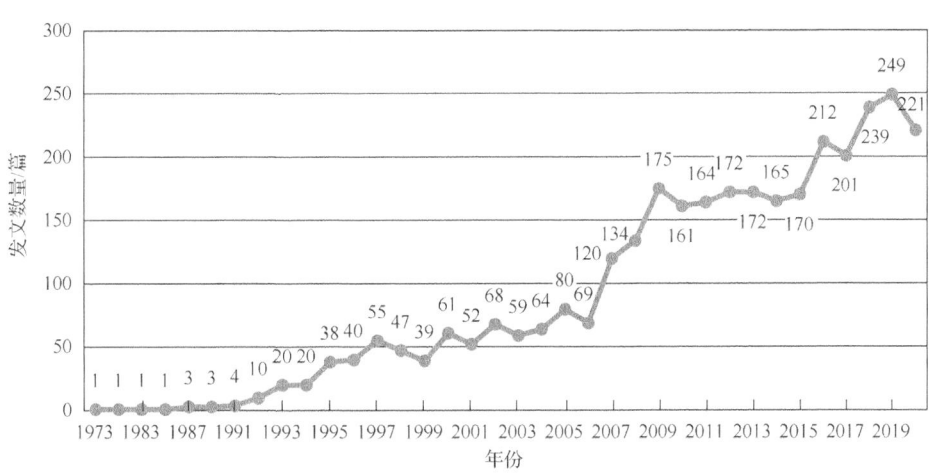

图 1-33　WOS 数据库中相关文献发文数量统计图

2. 产业联盟相关研究学者

（1）CNKI 数据库中相关文献研究学者。图 1-34 是 CNKI 数据库中相关文献研究学者的合作关系图谱，图谱中的研究学者共 594 人，合作密度只有 0.0025，合作关系较为稀疏，反映了产业联盟研究方向的广泛性。

目前国内取得研究成果较多的学者主要包括哈尔滨理工大学王宏起教授，其研究范围主要涉及产业联盟技术标准化过程[106]、产业联盟自主创新能力[107]等；

北京交通大学的刘颖琦教授，主要以新能源汽车为实证对象[108]，研究产业联盟内知识转移与技术创新过程[109]；江苏科技大学的吴洁教授，主要研究基于不同视角的产业联盟内部知识转移网络[110]、产业联盟生命周期[111]等；山西大学的梁嘉骅教授，他是较早对产业联盟进行研究的教授，主要研究产业联盟的组织形式，为我国产业联盟的研究奠定了基础[112]。

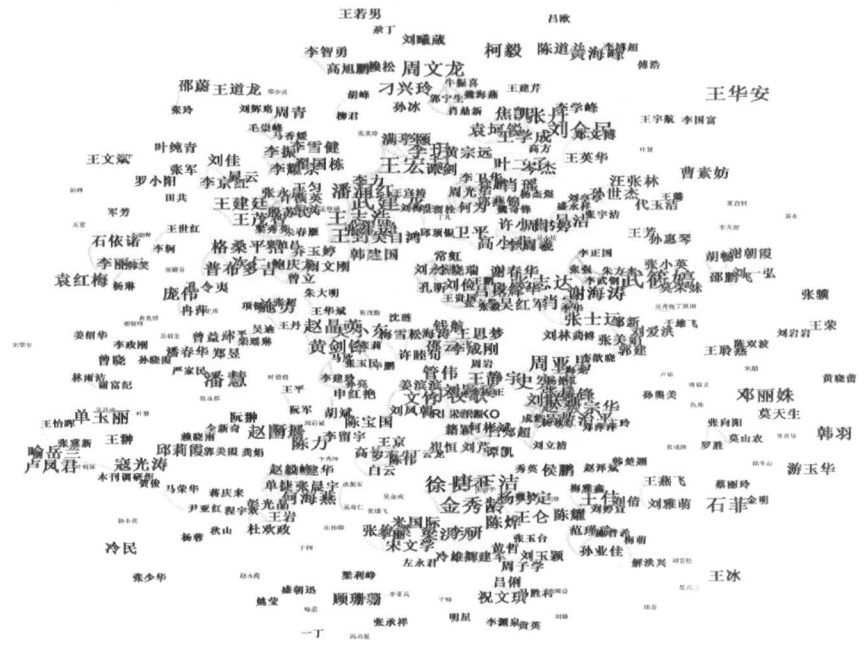

图 1-34　CNKI 数据库中相关文献研究学者合作关系图谱

（2）WOS 数据库中相关文献研究学者。图 1-35 是 WOS 数据库中相关文献研究学者的合作关系图谱，图谱中的研究学者共 689 人，合作密度只有 0.0017，合作关系同样较为稀疏。

WOS 数据库中取得科研成果较多的学者主要有马斯特里赫特大学的 John Hagedoorn，重点研究如何通过战略联盟进行创新[113]；科罗拉多大学的 Jeffrey J. Reuer，研究对象是基于合同形式的创业联盟[114]，以及战略联盟的动态变化[115]；马斯特里赫特大学的 Duysters Geert，主要研究领域为联盟网络冗余在核心和非核心技术在创新过程中的相互影响[116]，以及战略联盟网络与创新[117]；密歇根大学的 Will Mitchell，主要研究联盟组合中的嵌入式竞争以及联盟组合在技术中断后的重新配置[118]。

图 1-35　WOS 数据库中相关文献研究学者合作关系图谱

3. 产业联盟相关研究机构

（1）CNKI 数据库中相关文献研究机构。图 1-36 展示了参与研究产业联盟的研究机构，国内的研究机构共 362 所，每个研究机构都有各自的研究重点以及研究特色。

我国的研究机构中取得最多研究成果的是哈尔滨理工大学，其主要的研究力量包括王宏起、武建龙等研究学者。清华大学的主要研究力量包括刘仲英、李金惠、王平等研究学者。北京交通大学的主要研究力量包括刘颖琦、王萌、王静宇等研究学者。

图 1-36　CNKI 数据库中相关文献研究机构

（2）WOS 数据库中相关文献研究机构。图 1-37 展示了国际范围内参与研究产业联盟的研究机构，图谱中显示的研究机构共 522 所。国外的研究机构中取得最多研究成果的是加州大学，其主要的研究力量包括 Glantz、Mcdaniel、Brueckner 等研究学者。伦敦大学的主要研究力量包括 Hagedoorn、Lokshin、Mckee 等研究学者。德克萨斯大学的主要研究力量包括 Yang、Lin、Ahuja 等研究学者。

图 1-38 是用 CiteSpace 生成的 CNKI 数据库中相关文献关键词共现网络的图谱。图谱生成所参考期刊发表的时间跨度为 1988～2020 年，时间切片为 1 年，选取每个时间切片内出现次数排名前 50 的关键词生成图谱。所以图谱中所包含的关键词个数只占这一领域关键词总数的 2%，也是这一领域内出现最频繁的关键词。图谱中网络节点的个数为 454 个，表示关键词共 454 个，节点与节点之间的连线共 504 条。该图谱网络密度为 0.0049<0.01，数值比较小，说明产业联盟研究的范围比较宽广。

第 1 章　云制造联盟创新生态系统概述

图 1-37　WOS 数据库中相关文献研究机构

图 1-38　CNKI 数据库中产业联盟相关文献关键词图谱

关键词共现网络中，通过节点的大小表示关键词出现的次数，节点越大表明该关键词在文献中出现的次数越多。关键词图谱中出现频次前 20 的关键词，按出现频次由多到少排序为产业联盟、中关村、产业技术创新战略联盟、工业互联网、智慧应急、协同创新、高峰论坛、战略性新兴产业、创新应用、技术创新、网络安全、创新、产业链、智慧城市、物联网、物联网产业、智能制造、产业化、联盟成员、战略联盟。

图 1-39 是用 CiteSpace 生成的 WOS 数据库中相关文献关键词共现网络的图谱参数。图谱生成所参考的期刊发表时间跨度为 1973～2020 年，时间切片为 1 年，选取每个时间切片内出现次数排名前 50 的关键词生成图谱。所以图谱中所包含的关键词个数只占这一领域关键词总数的 2%，也是这一领域内出现最频繁的关键词。图谱中网络节点的个数为 634 个，表示关键词共 634 个，节点与节点之间的连线共 1236 条。该图谱网络密度为 0.0062<0.01，数值比较小，但相对于 CNKI 数据库中比较紧密。

图 1-39　WOS 数据库中产业联盟相关文献关键词图谱

关键词共现网络中，通过节点的大小表示关键词出现的次数，节点越大表明该关键词在文献中出现的次数越多。关键词图谱中出现频次前 20 的关键词，按出现频次由多到少排序为 alliance、strategic alliance、innovation、performance、network、knowledge、firm、cooperation、absorptive capacity、research and development、 management、technology、collaboration、trust、determinant、competitive advantage、governance、model、capability、organization。

1.5 本章小结

本章介绍了云制造、创新生态系统、产业联盟等基本概念的界定，对云制造联盟创新生态系统的相关研究进行了总结，综述了其研究及发展现状。本章内容奠定了全书研究的基础。

参 考 文 献

[1] 黄群慧. 论新时期中国实体经济的发展[J]. 中国工业经济, 2017 (9): 5-24.

[2] Kubler S, Holmstroem J, Fraemling K, et al. Technological theory of cloud manufacturing[C]. 5th International Workshop on Service Orientation in Holonic and Multi-Agent Manufacturing, 2016:267-276.

[3] 李伯虎, 张霖, 王时龙, 等. 云制造——面向服务的网络化制造新模式[J]. 计算机集成制造系统, 2010, 16(1): 1-7.

[4] 罗文. 深化产学研合作创新 加快制造强国建设[J]. 中国科技产业, 2018(1): 18-19.

[5] 王保国. 加快新一代信息技术与制造业深度融合[N]. 学习时报, 2018-01-15(008).

[6] 樊霞, 贾建林, 孟洋仪. 创新生态系统研究领域发展与演化分析[J]. 管理学报, 2018, 15(1): 151-158.

[7] 周青, 顾远东, 吴刚. 创新管理研究热点的国际比较与学科资助方向——国家自然科学基金项目管理视角的思考[J]. 经济管理, 2017, 39(12): 190-201.

[8] Xu X. From cloud computing to cloud manufacturing[J]. Robotics and Computer-Integrated Manufacturing, 2012, 28(1):75-86.

[9] Wu D Z, Thames J L, Rosen D W, et al. Towards a cloud-based design and manufacturing paradigm: looking backward, looking forward[C]. ASME International Design Engineering Technical Conferences and Computers and Information in Engineering Conference, 2012:315-328.

[10] 李伶杰. 制造业迈向"云制造"[J]. 装备制造, 2011(12): 94-95.

[11] 创业邦研究中心. 2020 中国云制造产业研究报告[R]. 2020.

[12] 李强, 秦波, 包柏峰. 基于云制造的模具协同制造模式探讨[J]. 锻压技术, 2011, 36(3): 140-143.

[13] 陈友玲, 刘传彪, 阳玮琦, 等. 云制造环境下能力资源需求的评价与选择[J].计算机集成制造系统, 2017, 23(10): 2304-2312.

[14] Tao F, Zhang L, Venkatesh V C, et al. Cloud manufacturing: a computing and service-oriented manufacturing model[J]. Proceedings of the Institution of Mechanical Engineers Part B Journal of Engineering Manufacture, 2011, 225(10):1969-1976.

[15] Valilai O F, Houshmand M. A collaborative and integrated platform to support distributed manufacturing system using a service-oriented approach based on cloud computing paradigm[J]. Robotics and Computer-Integrated Manufacturing, 2013, 29(1):110-127.

[16] Mourad M, Nassehi A, Schaefer D. Interoperability as a key enabler for manufacturing in the cloud[J]. Procedia CIRP, 2016, 52:30-34.

[17] 熊彼特. 经济发展理论[M]. 叶华，译. 北京：中国社会科学出版社，2009.

[18] Schumpeter J A. The theory of economic development: an inquiry into profits, capital, credit, interest, and the business cycle[M]. Beijing: The Commercial Press, 2000.

[19] Solow R M. Technical and the aggregate production function[J].The Review of Economics and Statistics, 1957, 39 (3):312-320.

[20] Burns T, Stalker G M. The management of innovation[M]. London: Tavistock, 1961.

[21] Freeman C. The economics of industrial innovation[M]. 2nd ed. Cambridge: MIT Press, 1982.

[22] 傅家骥. 技术创新学[M]. 北京：清华大学出版社，1998.

[23] Chesbrough H W. Open innovation: the new imperative for creating and profiting from technology[M]. Boston: Harvard Business Review Press, 2003.

[24] 钱平凡, 钱鹏展. 平台生态系统发展精要与政策含义[J]. 重庆理工大学学报(社会科学), 2017, 31(2): 1-9.

[25] Moore J F. Predators and prey: a new ecology of competition[J]. Harvard Business Review, 1993, 71(3):75-86.

[26] Garnsey E, Leong Y Y. Combining resource-based and evolutionary theory to explain the genesis of bio-networks[J]. Industry & Innovation, 2008, 15(6):669-686.

[27] 李万, 常静, 王敏杰, 等. 创新3.0与创新生态系统[J]. 科学学研究, 2014(12): 3-12.

[28] 赵放, 曾国屏. 多重视角下的创新生态系统[J]. 科学学研究, 2014, 32(12): 1781.

[29] Papaioannou T, Wield D, Chataway J. Knowledge ecologies and ecosystems? An empirically grounded reflection on recent developments in innovation systems theory[J]. Environment and Planning, 2009, 27(2):319-339.

[30] 黄鲁成. 区域技术创新生态系统的特征[J]. 中国科技论坛, 2003(1): 23-26.

[31] 杨荣. 创新生态系统的界定、特征及其构建[J]. 科学与管理, 2014(3): 12-17.

[32] 罗国锋, 林笑宜. 创新生态系统的演化及其动力机制[J]. 学术交流, 2015(8): 119-124.

[33] 刘雪芹, 张贵. 创新生态系统:创新驱动的本质探源与范式转换[J]. 科技进步与对策, 2016, 33(20): 1-6.

[34] 杜勇宏. 基于三螺旋理论的创新生态系统[J]. 中国流通经济, 2015(1): 91-99.

[35] van Lancker J V, Mondelaers K, Wauters E, et al. The organizational innovation system: a systemic framework for radical innovation at the organizational level[J]. Technovation, 2016, 52-53:40-50.

[36] 戴亦舒, 叶丽莎, 董小英. 创新生态系统的价值共创机制——基于腾讯众创空间的案例研究[J]. 研究与发展管理, 2018, 30(4): 24-36.

[37] 柳卸林, 杨培培, 王倩. 创新生态系统——推动创新发展的第四种力量[J]. 科学学研究, 2021: 1-15.

[38] Leonard-Barton D. The factory as a learning laboratory[J]. Sloan Management Review, 1992, 34(1): 23-38.

[39] 张杰. 商业生态系统中的知识链[J]. 决策借鉴, 1999(1): 27-29.

[40] 冯锋, 肖相泽, 张雷勇. 产学研合作共生现象分类与网络构建研究——基于质参量兼容的扩展Logistic模型[J]. 科学学与科学技术管理, 2013, 34(2): 3-11.

[41] 毛荐其, 徐艳红. 基于技术生态的新技术涌现研究[J]. 科学学与科学技术管理, 2014, 35(1): 42-47.

[42] 陈国权. 组织与环境的关系及组织学习[J]. 管理科学学报, 2001(5): 39-49.

[43] 谭智佳, 魏炜, 朱武祥. 商业生态系统的构建与价值创造——小米智能硬件生态链案例分析[J]. 管理评论, 2019, 31(7): 172-185.

[44] 刘友金, 郭新. 集群式创新形成与演化机理研究[J]. 中国软科学, 2003(2): 91-95.

[45] 罗发友, 刘友金. 技术创新群落形成与演化的行为生态学研究[J]. 科学学研究, 2004(1): 99-103.

[46] 许冠南, 周源, 吴晓波. 构筑多层联动的新兴产业创新生态系统: 理论框架与实证研究[J]. 科学学与科学技术管理, 2020, 41(7): 98-115.

[47] 刘兰剑, 项丽琳, 夏青. 基于创新政策的高新技术产业创新生态系统评估研究[J]. 科研管理, 2020, 41(5): 1-9.

[48] 孙丽文, 李跃. 京津冀区域创新生态系统生态位适宜度评价[J]. 科技进步与对策, 2017, 34(4): 47-53.

[49] Yao Y H, Zhou H P. The dynamic equilibrium and simulation of mobile internet platform innovation ecosystem a symbiotic evolution model[J]. Kybernetes the International Journal of Systems & Cybernetics, 2016, 45(9): 1406-1420.

[50] 张敏, 邓胜利. 面向协同创新的公共信息服务平台构建[J]. 情报理论与实践, 2008(3): 382-385.

[51] 石艳霞, 倪玲. 面向技术创新的知识服务平台研究[J]. 情报理论与实践, 2009(5): 86-89.

[52] 黄鲁成, 张红彩. 基于生态学的通讯设备制造业的技术创新种群演化分析[J]. 中国管理科学, 2006(5): 143-148.

[53] 张利飞. 创新生态系统技术种群非对称耦合机制研究[J]. 科学学研究, 2015, 33(7): 1100-1108.

[54] 詹爱岚, 陈衍泰. 标准创新生态系统治理与知识产权战略演化[J]. 科学学研究, 2021, 39(7): 1326-1334.

[55] 许冠南, 王丽明, 周源. 新兴产业多重联动网络对知识流动网络影响机制[J].科学学研究, 2021, 39(3): 463-470, 518.

[56] Christensen C M, Baumann H, Ruggles R, et al. Disruptive innovation for social change-reply[J]. Harvard Business Review, 2007, 85(4): 136.

[57] Chesbrough H. Open innovation—The new imperative for creating and profiting from technology[M]. Boston: Harvard Business School Press, 2003.

[58] Jonas J M, Boha J, Srhammar D, et al. Stakeholder engagement in intra- and inter-organizational innovation: exploring antecedents of engagement in service ecosystems[J]. Journal of Service Management, 2018, 29(1):399-421.

[59] Vink J, Koskela-Huotari K, Tronvoll B, et al. Service ecosystem design: propositions, process model, and future research agenda[J]. Journal of Service Research, 2021, 24(2): 168-186.

[60] Rong K, Hu G Y, Lin Y, et al. Understanding business ecosystem using a 6C framework in internet-of-things-based sectors[J]. International Journal of Production Economics, 2015, 159:41-55.

[61] D'Souza A, Bouw K, Velthuijsen H, et al. Designing viable multi-commodity energy business ecosystems: corroborating the business model design framework for viability[J]. Journal of Cleaner Production, 2018, 182: 124-138.

[62] Carayannis E G, Grigoroudis E, Campbell D F J, et al. The ecosystem as helix: an exploratory theory-building study of regional co-opetitive entrepreneurial ecosystems as Quadruple/Quintuple Helix Innovation Models[J]. R&D Management, 2018, 48(1):148-162.

[63] Andion C, Alperstedt G D, Graeff J F, et al. Social innovation ecosystems and sustainability in cities: a study in Florianópolis, Brazil[J]. Environment, Development and Sustainability, 2021, 24(1): 1259-1281.

[64] Kamalaldin A, Sjodin D, Hullova D, et al. Configuring ecosystem strategies for digitally enabled process innovation: a framework for equipment suppliers in the process industries[J]. Technovation, 2021, 105: 102250.

[65] Dedehayir O, Ortt J R, Seppänen M. Disruptive change and the reconfiguration of innovation ecosystems[J]. Journal of Technology Management & Innovation, 2017, 12(3): 9-21.

[66] Adner R, Kapoor R. Innovation ecosystems and the pace of substitution: re-examining technology S-curves[J]. Strategic Management Journal, 2016, 37(4): 625-648.

[67] Kreiling L, Serval S, Peres R, et al. University technology transfer organizations: roles adopted in response to their regional innovation system stakeholders[J]. Journal of Business Research, 2020, 119: 218-229.

[68] Kauffman R J, Liu J, Ma D. Innovations in financial IS and technology ecosystems: high-frequency trading in the equity market[J]. Technological Forecasting and Social Change, 2015, 99: 339-354.

[69] Kolloch M, Dellermann D, Phillips F. Digital innovation in the energy industry: the impact of controversies on the evolution of innovation ecosystems[J]. Technological Forecasting and Social Change, 2018, 136: 254-264.

[70] Abella A, Ortiz-De-Urbina-Criado M, De-Pablos-Heredero C. A model for the analysis of data-driven innovation and value generation in smart cities' ecosystems[J]. Cities, 2017, 64:47-53.

[71] Bacon E, Williams M D, Davies G. Coopetition in innovation ecosystems: a comparative analysis of knowledge transfer configurations[J]. Journal of Business Research, 2020, 115: 307-316.

[72] Sjodin D. Knowledge processing and ecosystem co-creation for process innovation: managing joint knowledge processing in process innovation projects[J]. International Entrepreneurship and Management Journal, 2018, 15(1): 135-162.

[73] 董四代, 佟德志. 创新与生态系统型企业文化[J]. 理论与现代化, 1999(3): 36-37.

[74] 李怀政. 我国连锁超市商业生态系统的构建与创新[J]. 商业经济与管理, 2000(4): 15-18.

[75] 郭莉, 苏敬勤, 徐大伟. 基于哈肯模型的产业生态系统演化机制研究[J]. 中国软科学, 2005(11): 156-160.

[76] 傅羿芳, 朱斌. 高科技产业集群持续创新生态体系研究[J]. 科学学研究, 2004(S1): 128-135.

[77] 张运生. 高科技产业创新生态系统耦合战略研究[J]. 中国软科学, 2009(1): 134-143.

[78] 曹灿明, 段进军. 苏南国家自主创新示范区战略性新兴产业发展路径研究——以昆山高新区为例[J]. 特区经济, 2017(1): 35-39.

[79] 张贵, 李涛, 原慧华. 京津冀协同发展视阈下创新创业生态系统构建研究[J]. 经济与管理, 2017, 31(6): 5-11.

[80] 郭金明, 袁立科, 王革, 等. "一带一路"海外产业园创新生态系统培养前瞻性分析[J]. 科技管理研究, 2018, 38(7): 16-26.

[81] Reimann M D, Sarkis J. Manufacturing and supply chain management in the industry ecosystem[C]. 6th International Conference on Flexible Automation and Intelligent Manufacturing (FAIM 96), 1996:67-76.

[82] Bahrami H, Evans S. Flexible re-cycling and high-technology entrepreneurship[J]. California Management Review, 1995, 37(3): 62-89.

[83] Adner D. Match your innovation strategy to your innovation ecosystem[J]. Harvard Business View, 2006, 84(4): 98-107.

[84] Khalili A. Linking transformational leadership, creativity, innovation, and innovation-supportive climate[J]. Management Decision, 2016, 54(9): 2277-2293.

[85] Frels J K, Shervani T, Srivastava R K. The integrated networks model: explaining resource allocations in network markets[J]. Journal of Marketing, 2003, 67(1): 29-45.

[86] Teece D J. Explicating dynamic capabilities: the nature and microfoundations of (sustainable) enterprise performance[J]. Strategic Management Journal, 2007, 28(13): 1319-1350.

[87] Adner R, Kapoor R. Value creation in innovation ecosystems: how the structure of technological interdependence

affects firm performance in new technology generations[J]. Strategic Management Journal, 2010, 31(3): 306-333.

[88] Tiwana A, Konsynski B, Bush A A. Platform evolution: coevolution of platform architecture, governance, and environmental dynamics[J]. Information Systems Research, 2010, 21(4): 675-687.

[89] Ceccagnoli M, Forman C, Huang P, et al. Cocreation of value in a platform ecosystem: the case of enterprise software[J]. MIS Quarterly, 2012, 36(1): 263-290.

[90] Carayannis E G, Campbell D F J. 'Mode 3' and 'Quadruple Helix': toward a 21st century fractal innovation ecosystem[J]. International Journal of Technology Management, 2009, 46(3-4): 201-234.

[91] Gawer A, Cusumano M A. Industry platforms and ecosystem innovation[J]. Journal of Product Innovation Management, 2014, 31(3): 417-433.

[92] Autio E, Kenney M, Mustar P, et al. Entrepreneurial innovation: the importance of context[J]. Research Policy, 2014, 43(7): 1097-1108.

[93] Gawer A. Bridging differing perspectives on technological platforms: toward an integrative framework[J]. Research Policy, 2014, 43(7): 1239-1249.

[94] 陈劲, 阳银娟. 协同创新的理论基础与内涵[J].科学学研究, 2012, 30(2): 161-164.

[95] Cravens K, Piercy N, Cravens D. Assessing the performance of strategic alliances: matching metrics to strategies[J].European Management Journal, 2000,18(5): 529-541.

[96] 王静宇. 中国新能源汽车产业联盟技术创新研究[D]. 北京: 北京交通大学, 2017.

[97] 波特. 竞争优势[M]. 陈丽芳, 译. 北京: 中信出版社, 2014: 23-33.

[98] 王磊. 以产业联盟促进京津冀地区第二产业合作开发的战略研究[D]. 天津: 天津工业大学, 2007.

[99] 房树华, 李荣. 产业联盟中的企业集成创新研究[J]. 工业技术经济, 2008(3): 98-100.

[100] 袁红梅. 知识服务产业联盟探析[J]. 图书馆学研究, 2014 (13): 83-87.

[101] 科技部, 财政部, 教育部, 等. 六部门联合发布《关于推动产业技术创新战略联盟构建的指导意见》[J]. 纺织机械, 2009(4): 62.

[102] 王章豹, 张道龙. 关于产学研战略联盟的特点和冲突问题的探讨[J]. 科技与管理, 2011, 13(5): 44-47.

[103] 苏素, 肖阿妮. 政府主导型产业共性技术 R&D 合作组织研究——以电动汽车产业联盟为例[J]. 科技进步与对策, 2012, 29(14): 55-59.

[104] 杨伟, 周青, 方刚. 产业联盟的组织复杂度、牵头单位类型与合作创新率[J]. 科学学研究, 2015, 33(5): 713-722.

[105] 侯鹏. 产业联盟知识共享对企业创新绩效的影响研究[D]. 桂林: 广西师范大学, 2021.

[106] 王珊珊, 王宏起, 邓敬斐. 产业联盟技术标准化过程及政府支持策略研究[J]. 科学学研究, 2012, 30(3): 380-386.

[107] 李力, 王宏起, 武建龙. 基于产业联盟的产业自主创新能力提升机理研究[J]. 工业技术经济, 2014, 33(5): 24-30.

[108] 刘颖琦, 高宏伟. 中国新能源汽车产业联盟技术创新发展趋势与对策[J]. 科学决策, 2011(2): 1-8.

[109] 刘颖琦, 王静宇, Kokko Ari. 产业联盟中知识转移、技术创新对中国新能源汽车产业发展的影响[J]. 中国软科学, 2016(5): 1-11.

[110] 张宇洁, 吴洁, 刘亭亭. 复杂网络视角的产业技术创新联盟知识转移网络研究[J]. 科技管理研究, 2013, 33(12): 159-163.

[111] 仇雷雷, 吴洁, 盛永祥, 等. 基于知识流态的产业联盟生命周期与知识存量研究[J]. 科技管理研究, 2014, 34(18): 136-138, 161.

[112] 王纬, 梁嘉骅. 产业联盟组织形态的实证研究[J]. 科技情报开发与经济, 2007(8): 118-120.

[113] Hagedoorn J, Ning W. Is there complementarity or substitutability between internal and external R&D strategies?[J]. Research Policy, 2012, 41(6): 1072-1083.

[114] Reuer J J, Ariño A, Mellewigt T. Entrepreneurial alliances as contractual forms[J]. Journal of Business Venturing, 2003, 21(3):306-325.

[115] Reuer J J, Zollo M, Singh H. Post-formation dynamics in strategic alliances[J]. Strategic Management Journal, 2002, 23(2):135-151.

[116] Vanhaverbeke W, Gilsing V, Beerkens B, et al. The role of alliance network redundancy in the creation of core and non-core technologies[J]. Journal of Management Studies, 2010, 46(2):215-244.

[117] Gilsing V, Nooteboom B, Vanhaverbeke W. Network embeddedness and the exploration of novel technologies: technological distance, betweenness centrality and density[J]. Research Policy, 2008, 37(10):1717-1731.

[118] Mitchell W, Singh K. Survival of businesses using collaborative relationships to commercialize complex goods[J]. Strategic Management Journal, 1996, 17(3):169-195.

第 2 章

云制造联盟创新生态系统演化与运行系统分析

2.1 云制造联盟内涵及运作模式

2.1.1 云制造联盟内涵及特征

联盟是由两个或两个以上独立的组织以正式及非正式的合作方式，为完成一个或多个战略目标，而形成的资源与能力共享的合作关系。云制造相关企业及机构组建联盟形成合作网络，使覆盖整个产品开发生命周期的大量分布式制造资源得以在联盟内无缝共享，利用透明的付费使用定价模式允许云用户在互联网上按需检索制造服务，将会极大促进企业间的合作制造。

云制造联盟是以协同创新、合作交流、共赢发展为目标，由从事云制造及相关产品和技术的研发、生产及政策咨询等地理上分散的企事业单位、研究机构、行业协会、金融机构、认证中心及其他相关企业和机构等组成的社会团体。图 2-1 为云制造联盟形态。云制造联盟依托平台，借助先进的信息技术与交流手段，充分集聚成员优势的制造资源，以市场为导向，为用户提供全行业、全流程、全要素的云服务。

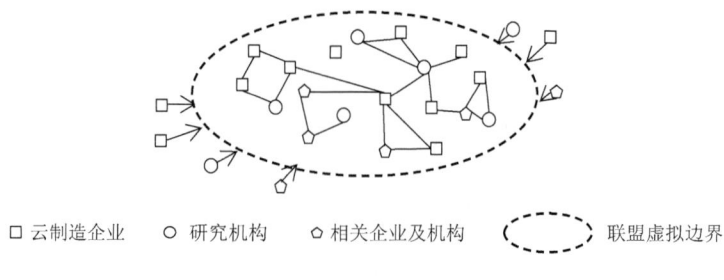

图 2-1　云制造联盟形态

云制造联盟是互联网背景下的新型制造模式和手段，是云计算理论在制造领域的落地和应用。

(1) 目标。云制造联盟面向用户需求，通过平台整合各方制造资源，提升资源的综合利用率和生产效率，及时准确为用户提供个性化的服务，体现"制造即服务"的思想。成员企业在联盟内寻找合作伙伴进行技术开发，缩短产品生产周期，降低运营成本，突破核心、关键技术瓶颈，实现制造的智能化、集成化发展。

(2) 成员。云制造联盟以制造企业为核心，联合生产性服务业的企事业单位、研究机构及其他相关社会团体，以创新驱动为指导，运用市场机制集聚制造资源，打造政产学研用相结合的创新生态系统，以创新、合作、发展、共赢为原则，实现联盟成员战略层面的有效结合，提升联盟整体竞争实力。

(3) 技术。云制造联盟是一种分散式和网络化制造的组织模式，其平台建设从现有的先进制造模式（如敏捷制造、网络制造、制造网格）和信息技术（云计算、物联网、虚拟化等）发展而来。

(4) 管理机制。云制造联盟创新机制是联盟持续发展的保证；综合评价和评级机制保证了成员间制造资源交易的安全和可信度；安全机制保护数据机密性、完整性和用户隐私，防范恶意攻击。

2.1.2　云制造联盟平台

云制造联盟的有效运行离不开信息服务平台的支持，通过信息服务平台连接云制造物理生产与数字世界，从网络连接中获取、分享、挖掘信息可以使制造业得到优化。国内外已经有一些成熟的云制造信息服务平台，如国外在线交易平台

MFG.COM，国内中国航天科工集团设计开发的航天云网工业互联网公共服务平台等。众多平台虽然名称不同，如云制造服务平台、数字化工业云平台、制造云服务平台等，但功能相似，均是为中小型制造企业提供丰富制造资源及模型、工艺等制造服务的互联网信息服务平台。因此，本书把以上相关平台都称为云制造联盟信息服务平台，简称平台。该类平台是基于云计算的，集成、安全、面向服务应用程序的分布式平台，适合跨地域成员间的交流与协作，加快云制造联盟形成广泛的智能合作网络。

无论是从云制造内涵出发还是从联盟内多组织协作视角，云制造联盟平台都是必不可少的。平台将多样化和分布式的制造资源进行集合共享，利用按需访问模式来形成临时的可重新配置的物理网络，以提高效率，减少产品的生命周期成本，对客户需求变化响应生成任务，并允许最优的资源分配。云制造服务在平台中被有效组织起来，用户根据自由裁量权进行购买和使用。从简单的一次性工艺操作到复杂的全球协作制造任务，平台都可以进行控制、协调和执行。云制造联盟平台为制造企业间进行无边界、分布式的制造任务协作带来诸多好处。

（1）促进两化融合。两化融合指信息化和工业化的相互促进，追求可持续发展。云制造是两化融合的产物，云制造联盟以智能制造和绿色制造为主攻方向，从点（企业）、线（区域）、面（行业）三个层面和技术、产品、业务三个方面促进信息化和工业化的深度融合。

（2）有助于解决制造领域共性技术问题。云制造联盟可以以市场需求为依据，发挥政府政策引导，凝聚制造企业、研究机构的技术力量，借助金融机构等提供的相关服务，针对制造业重大关键技术问题进行协同研发，有利于制造技术水平的提高。

（3）有利于制造人才的培养。云制造联盟依据平台获得的工业大数据，探索制造业发展方向和所需技术，将产业需求和人才培养目标相匹配，向社会输送专业技术人才。通过建立联合实验室等形式，聚合联盟内知名大学和核心企业，整合产业资源、技术资源与科研资源，促进云制造紧缺人才培养。

学者对云制造的体系构架也做了诸多研究，多从层次及模块化角度提出，以此描述云制造运行过程，表 2-1 总结了具有代表性的云制造体系架构。虽然学者提出的体系架构不尽相同，但有其共同的思想，即将制造资源作为输入端、用户需要的制造服务为输出端。如何利用先进的技术和相关操作快速准确地完成制造资源到制造服务的转换过程即为云制造联盟信息平台思想的核心。云制造联盟体系架构也是基于这一思想，同时结合信息平台运行过程进行建立，如图2-2所示。

表2-1 代表性的云制造体系架构总结

学者	研究角度	层次
李伯虎 等[1]	基于云计算技术解决网络化制造中的运营问题提出云制造体系架构	物理资源层、虚拟资源层、核心资源层、应用接口层、应用层
Tao 等[2]	从计算与服务导向角度，提出云制造的体系架构	资源层、感知层、虚拟资源层、核心云服务层、应用层、门户层、企业合作应用层、知识层、云安全层、广域网层
Xu[3]	基于分布式资源整合与分配角度，提出云制造的体系结构	制造资源层、虚拟服务层、全局服务层、应用层
Huang 等[4]	从中小企业资源整合的角度，提出具有可选层次的云制造服务平台	制造资源层、运营环境集成服务平台、基础支撑层、持续服务层、引擎层、工具层、服务组件层、服务模块化层、业务模型层、交易层、企业服务总线层、用户层
Xi 等[5]	基于可互操作的角度，提出了面向服务的、可互操作的云制造系统	制造能力层、虚拟服务层、应用层
Da 等[6]	基于云计算无处不在的访问和多租赁特征，提出云制造体系架构	物理层、虚拟层、本体映射层、代理层、门户层、多租赁层
李伯虎 等[7]	从互联网与制造业深度融合视角，提出云制造2.0即智慧云制造	智慧资源/能力层、感知接入/通信层、智慧虚拟资源/能力层、智慧核心支撑功能层、智慧用户界面层、智慧云服务应用层
Gašper 等[8]	将云制造看成是分散的网络体系结构，建立在自动工作系统概念之上	制造服务提供者层、云制造平台层、制造服务使用者层

云制造联盟体系结构是由环境层、技术层、资源层、机制层、服务层、中间件层、应用层所组成的多层次结构。环境层会对云制造联盟运行产生巨大影响，技术层是联盟正常运行的重要支柱，资源层实现联盟跨组织异构资源集成与共享，机制层促进制造资源增值增效，服务层是用户满意度的重要标准，中间件层是连接用户与云制造平台的重要接口，应用层需要良好的人机界面。云制造联盟通过七个层次之间的协同互动，满足用户按需易扩展的服务需求。

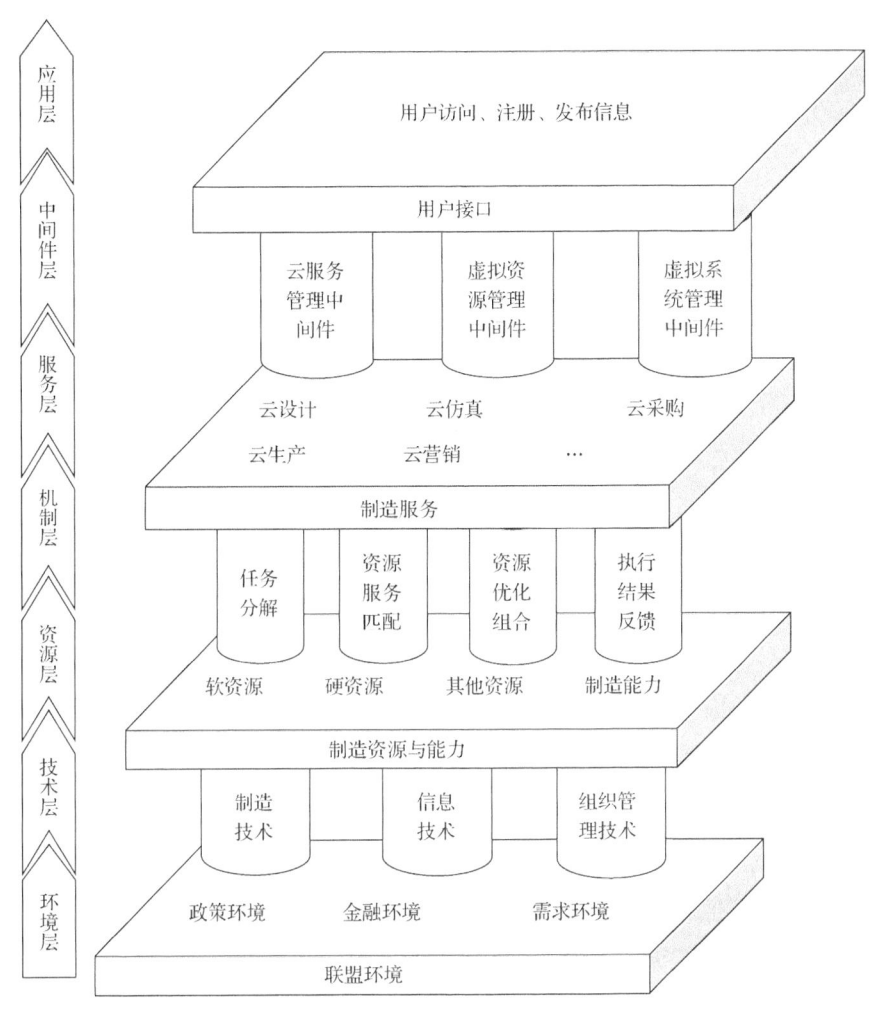

图 2-2　云制造联盟体系结构

（1）环境层。目前用户对制造产品和服务的个性化需求日益迫切，制造企业需求环境瞬息万变，"长尾效应"日趋明显，为缩短生产周期，提高企业的快速反应能力，利用云计算技术，多个企业形成合作联盟，能帮助企业更好地实现用户价值。各国政府根据云制造产业优势，积极应对第四次工业革命的到来，德国提出"工业4.0"揭开了智能化促进产业变革的新时代，美国提出了"工业互联网"，日本发布了"制造业竞争策略"，我国推出了"中国制造2025"，均为云制造联盟的发展奠定了政策基础。投融资机构逐利聚集到联盟内，降低融资成本，助力联盟快速发展。

（2）技术层。云制造联盟运行离不开先进制造技术、信息技术及组织管理技术。三者相互融合，借助信息平台对联盟内的人、财、物等资源进行综合平衡和优化管理，提高计算的效率和IT资源的可用性，实现制造业的高度集成化和柔性化。

（3）资源层。云制造联盟将各种制造资源和能力联结在一起，并且可以识别各种资源。制造资源包括硬资源和软资源。硬资源指机床、生产设备、机器部件、网络设备、服务器等相关硬件基础设施。软资源主要指制造、数据、信息、知识和相关制造等。制造能力是企业基于制造资源完成特定任务或目标的能力，体现了制造企业的竞争力，包括生产能力、设计能力、专业技能、技术和管理能力等。

（4）机制层。机制层的作用是对云制造联盟中的制造资源和能力进行分类、按需匹配、实例化等操作形成按需定制的云服务。首先了解用户的需求，若需求较为复杂或者是多维定制需求，可将需求分解为多个容易完成的子任务，然后利用语义搜索等工具搜索与之匹配的制造资源和能力，利用优化模型和算法调度相关资源，同时对成员间的合作进行监督和管理，一旦合作无法进行，会迅速由可替代资源或成员加入，以完成对用户需求的快速响应，最后对任务执行情况进行评估、存储和反馈，作为下次选择的依据。

（5）服务层。云服务是制造资源和能力被抽象化描述后，形成的服务化封装形式，为产品全生命周期提供支持，如设计云服务、仿真云服务、生产加工云服务、经营管理云服务等，不同云服务可以通过组合满足用户需求。

（6）中间件层。云服务联盟中间件主要包括云服务管理中间件、虚拟资源管理中间件和虚拟系统管理中间件[9]。云服务管理中间件为联盟提供了常用的接口服务管理中间件，虚拟资源管理中间件提供了一些基本的操作接口，虚拟系统管理中间件主要包括系统建设管理中间件，系统运行管理中间件及系统评价中间件，作用是确保云制造联盟平台使用和运行情况良好。

（7）应用层。应用层利用应用工具实现友好的人机互动界面，展示操作简单和方便的云平台功能，支持用户注册、发布需求、搜索和匹配相关信息、与成员企业进行交易等。应用工具开放给所有用户和成员企业，注册工具允许用户和联盟成员创建一个账户作为供应商或用户，并可以维护相关信息。云社交网络工具管理成员间的合作关系。同时应用层需要注意数据安全，以免造成信息泄露[10]。

2.1.3 云制造联盟协同运作机理

1. 基于平台的云制造联盟协同运作模型

云制造联盟应用云计算、云安全、物联网等技术为成员提供网络化信息平台，使成员企业在联盟内寻找制造资源、知识资源、资金资源的效率更高、成本更低，同时在技术标准、产品生产、工艺设计等方面促进成员间建立相互信任的协同合作关系，实现协同化大制造，主要体现在组织协同、资源协同、业务协同等方面。图 2-3 为基于平台的云制造联盟协同运作机理。

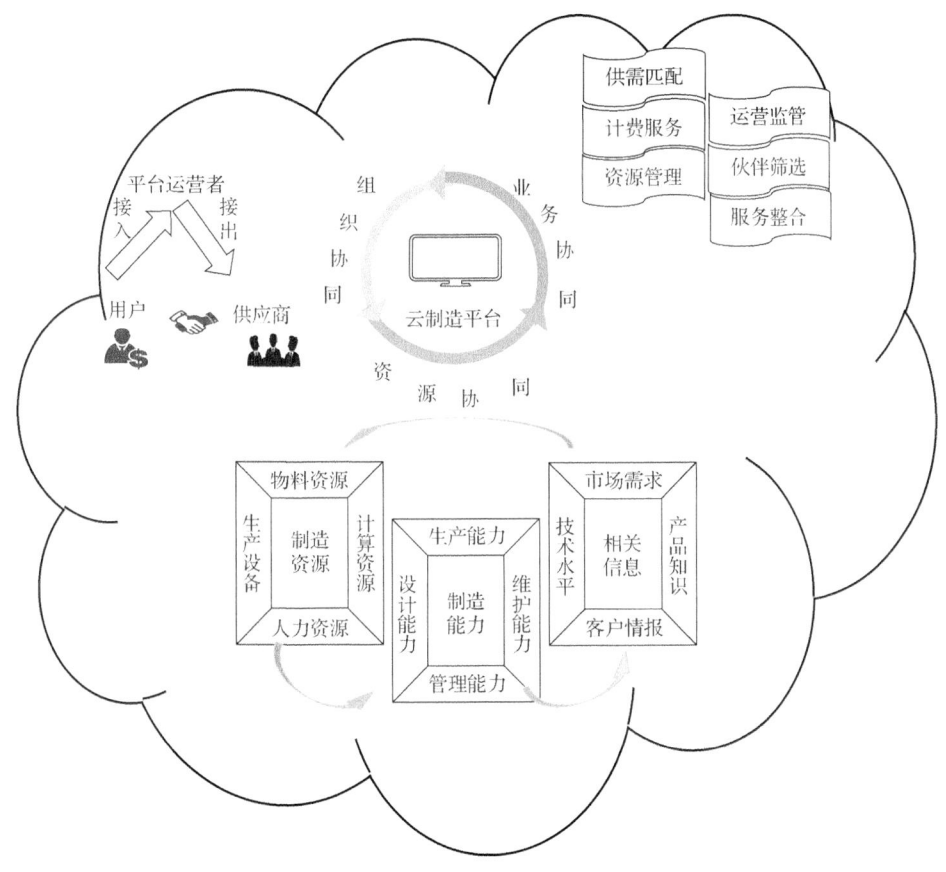

图 2-3 云制造联盟协同运作机理

云制造平台支持制造流程的开发和规划，对于用户的需求进行服务匹配、调度和优化。平台涉及的角色主要有平台运营者、用户和供应商。平台运营者负责处理组织、销售、许可和咨询制造服务以及平台运行过程中所涉及的技术和服务的处理。用户根据需要在平台中选择制造资源和服务，或者发布需求信息。供应商依据平台信息选择买家或发布自身闲散资源或能力。平台中的信息不仅有用户和供应商提供的制造资源、能力的信息，还包括行业内其他相关信息，平台为联盟成员提供廉价、高效、精准的一站式数字化制造云服务，实现制造过程中人、事、物的互联互通。

2. 基于平台的云制造联盟协同运作特征

（1）泛边界化。云制造联盟利用平台发布信息在全球范围内集成制造业务，组建动态开放的协作网络，随时欢迎符合条件、遵守契约的成员加入，联盟管理机构定义成员级别，以此对应不同的权利与责任。

（2）敏捷性。为了抓住转瞬即逝的市场机遇，成员利用平台提供的客户需求，可以准确把握市场发展方向，在虚拟成员池中选择能力匹配、信用评价良好的合作伙伴，快速组成虚拟企业，体现敏捷制造的思想。

（3）服务化。云制造是一种面向计算和服务的制造模式，云制造联盟利用平台聚合在产品开发生命周期中需要的服务，为不同的需求进行匹配和调度以及服务组合，推动制造业从传统生产型向技术、管理和服务的综合业态转变，带动云制造产业链快速发展。

2.1.4 云制造联盟服务模式

云制造联盟是在创新驱动下布局云生态产业格局，以提升成员个体和联盟整体竞争实力、推动制造业转型升级为目标，以成员各方的共同利益为基础，实施信息平台总体规划，突出关键、核心功能，从上至下进行分析、设计、实现和推广。整合成员个体闲散制造资源、融合产业链、创新链、价值链条，实现区域内部及跨区域间的协同制造。平台在联盟运行过程中，围绕从需求到论证、设计、工艺、加工、实验、仿真等制造全生命周期，打通采购、研发、生产、营销、供应、库存、发货和交付、售后服务、运维、报废回收服务等全商务流程，帮助成员开拓互联网市场，快速响应用户，降低云制造企业创新门槛。图2-4为云制造联盟服务模式。

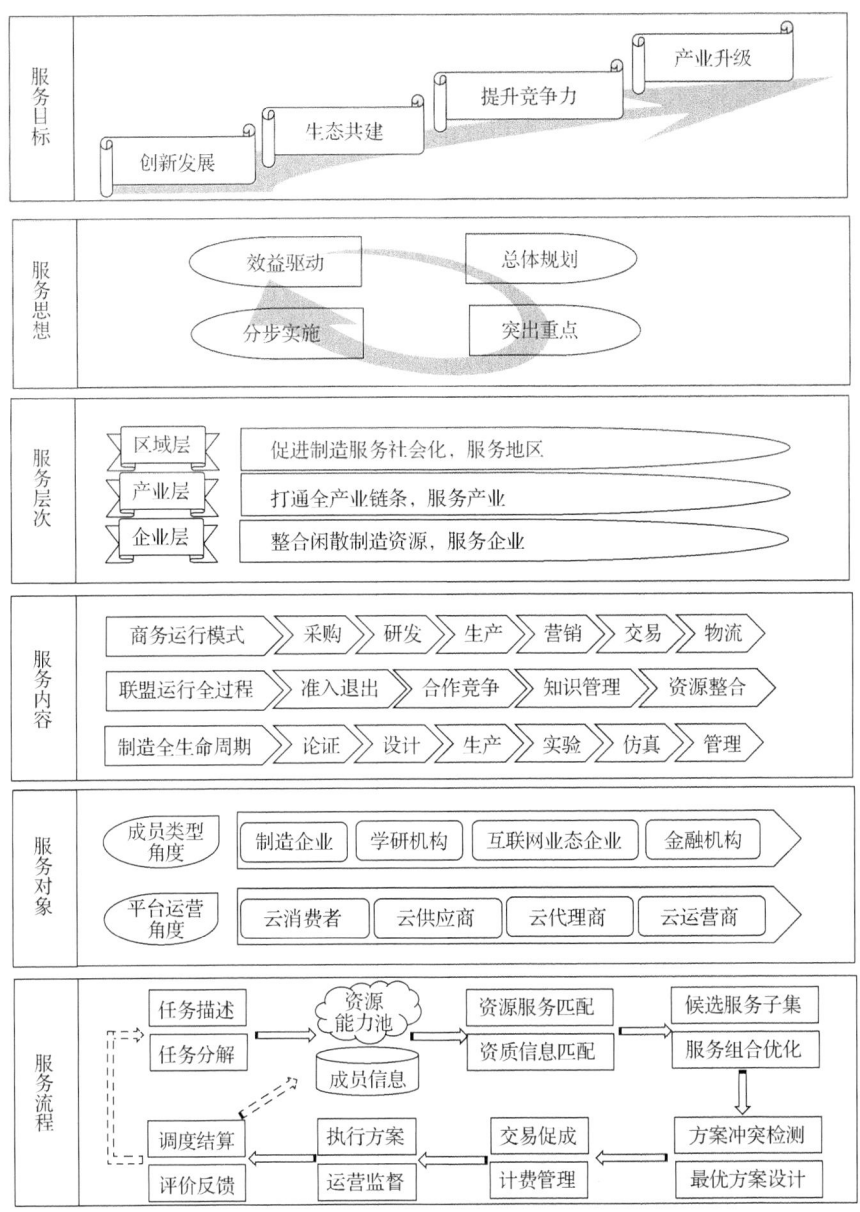

图 2-4 云制造联盟服务模式

云制造联盟在一定的经济政策条件下,以先进技术作为支撑手段,以信息平台为依托,将联盟内成员的制造资源进行整合,形成虚拟资源池,当需求来临时,搜索匹配资源,并为成员提供合作机会,将资源转化为相应的服务由平台输出,最终满足不同用户的需求。虽然云制造技术缺乏统一的标准体系,但云制造研究和设计具有资金、技术密集性特征,基于平台的云制造联盟的服务化发展模式有助于吸引资金、整合创新资源,定期举办主题研讨和沙龙活动,加强联盟内外交流,引进高端人才,促使云制造产业迈向价值链高端。

2.2 云制造联盟创新生态系统内涵及模型

2.2.1 云制造联盟创新生态系统内涵及特征

1. 云制造联盟创新生态系统内涵

基于云制造产业特点及创新生态系统定义,将云制造联盟创新生态系统界定为以制造企业为核心,联合生产性服务业的企事业单位、研究机构及其他相关社会团体,以创新驱动为指导,运用市场机制集聚制造资源,形成政产学研用相结合的创新体系。表 2-2 为生态系统和云制造联盟创新生态系统的异同点。云制造联盟创新生态系统以创新、合作、发展、共赢为原则,实现联盟成员战略层面的有效结合,提升联盟整体竞争实力[11]。

表 2-2 生态系统和云制造联盟创新生态系统的异同点

	生态系统	云制造联盟创新生态系统
组成要素	生命有机体	联盟成员云创新个体
系统功能	物质循环、能量流动、信息传递	云制造创新资源流动、云创新信息传递、云创新价值增值
形成机制	自然形成	市场导向
营养结构	食物链网	云制造创新链网
多样性	物种多样性、遗传与变异多样性	成员多样性与异质性、关系多样性
物种	一群可以交配并繁衍后代的个体	同类联盟成员云制造创新个体的集合
种群	同种生物个体的集合	具有相似云制造创新能力的组织集合
群落	相互关联的多种生物种群的集合	具有相关关系的云制造创新群落的集合
生产者	自养生物,主要是绿色植物	云制造创新生产者
消费者	异养生物,主要是动物和部分微生物	云制造创新应用者
分解者	异养生物,主要是细菌和真菌	云制造创新扩散者

2. 云制造联盟创新生态系统特征

云制造联盟创新生态系统既具有一般创新系统体现出的创新性和系统性,更拥有协同演化、自组织网络化、环境交互等生态特征。

(1) 创新性：持续不断的创新是云制造联盟得以生存和发展的重要保证。

泛边界性：云制造联盟成员借助先进的互联网技术、依托云制造服务平台进行交流与合作，其成员定位并不局限于同一地理区域，跨越省际甚至全球范围内的云制造企业及其相关机构均可加入联盟，因此联盟边界不固定。

复杂多样性：云制造联盟成员类型多样，有以技术创新为主的云制造企业、以知识创新为主的大学及研究机构，成员既可以进行独立创新，又可以进行合作创新，联盟在形成初期创新性不强可采取跟随创新策略，在具一定实力之后可采取突破性创新策略，同时云制造联盟最终输出的是产品与服务，因此产品创新与服务创新是联盟创新的根本性目标。

(2) 系统性：由于创新的集聚效应，越来越多的云制造相关企业加入到联盟中来，成员间既分工又合作，逐渐形成云制造联盟创新系统。

整体涌现性：云制造联盟成立的宗旨是服务于全体成员，云制造联盟创新活动不是单个成员创新行为的简单加和，而是成员间非线性相互作用、与环境之间相互影响等所呈现出的整体现象，创新的程度与频次远大于单个成员创新行为。

竞合性：竞争是生物进化的根本驱动力，合作是生物个体为生存抵御外敌的策略选择。云制造联盟成员间的关系也以合作竞争为主，联盟内多是中小企业，不同类型的企业组成虚拟企业等合作形式进行优势互补的联合研发，同时与实力较强企业在资源、市场等方面展开竞争。

(3) 生态性：随着市场范围的不断扩大，为打造并延长云制造联盟的创新产业链，联盟不断与外界环境进行能量、信息等的物质交换，积极构建稳定长效的云制造联盟创新生态系统。

协同演化性：生态系统内存在多物种与种群，生物之间存在寄生、共生、竞争等各种关系，伴随着生物出生、成长和死亡，生态系统也经历生命周期的不同阶段。云制造联盟创新生态系统也遵循生态学中适者生存、优胜劣汰等定律，在成员及其关系不停改变的情况下，达到互惠共生、协同演化的目的。

自组织网络化：在生态系统中，生物以亲缘关系生活在一起形成不同群落，适应环境变化，是自组织的适应性复杂系统。云制造联盟成员间以协同分工为主要联结纽带，不断建立与更新的合作创新关系，形成并深化了成员间的网络化性质，成员作为网络的节点，大量不同类型成员的进入，使云制造联盟创新生态系统在时空累积上呈现出自组织的复杂网络形态，并且不断扩张，产生联盟整体创新优势。

环境交互性：生态系统是生物体与自然环境交互形成的复杂系统，云制造联盟创新生态系统也强调联盟在发展过程中不断适应外界变化，调整联盟创新目标、资源和结构等，使联盟具有自组织、自适应、自我调节与反馈等功能，在一定时期内，云制造联盟创新达到生态平衡状态，并不断向更高的层次跃迁。

2.2.2 云制造联盟创新生态系统模型及构成

许多学者强调，一个创新生态系统本质上依赖于不同的和独立的参与者之间的合作，形成了一个类似网络的结构。由此本书从网络视角探讨云制造联盟创新生态系统形成过程，如图2-5所示。

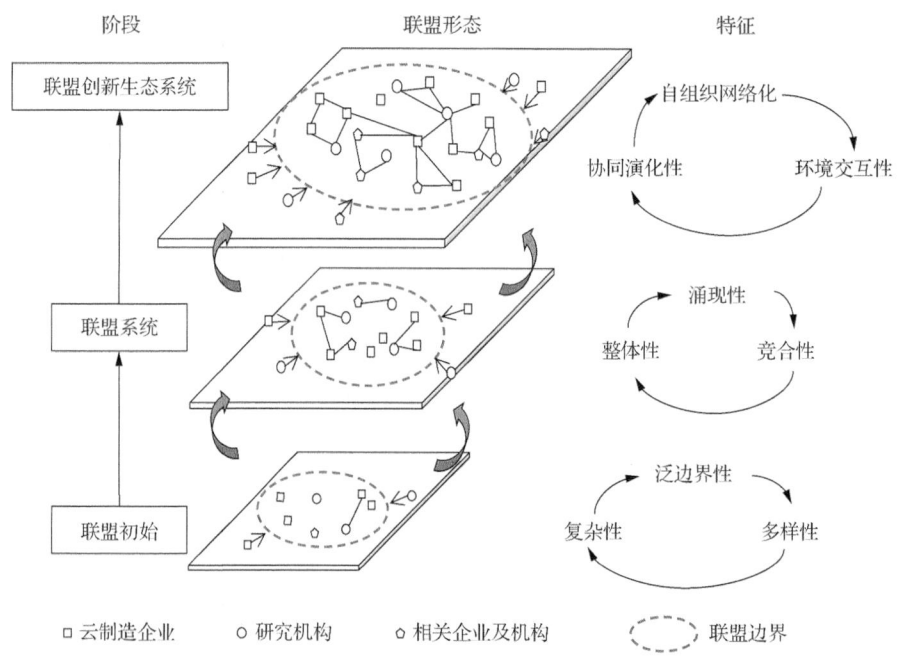

图2-5 云制造联盟创新生态系统形成过程

1. 云制造联盟创新生态系统形成

云制造联盟创新生态系统是伴随着联盟发展而逐步形成的，在联盟初始期，往往依据国务院等制定的《中国制造 2025》《国务院关于深化制造业与互联网融合发展的指导意见》等相关政策与制度，由政府、行业协会或相关机构牵头，以市场需求为导向，联合少数制造企业，搭建云制造基础环境，明确联盟战略和业务领域，如云制造创新战略联盟、云制造服务联盟等。根据联盟类型，制定联盟章程、服务条款，宣告云制造联盟正式成立。此时只是联盟基本要素聚集，先锋物种定居阶段，成员间稳定的合作关系较少，云制造联盟处于萌芽状态，尚未形成创新生态系统。

云制造联盟成立后，有意愿加入联盟的企业、大学及相关机构提出正式书面申请，由联盟理事会或代表大会按照加入准则进行审议，签署契约后成为联盟正式一员，享受联盟权利与义务。除制造企业外，中介机构等辅助性成员的增加，丰富了联盟生态系统的物种类别，此时后侵物种定居，先锋物种不断壮大，促使联盟生态化发展。联盟通过优惠政策和机制建设，鼓励成员协同创新，云制造联盟创新生态位逐步完善。知识、技术、资金等资源不断引入及优化配置，联盟形成了一个系统整体。

云制造联盟发展到一定规模后，成员之间有序的紧密连接成为联盟创新生态系统成长的关键。在联盟中，核心企业选择与自己的生态位分离的供应商、服务提供商或合作伙伴形成创新生态系统。作为一个利益共同体，各成员通过合作竞争降低创新的风险和成本以及维护生态系统的平衡。一般来说，核心企业集中在设计、研究和开发的产品，供应商提供必要的技术平台支持，服务提供商提供相关服务，生态位分离的不同成员没有竞争关系，从而形成一个相对稳定的云制造联盟创新生态系统。

2. 云制造联盟创新生态系统模型

在云制造联盟创新生态系统中成员关系的建立是基于信任、合作、共赢，信息共享使它们之间保持一致性。各成员充分利用系统的资源和信息，通过分工与合作共同设计、开发、生产和销售产品或服务，最终获得共同利益，实现互利共生。云制造联盟创新生态系统模型如图 2-6 所示。

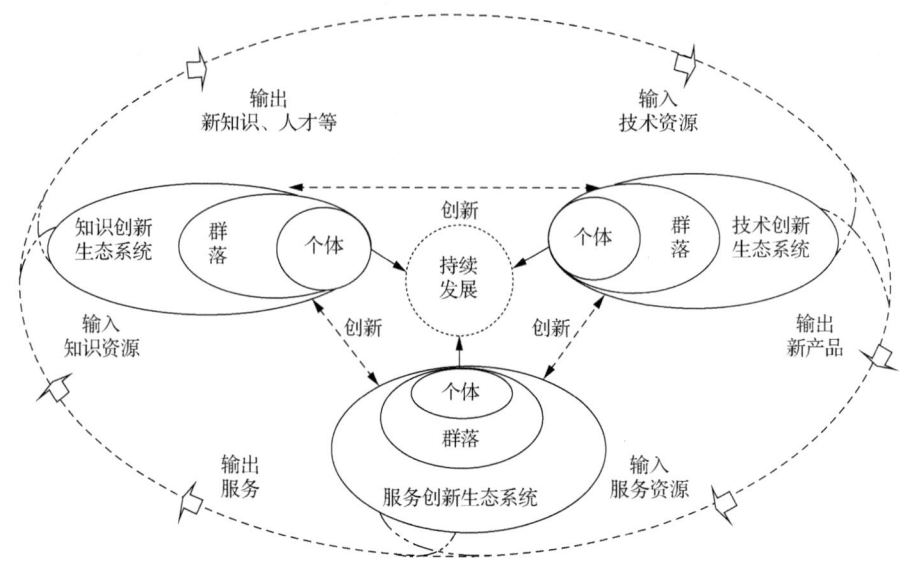

图 2-6　云制造联盟创新生态系统模型

云制造联盟创新生态系统可由一系列不同的实体组成，以实现联盟经济和社会运作的战略目标。在联盟中创新可以是任何类型的，可以由任何子过程触发，或由任何类型的参与者领导。例如，大量的产品创新由云制造企业完成，大学研究设计新的云制造商业模式，金融机构为更好地支持成员加入提供新的服务等。由此，将云制造联盟创新生态系统划分为三个子系统：知识创新生态系统、技术创新生态系统及服务创新生态系统。表 2-3 总结了云制造联盟创新生态系统子系统之间的差异。知识创新生态系统关注的是新知识的产生，研究机构是主要的创新者。技术创新生态系统关注于新产品开发，云制造企业是关键参与者，在生态系统中扮演着核心角色。服务创新生态系统以提升客户满意度为目标，培训机构、网络营销服务机构、创新政策制定者、资助机构（如风险资本家或公共资助机构）等是服务创新生态系统的重要参与者。

表 2-3 云制造联盟创新生态系统构成分析

	知识创新生态系统	技术创新生态系统	服务创新生态系统
目标	知识发现	新产品开发	客户价值发掘
主要参与者	研究机构	焦点云制造企业作为核心，供应商和客户等其他成员也参与其中	培训机构、网络营销服务机构、创新政策制定者、中介机构、创新经纪人等
创新关系建立基础	知识产生、转移、吸收、应用的协同作用	竞争和合作	与客户不断地交互
创新内容	行业标准、行业知识、政策解读等	云计算、大数据、物联网技术等	信息服务、应用服务、政务服务、双创服务等

2.2.3 云制造联盟创新生态系统构成因素的相互关系

云制造联盟创新生态系统中竞争与合作并存，创新物种不断进行选择和适应，子系统内部和子系统之间维持一个特定水平的创新养分交换，可以保持系统的生态平衡。云制造联盟知识创新生态系统为联盟内外部的知识分享提供支撑，利用专业知识与制造企业联合攻关，与服务性机构进行科技合作、决策咨询。云制造联盟技术创新生态系统致力于产品研发，为云制造企业升级提供保障。云制造联盟服务创新生态系统服务于云制造产业链全过程，为生产型制造向服务型制造转型提供支持。

云制造联盟创新生态子系统的交互和相互依赖程度是多维的，系统目标将创新参与者紧密地联系在一起，它们通过一组复杂的共生和互惠关系共存、协作和共同进化，并且共同构成了一个更大的云制造联盟创新生态系统。三个子系统在云制造联盟创新生态系统中扮演互补的角色，去除任何一个子系统可能会引起整个生态系统的连锁反应，生态系统参与者之间的交互增强了它们之间的依赖性。

2.3 云制造联盟创新生态系统演化机理与运行机制体系框架

2.3.1 云制造联盟创新生态系统演化维度

云制造联盟创新生态系统是动态的、不断演化的系统。随着时间的推移和环境的改变，系统的结构、状态、特征和行为等均会发生变化，系统不断地从一种形态向另一种形态演变。在这一过程中，呈现出显著的演化特征：功能形态的不断演化；种群的变异和进行；关系结构的持续变化等。由此从以下三个维度揭示云制造联盟创新生态系统的演化机理。

（1）功能维度：基于角色变迁的云制造联盟创新生态系统互动演化机理。云制造联盟创新生态系统创新主体主要包括制造企业、大学及研究机构、政府，三者在创新生态系统中发挥重要作用，其功能维度的演化过程是大量云制造企业组成的产业链、研究机构组成的科研链、各地政府组成的行政链三链螺旋演化上升过程，三者并不是简单叠加关系，也不是各自越强大越好，每个螺旋体都有自己的有效空间，通过互动在联盟内外产生更大范围的循环与递归效应。由此在分析云制造联盟创新生态系统三螺旋演进特征的基础上，探讨三螺旋主体角色变化及混生组织，并对三螺旋创新能力进行度量，从功能维度揭示基于角色变迁的云制造联盟创新生态系统互动演化机理。

（2）要素维度：基于协同进化的云制造联盟创新生态系统种群演化机理。协同进化是自然界中一个主要的组织规则，种群间为争取有利态势与有限资源，进行着非平衡的竞争协同运动，并最终促进系统的演化。在云制造联盟创新生态系统中协同进化的目的是通过优化服务资源、提升服务水平、降低成本、提高效率，实现共赢。其协同进化关系与自然界物种间的相互作用十分相似。大量服务主体提供相同或相似的服务，产生激烈竞争，优胜劣汰。处于产业链上下游的主体也会开展合作，共同完成任务。因此，基于种群动力学，建立云制造联盟创新生态系统种群演化模型，利用仿真模拟进行数值解图及相关数值计算，挖掘演化规律，从要素维度揭示基于协同进化的云制造联盟创新生态系统种群演化机理。

（3）关系维度：基于结构演进的云制造联盟创新生态系统网络演化机理。云制造联盟创新生态系统具有网络属性，其知识、技术资源在由知识网络、研发网络和应用网络所构成的系统网络中流动转移，可以说网络是成员主体为适应系统复杂性的一种组织涌现，它由主体间的各种正式关系和非正式关系交织而成。结合云制造联盟创新生态系统中网络的结构特点，从关系维度揭示基于结构演进的云制造联盟创新生态系统网络演化机理。

2.3.2 云制造联盟创新生态系统演化过程与路径

云制造联盟创新生态系统是通过创新参与者之间的相互作用而动态进化的，由于这些相互连接的角色和平台，尤其是三个子系统之间相互作用、螺旋化发展不断推进云制造联盟创新生态系统演化和升级。因此，将云制造联盟创新生态系统演化划分为远离平衡、开放创新和价值共创三个阶段。

（1）远离平衡。云制造联盟创新生态系统演化是一个动态、非线性过程，远离平衡态是系统通向有序演化之源。由于系统内部各主体之间的竞争、协同运动、独立运动及环境因素的随机干扰，其实际状态值都会偏离平均值，促使创新生态系统逐渐形成了一种有竞争、有差异的远离平衡态，从而引发整个系统表现出有序时空以及功能行为，这就有利于系统向有序结构的方向演变。

（2）开放创新。在开放式创新模式下，充分利用和整合内外部的知识和资源，减少创新技术和市场的不确定性，努力提高成员知识创新、技术创新、服务创新的能力水平。通过不断扩张和增强的合作伙伴关系，汇聚丰富制造资源、模型、工艺及人才等，为联盟成员提供研发设计、协同制造、产品营销等全方位的制造云服务。同时也为云制造落地提供政策咨询、金融服务、物流服务等"一站式"配套服务，提高科技成果转化效率。

（3）价值共创。云制造联盟创新生态系统各参与者在一致的价值目标导向下，集体创新，尽管其组织使命、文化等方面存在差异，但均会基于共同利益进行价值创造活动。尤其随着开放性程度不断加深，将一切需求方视为用户，云制造联盟创新生态系统与用户基于云制造平台获取双向信息。用户可发布制造资源、服务能力、产品信息及技术经验等到云端，积极开展营销推广，并创建社交圈，与创新生态系统中其他参与者实现价值共创。

2.3.3 云制造联盟创新生态系统运行机制设计

云制造联盟创新生态系统是一个由多要素构成的动态发展和变化的系统，运行机制如同系统的调节器，协调得好，系统会处于良性的运行状态；调节不到位，系统就会紊乱和无序。在云制造联盟创新生态系统演化机理分析的基础上，综合已有生态系统运行机制的研究成果，重点从共生机制、循环机制、平衡机制三方面构建云制造联盟创新生态系统运行机制，其体系框架如图 2-7 所示。

（1）云制造联盟创新生态系统共生机制。共生指不同生物之间所形成的紧密互利关系，在共生关系中，一方为另一方提供有利于生存的帮助，同时也获得对方的帮助。云制造联盟创新生态系统各创新主体之间既存在因生态位重叠而发生的竞争关系，也存在相互合作共同发展的协同共生关系。由于云制造联盟创新生态环境具有分布范围广、超大规模、虚拟化等特点，构筑良好的信任关系是保持其创新活动正常运行的基础，引入前景理论，构建信任机制，有效检测云制造联盟成员间的信任关系。同时，考虑合作创新的参与动机，建立合作伙伴选择策略模型，以此构建云制造联盟创新生态系统合作伙伴选择机制。

（2）云制造联盟创新生态系统循环机制。生态系统循环是指系统中生物成分和非生物成分间物质往返流动的过程，营养物质从大气、水体和土壤等自然环境中通过绿色植物的吸收，进入到系统，在各种生物间流动，最终重新归还到环境，完成一次循环。云制造联盟创新生态系统借助物联网与信息物理系统识别成员的创新资源，尤其是制造资源，并将其接入到资源库中，通过云计算技术对这些资源进行虚拟化、封装、检索、储存和发布，最终用户科学、合理地优选制造云服务，即为云制造联盟创新生态系统的循环过程。分析云制造联盟创新资源集成问题的特点及其复杂性，基于演化博弈思想，构建创新资源集成机制。同时，将一个复杂的制造任务分解成若干个制造子任务，运用量子多目标进化算法，确定最优云制造服务组合方案，进而构建云制造联盟创新生态系统服务组合机制。

第 2 章 云制造联盟创新生态系统演化与运行系统分析

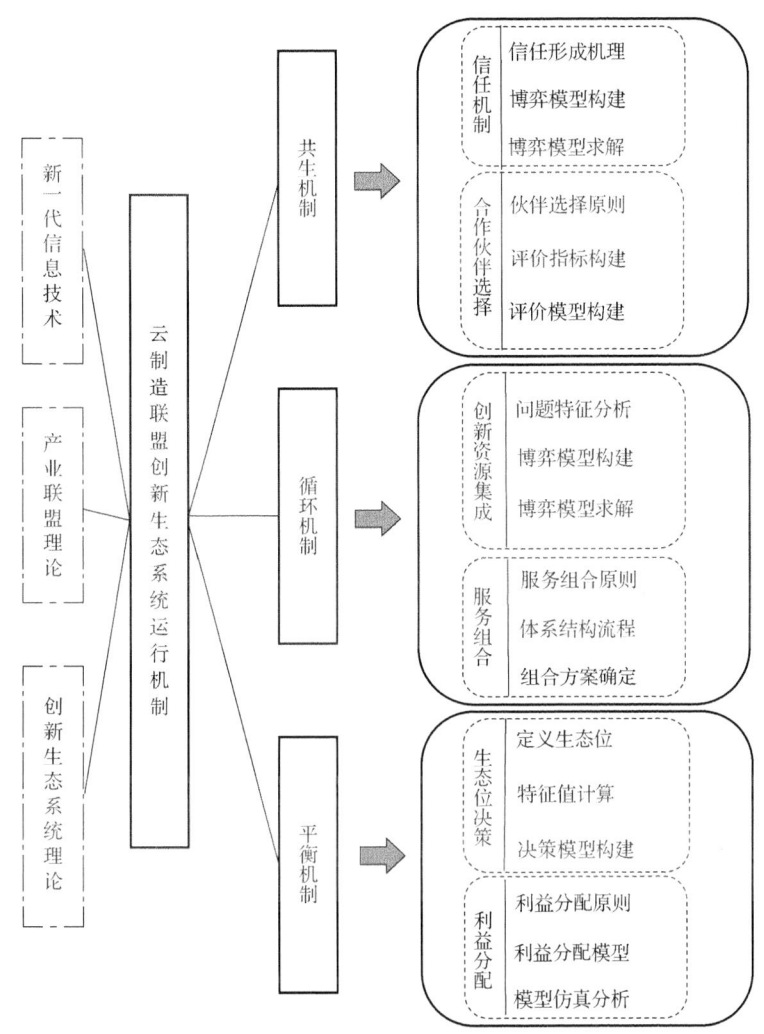

图 2-7 云制造联盟创新生态系统运行机制框架

（3）云制造联盟创新生态系统平衡机制。云制造联盟创新生态系统平衡是指系统中创新成员的种类和数量合理，生态环境要素相互协调，创新主体与创新环境高度适应，达到结构优化、功能完善，具有相对的稳定性。该机制的建立有助于云制造联盟创新生态系统各要素配置以及各创新与服务活动安排更加科学合理，减少不必要冗余和浪费，弥补资源、能力和活动的不足，使其生态位处于最佳状态。由此，从创新个体发展过程视角，定义个体生态位、生态位宽度与重叠度及其相关计算方法，构建生态位决策模型，并利用仿真方法揭示不同情境下的创新个体发展规律，构建云制造联盟创新生态系统生态位决策机制。同时，云制造合作各方需要在法律和政策的引导下，签订协议以明确约定各方的权利义务关系。对投入的知识技术资源进行公平的价值评估，对协同创新产品进行合理的收益分配，提出利益分配原则，设计利益分配流程，建立利益分配模型，由此构建云制造联盟创新生态系统利益分配机制，使参与联盟协同制造的各方成员得到有效的利益保障。

2.3.4 云制造联盟创新生态系统演化机理与运行机制关系分析

在不同的生态系统中，参与者有不同的行动逻辑，同一个参与者可以参与并在每个生态系统中扮演不同的角色。从每个参与者的角度来看，生态系统类型及其关系的相互作用域是不同的。因此，高度移动的参与者、平台所有者或核心企业是促进生态系统类型相互作用的因素。云制造联盟创新生态系统的持续运行，不仅需要激发知识创新生态系统、技术创新生态系统和服务创新生态系统自身内部的创新行为，更要关注这三个子系统之间的高效融合与协作。云制造联盟创新生态系统演化是技术、知识、服务相互促进、相互增强的演进过程，为打造云制造知识创造、生产管理与行业服务相结合的协作平台提供必要条件。图 2-8 为云制造联盟创新生态系统演化机理与运行机制关系模型。

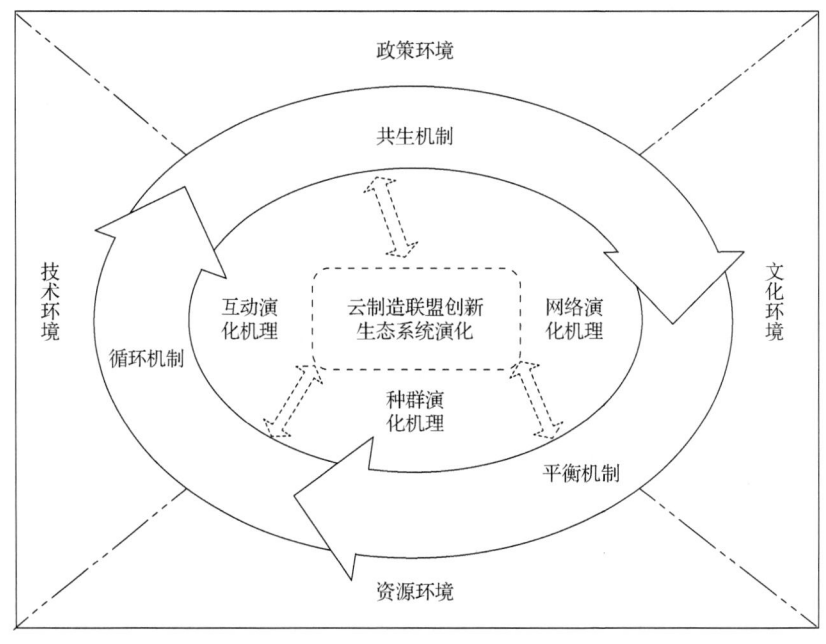

图 2-8 云制造联盟创新生态系统演化机理与运行机制关系模型

云制造联盟创新生态系统初始阶段，成员大量加入，目的是借助联盟平台获取合作机会和共享创新资源。随着成员实力的提升，成员间竞争加剧，竞争关系促使其定位在不同的细分市场，并推动系统处于技术领先位置。随着云制造联盟创新生态系统的不断发展与成熟，联盟对创新资源进行标准化管理并逐步提高创新资源参与效率。创新是推动云制造联盟创新生态系统持续发展的动力，也是其竞争优势的重要来源。系统是创新的摇篮，创新又促进系统的高速发展[12]。

2.4 本章小结

本章在深入剖析云制造联盟内涵和运作模式基础上，界定了云制造联盟创新生态系统的内涵和特征，构建云制造联盟创新生态系统模型，以此提出云制造联盟创新生态系统演化维度和路径，设计云制造联盟创新生态系统运行机制框架，为下文云制造联盟创新生态系统演化和运行机制研究奠定基础。

参 考 文 献

[1] 李伯虎, 张霖, 王时龙, 等. 云制造——面向服务的网络化制造新模式[J]. 计算机集成制造系统, 2010, 16(1): 1-7.

[2] Tao F, Zhang L, Venkatesh V C, et al. Cloud manufacturing: a computing and service-oriented manufacturing model[J]. Proceedings of the Institution of Mechanical Engineers Part B Journal of Engineering Manufacture, 2011, 225(10):1969-1976.

[3] Xu X. From cloud computing to cloud manufacturing[J]. Robotics and Computer-Integrated Manufacturing, 2012, 28(1):75-86.

[4] Huang B Q, Li C H, Yin C, et al. Cloud manufacturing service platform for small- and medium-sized enterprises[J]. The International Journal of Advanced Manufacturing Technology, 2013, 65(9): 1261-1272.

[5] Xi V W, Xun W X. An interoperable solution for cloud manufacturing[J]. Robotics and Computer-Integrated Manufacturing, 2013, 29(4): 232-247.

[6] Da Z W, David W R, Li H W, et al. Cloud-based manufacturing: old wine in new bottles[J]. Variety Management in Manufacturing, 2014, (17): 94-99.

[7] 李伯虎, 柴旭东, 张霖. 智慧云制造——一种互联网与制造业深度融合的新模式、新手段和新业态[J]. 中兴通讯技术, 2016, 22 (5): 2-6.

[8] Gašper Š, Rok V, Peter B, et al. Decentralised network architecture for cloud manufacturing[J]. International Journal

of Computer Integrated Manufacturing, 2017, 30(4) :395-408.

[9] Ren L, Zhang L, Tao F, et al. Cloud manufacturing: from concept to practice[J]. Enterprise Information Systems, 2015, 9(2):186-209.

[10] 王京，陈伟，高长元，等. 云制造联盟——一种基于信息服务平台的新型制造业组织模式[J]. 科学管理研究，2018, 36(6): 62-65.

[11] 王京，陈伟，高长元，等. 云制造联盟创新生态系统形成、模型构建及演化研究[J]. 科技进步与对策, 2018, 35(19): 53-58.

[12] 王京. 软件产业虚拟集群创新机制研究[D]. 哈尔滨: 哈尔滨理工大学, 2014.

第 3 章

云制造联盟创新生态系统演化机理

3.1 云制造联盟创新生态系统互动演化机理

3.1.1 云制造联盟创新生态系统互动演化主体

(1) 企业。云制造联盟创新生态系统中的企业大多为制造企业。经济合作与发展组织(Organization for Economic Cooperation and Development,OECD)将制造业分为四类:高技术产业、中高技术产业、中低技术产业和低技术产业。云制造是制造业与新一代信息技术深度融合的产物,因此在云制造联盟创新生态系统中,制造企业主要指的是高技术企业和中高技术企业。大量制造企业在云制造联盟创新生态系统中进行专业化的分工与合作,形成强劲竞争优势,群内激烈竞争促使制造企业加快创新,始终占领技术上领先地位。跨地域特征使得云制造联盟创新生态系统将散布在各地制造资源有效地整合,企业在系统中通过与其他企业、大学、中介机构的交流与联系,更易获得企业所需的资源,如资金、人才、新技术、市场机遇等。

(2) 研究机构。研究机构在云制造联盟创新生态系统中扮演着知识创新的角色,重视基础理论研究,侧重于生产和传播知识,为企业提供创新人才及有待于产业化的前沿技术。企业不愿承担不能直接产生创新产品的科学知识研究,研究机构与制造企业进行产学研合作,解决群内技术难题,促进成果转化[1]。

(3) 政府。政府主要履行公共服务职能,为云制造联盟创新生态系统建设服务平台及基础设施,制定扶植政策与法律法规引导,规范成员创新。各国政府都在积极发展制造产业，美国是最早提出物理信息系统的国家，突出了互联网、机器人和增材制造的作用。德国是高度发达的工业国家，提出工业 4.0 作为国家计划。

3.1.2　云制造联盟创新生态系统互动演化目标、功能及特点

1. 云制造联盟创新生态系统互动演化目标

（1）维持创新生态平衡。生态平衡是指系统的结构和功能达到相对稳定的状态，其食物链结构越复杂，则生态系统越稳定。云制造联盟创新生态系统的复杂性由构成主体的多样性所决定，三螺旋视角下每一类型的创新主体具有不同的功能与作用。类比于生态系统，在云制造联盟创新生态系统中生产者是利用创新资源进行各种创新活动的成员，消费者是采纳或应用创新成果的成员，分解者为创新服务机构，成员间围绕创新活动构成的创新链对应为食物链。

（2）获得创新生态价值。生态价值不同于劳动价值，是指自然物质生产过程中创造的价值，具体为生物、空气、水等具有的价值。云制造联盟创新生态系统的创新生态价值有别于成员个体的创新价值，它是在大学、企业、政府协同创新过程中产生的，是创新个体、创新资源、创新关系的综合生态价值体现，是云制造联盟创新生态系统内每个成员的共同财富。

2. 云制造联盟创新生态系统互动演化功能

（1）创新生产。创新生产是云制造联盟创新生态系统最核心的基本功能。三螺旋主体不断交叠循环总是试图创造新奇，创新性地改变已经存在的结构，或进行创造性破坏，使创新生态系统更有创造性。

（2）资源配置。云制造联盟创新生态系统成员个体所拥有的资源是有限的，成员间依赖于资源的流动来推动合作和共同创造，在三螺旋交互过程中，各种资源在系统内进行合理配置，知识资源、金融资源、政策资源等得到有效利用。

（3）信息传递。信息的有效传递是云制造联盟创新生态系统三螺旋主体沟通协调的必要基础，企业充分了解市场需求进行创新产品开发，大学了解企业需求为社会培养人才，政府根据社会经济形势变化制定政策、提出导向。

3. 云制造联盟创新生态系统互动演化特点

（1）自治。云制造联盟创新生态系统不依赖于外部力量，也不受系统中单一主导角色的控制。因此，不存在三螺旋中某一方自顶向下地控制其他两方，三者为平等共生关系。虽然云制造联盟创新生态系统内创新活动需要遵守共同的正式规则和非正式规则控制，但系统允许挑战现有规则或标准的竞争性规则或标准出现。

（2）进化。与生态系统中适者生存相似，云制造联盟创新生态系统的进化以三螺旋创新主体间的竞争与合作为基础。在进化的过程中，一些成员逐渐提升竞争实力，占据生态位，成为优势物种生存下来，而无法有效参与创新活动的成员，逐渐被系统所淘汰。伴随成员的优胜劣汰，创新生态系统不断向高级阶段进化。

（3）可持续性。可持续性意味着云制造联盟创新生态系统可以在没有外部影响或援助的情况下蓬勃发展。也就是说，系统可以在不损害满足未来需要的能力的情况下满足当前的需要。三螺旋结构不断耦合旋转，通过遗传、选择和变异等手段打破系统僵局，反馈循环驱动创新生态系统健康可持续性发展。

3.1.3 云制造联盟创新生态系统主体角色变迁及混生组织

1. 云制造联盟创新生态系统主体角色变迁

（1）企业角色变化。云制造联盟创新生态系统中的企业不仅从事研发与技术创新等工作，还可以通过建立企业大学、研发机构，部分替代大学与政府的职能。企业大学培养制造技术的专门人才，拥有独立研发的知识产权与专利成果，并利用企业资源迅速将科研成果转化为创新产品，投放市场。

（2）研究机构角色变化。目前大学的职能已由传统的教育科研转变为创业型大学，同时具有教学、研究与社会服务等多项功能。研究机构不仅为企业提供人才与技术，更通过衍生企业，为企业提供培训、咨询，直接参与云制造联盟创新生态系统的运作，影响系统成员构成与运作模式。大学为衍生企业提供政策、基础设施、资金、信用、社会资本的支持；通过设立技术转移办公室、授予专利、颁发许可和孵化等方式把知识移出大学，使企业更易获得知识产权。大学以知识创造和科技创新为主要纽带与制造企业及政府之间进行互动。

（3）政府角色变化。在云制造联盟创新生态系统中，政府不能作为管理者直接干预制造市场竞争，而应为制造企业创新提供支持与保障，与企业和研究机构共同形成三位一体的系统创新模式。政府的职能不仅是制定政策，提供基础设施等环境建设，更重要的是扫清系统发展的阻碍，弥补市场失灵，促进创新网络的形成。政府要扶植系统成长，宣传系统品牌，招商引资，完善中介体系建设，为大学提供控股公司，承担风险投资的作用，成立政府实验室及创新资金等。

2. 云制造联盟创新生态系统主体间关系演化

（1）点：云制造联盟创新生态系统的形成，往往依靠关键物种的引导，三螺旋主体都可作为优势物种，在利益的导向下，相关组织、机构自组织地聚集在其周围，形成层次分明的生态群落。其集聚方式包括：大学主导模式、核心企业主导模式和政府主导模式。①大学主导模式，大学由于科研力量雄厚，常常会衍生出创新联合体，如硅谷、中关村；②核心企业主导模式，一般以一个或几个大型企业为中心，互补型中小企业进行配套兼容，如海尔的 COSMOPlat 平台；③政府主导模式，政府首先提供公共设施与服务，为进入企业提供政策支持，如科技园区、特色小镇等。

（2）线：云制造联盟创新生态系统逐渐吸纳不同类型的新成员进入，具有不同功能的不同种群的创新主体占据不同的生态位，生态位越重叠，成员竞争越激烈。成员间在一次次合作过程中建立与加强信任关系，彼此由于技术和资源的互补，相互协作、互惠共生。此时，三螺旋主体彼此独立，具有较强的边界划分，尚未形成复杂网络关系。

（3）网：随着云制造联盟创新生态系统演化，成员不断增多，某一成员不会只与单个成员产生关系，多数成员都处在多条创新链上，由市场关系、生产关系组建的网络都成为"三重循环"学习的基础，并发展为更广泛、更复杂的网络系统。三重螺旋网络由拥有不同资源和能力的多样性创新主体组成。由于主体的异质性，隐性知识或技术，有时通过市场机制不能直接在系统中转移，利用三螺旋网络进行协调是极其必要的。更重要的是，知识接收者的吸收能力来源于累积学习和经验，学习具有路径依赖性，三螺旋网络可以协调不同的学习转化路径，创造新的技术机会，最终达到创新效果。

（4）场：在云制造联盟创新生态系统中存在多条子创新生态链网络，这些垂直的供应链网络和水平的产业网络，不断交叉互动形成了立体螺旋创新生态效应。三螺旋主体间联系逐渐紧密，导致生态链的层级增多，市场更加细分，创新资源利用效率不断提高，系统创新能力不断增强和完善，规模经济效益凸显。

3. 云制造联盟创新生态系统混生组织

在三螺旋演进过程中，研究机构、企业和政府的双边及三边关系促使更多的中介机构产生，称作混生组织。研究机构、企业和政府两两间的互动，并借助某种渠道产生的跨边界组织为双边混生组织，三者间互动产生的新型组织为三边混生组织。混生组织在云制造联盟创新生态系统中起到沟通黏结、咨询服务、协调重组及优化创新环境等重要作用，承担着具有不同方向、属性、背景的知识流动与转移的任务。在竞争中，各混生组织需根据系统发展需要，不断学习，加强专业化知识创造，提高服务水平。混生组织是云制造联盟创新生态系统的黏合剂，不同混生组织为云制造联盟创新生态系统提供不同的服务，具体的混生组织见表3-1。

表3-1 云制造联盟创新生态系统混生组织

混生组织	名称	具体作用
双边混生组织	孵化器	在云制造联盟创新生态系统中多为虚拟孵化器，以网络资源为核心理念，通过信息网络向新企业提供发展所需各种信息
	联络办公室	围绕学校中心工作，做好与社会各界全方位的沟通联络和互通信息，广泛利用一切社会资源
	技术移转中心	以大学的新技术、新知识的发明创造为起点，利用政府研发经费将新技术在产业成功商业化
	大学衍生公司	由技术发明者、母组织、企业家、风险投资者构成，是大学及研究机构将研究成果转移的一种途径
	企业大学	云制造联盟创新生态系统的企业大学具备开放性和虚拟性，是企业实施跨文化管理的有效途径，为企业培养所需人才

续表

混生组织	名称	具体作用
双边混生组织	产品测评及认证机构	为各种制造产品或项目在功能性、效率（性能测试）、可靠性、安全性等方面提供检测服务，并给出调优策略建议
	联合实验室	是国家组织高水平基础研究和应用基础研究、聚集和培养优秀科学家、开展高层次学术交流的重要基地
	制造工程研究中心	是探索科技与经济结合的新途径，加强科技成果向生产力转化的中间环节，推动集成、配套的工程化成果向相关行业辐射、转移与扩散，促进制造产业的发展
	科技协作平台	承担科技基础条件平台建设项目的过程管理、建设发展战略、规范标准、管理方式、运行状况的研究
	制造行业协会	为会员企业提供专业服务，沟通政府主管部门的行业管理工作，协助政府完成认定及人才申报审核工作，参与、影响重要产业规划制定，对重大政策和行业问题展开研究并提出建议，对政府新颁布政策进行宣传、培训及应用指导
	政府实验室	科技计划由政府与企业界合作共同完成，适合于周期长、风险大、回报慢的研究开发项目
	创新基金	以高科技企业投资为轴线，以优势核心产业为依托，以政府产业发展目标为导向，充分发挥创业投资机制的功能和作用
三边混生组织	联合创业中心	综合大学与研究机构、企业、政府三方的需求、利益和目标，构建新的代表共同体，扮演类似联合孵化器的角色
	咨询顾问	帮助使用者明晰和定义需求，通过建立战略框架，从识别需求开始，给出建议
	委托机构	政府将部分职能授权委托给企业或大学，可以提高工作效率，降低成本
	科技创新和产业化促进中心	重在整合大学、研究机构、企业等创新资源，采取特事特办、跨层级联合审批模式，落实政府各项先行先试改革政策

第3章 云制造联盟创新生态系统演化机理

混生组织的作用是非常重要的，通过关注三方之间的相互作用，连接成员网络，用来匹配市场需求，促进知识转移和共享。混生组织在战略层面上积极引导创新生态系统中资源流动，在战术层面上努力连接三重螺旋主体进行跨界合作，并在操作层面提供知识服务，促进系统循环发展。云制造联盟创新生态系统中混生组织的作用和功能如表 3-2 所示。

表 3-2 云制造联盟创新生态系统中混生组织的作用和功能

混生组织	战略层	战术层	操作层
作用	构建科技推广体系	推动跨边界合作	服务产业化
功能	传递政府政策导向 提供支持以实现政策	提供协作机制、鼓励成员战略合作 为三螺旋主体提供沟通桥梁	提供技术服务 促进知识循环

3.1.4 云制造联盟创新生态系统互动能力度量

Leydesdorff 的三螺旋算法是基于香农信息熵理论延伸而来。大部分的互联网或技术企业都在向着熵减的方向努力迈进，这一理论的产生是典型的跨界应用。

（1）自信息。离散信息源输出的消息是有限或可数的，可表示为 $\{a_1, a_2, \cdots, a_n\}$，则自信息 $I(a_i) = \log p(a_i)$。

自信息从字面上理解就是自己本身含有的信息量，如果"自己"即 a_i 在此刻还没有发生，那么就是说还无法确定 a_i 所含有的信息，理论上成为 a_i 的不确定性，相反，在此刻 a_i 已经出现，那么伴随着 a_i 的出现必定会展现出一定的信息量，但随着 a_i 个体的不同或出现发生的时间不同，它们所携带的信息也是不同的，所以自信息只能代表随机值。

（2）信息熵。信息熵是自信息的数学期望，是代表信源 x 的平均自信息量。假设随机变量为 X，$p(x)$ 则表示变量 X 取值为 x 的概率，那么变量 X 的信息熵 $H(X)$ 可以表示为

$$H(X) = -\int x p(x) \log p(x) dx \tag{3-1}$$

由公式可以看出，变量 X 的概率分布才是影响 $H(X)$ 的真正因素，由上述的信息熵可知，个体所携带的信息量是完全随机的，这种随机性越高，$H(X)$ 越大，根

据以上所述所携带的信息也越多。

同理两个变量，二维(X, Y)的信息熵可表示为

$$H(X,Y) = -\int y \int x p(y) p(x) \log p(y) p(x) \mathrm{d}y \mathrm{d}x \tag{3-2}$$

以此推演三维(X, Y, Z)的信息熵表示为

$$H(X,Y,Z) = -\int z \int y \int x p(z) p(y) p(x) \log p(z) p(y) p(x) \mathrm{d}z \mathrm{d}y \mathrm{d}x \tag{3-3}$$

（3）互信息。这里涉及一个边缘概率的理论问题，在研究变量的发生概率的时候往往需要采用极限法来分析该变量的边缘概率，根据变量的边缘概率即可定义它们的互信息值 $T(X,Y)$：

$$T(X,Y) = -\int x \int y p(x,y) \log p(x,y) / p(x) p(y) \mathrm{d}x \mathrm{d}y \tag{3-4}$$

或表达为

$$T(X,Y) = H(X) - H(X|Y) = H(Y) - H(Y|X) = H(X) + H(Y) - H(X,Y) \tag{3-5}$$

三个随机变量(X, Y, Z)的互信息表示为

$$T(XYZ) = H(X) + H(Y) + H(Z) - H(XY) - H(XZ) - H(YZ) + H(XYZ) \tag{3-6}$$

云制造联盟创新生态系统三螺旋互动能力数据划分的三个子系统分别可以用 U、I、G 来代表，如图 3-1 所示，表示三个子系统之间的数据关系，图中 U、I、G、UI、UG、IG、UIG 代表每部分的信息熵，T(UI)、T(UG)、T(IG)、T(UIG)代表指示线指定部分的互信息值，用来度量云制造联盟创新生态系统中主体之间所呈现的网络化、结构化程度。

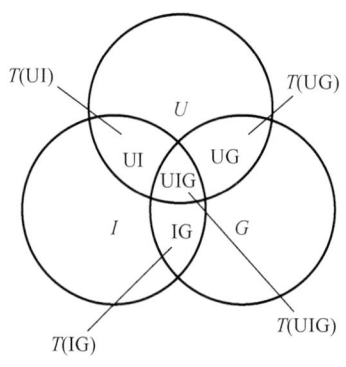

图 3-1　云制造联盟创新生态系统创新能力计量指标

云制造联盟创新生态系统三螺旋计量指标包含二维互信息和三维互信息。

由式（3-5）可以推算出在云制造联盟创新生态系统中各个子系统的二维互信息为

$$T(\text{UI}) = H(U) + H(I) - H(U,I) \tag{3-7}$$

$$T(\text{UG}) = H(U) + H(G) - H(U,G) \tag{3-8}$$

$$T(\text{IG}) = H(I) + H(G) - H(I,G) \tag{3-9}$$

由式（3-6）可以推算出在云制造产业中各个子系统的三维互信息为

$$T(\text{UIG}) = H(U) + H(I) + H(G) - H(U,I) - H(U,G) - H(I,G) + H(U,I,G) \tag{3-10}$$

3.2 云制造联盟创新生态系统种群演化机理

3.2.1 云制造联盟创新生态系统种群关系

云制造联盟创新生态系统有许多类似于自然界生态系统的特性，如创新信息的传播以及知识资源的流动等。这些生态特性使云制造联盟创新生态系统内各个创新要素之间形成类似于生物种群之间的共生关系，合理利用种群之间的共生关系可以对取得创新成果起到极大的推动作用。在种群共生关系的相关研究中，Adner 等基于生态学的视角发现创新生态系统内创新要素之间存在相互依赖的结构关系[2]。Gianluca 的研究表明在创新生态系统内每个种群的创新速度依赖于其他种群的发展动态，不同的种群之间存在相互依赖与相互竞争的关系[3]。云制造联盟创新生态系统内种群共生关系一方面表现为一个种群的创新会带动其他共生的种群创新，而其本身的创新也是受共生种群的创新所驱动。云制造联盟创新生态系统内的研发企业数量是有限的，而每个企业所能投入的创新资源也是有限的，造成了云制造联盟创新生态系统内资源空间的有限性。共生关系的另一方面表现为一个种群的创新，会给其他的种群产生竞争压力。云制造联盟创新生态系统内合作共生创新是主流，但是共生并不排除竞争，竞争使创新主体保持高度的灵活性与警觉性，为创新与进步提供了源源不绝的动力。

3.2.2 云制造联盟创新生态系统种群演化模型

为清晰描述云制造联盟创新生态系统内的种群共生关系,引入 Logistic 生物种群演化曲线,模型如下:

$$\begin{cases} \dfrac{\mathrm{d}y(t)}{\mathrm{d}t} = ry(t)\left(1 - \dfrac{y(t)}{N}\right) \\ y(0) = y_0 \end{cases} \quad (3\text{-}11)$$

根据生态学理论,r 是在没有任何限制条件下种群的增长率,N 为云制造联盟创新生态系统环境中对某一类技术种群最大的容量;$y(0)$ 为初始时刻种群内的个体数量;$y(t)$ 表示第 t 时刻种群内个体的数量;$1-\dfrac{y(t)}{N}$ 为增长限制项,当 $y(t)$ 趋近于 0 时,$1-\dfrac{y(t)}{N}$ 就趋近于 1,表示空间几乎全部未被利用,种群接近于指数增长。当 $y(t)$ 趋近于 N 时,$1-\dfrac{y(t)}{N}$ 就趋近于 0,表明空间几乎全部被利用,种群增长潜力最小。当种群数量 $y(t)$ 由 0 逐渐增加到 N 时,$1-\dfrac{y(t)}{N}$ 就由 1 下降到 0,表明种群增长的剩余空间逐渐缩小,种群数量每增加 1 个体,抑制效应净增加 $\dfrac{1}{N}$,也被称为拥挤效应[4]。

现应用 Logistic 模型分析两个种群之间的共生关系,可以用 Logistic 方程分别描述两个种群的增长关系:

$$\mathrm{d}N_1/\mathrm{d}t = r_1 N_1 (1 - N_1/K_1) \quad \text{(种群1的Logistic增长模型)} \quad (3\text{-}12)$$

$$\mathrm{d}N_2/\mathrm{d}t = r_2 N_2 (1 - N_2/K_2) \quad \text{(种群2的Logistic增长模型)} \quad (3\text{-}13)$$

式中,r_1、r_2 分别是在没有任何限制条件下种群 1 和种群 2 各自的增长率;N_1 和 N_2 分别为种群 1 和种群 2 的数量;K_1 和 K_2 为种群 1 和种群 2 的环境容纳量,即各自行业容许存在的创新种群最大量。

假定种群 2 对种群 1 的影响用系数 a_{12} 表示,其含义是种群 2 每增加一个个体,种群 1 的主体总量将发生多大的变化[5]。反之也存在种群 1 对种群 2 的影响系数 a_{21},故有

$$\mathrm{d}N_1/\mathrm{d}t = r_1 N_1 (1 - N_1/K_1 - a_{12} N_2/K_1) \quad \text{(种群1的Logistic增长模型)} \quad (3\text{-}14)$$

$$dN_2/dt = r_2 N_2 (1 - N_2/K_2 - a_{21} N_1/K_2) \quad \text{（种群2的Logistic增长模型）} \quad (3\text{-}15)$$

3.2.3 云制造联盟创新生态系统种群演化模型仿真分析

现用 MATLAB 仿真软件对种群共生关系进行仿真，仿真参数如下：种群 1 与种群 2 的内生增长率分别为 $r_1 = 0.15$ 与 $r_2 = 0.1$，在两个种群互不影响的情况下，环境对两个种群允许的最大规模为 $K_1 = K_2 = 1000$，初始规模均为 100，演化周期为 100。MATLAB 仿真软件仿真结果如下：

第一种关系为种群独立关系，即两个种群之间的促进与抑制作用都非常小，几乎可以忽略不计。假定 $a_{12} = 0$、$a_{21} = 0$ 两个种群在互不影响的条件下，都自由发展最终到环境允许的最大规模。由于种群 1 的内生增长率大于种群 2，所以种群 1 先达到环境允许的最大值，仿真结果如图 3-2 所示。

第二种关系为种群互利关系，即两个种群相互之间促进作用较大，抑制作用非常小。此时假定 $a_{12} < 0$、$a_{21} < 0$ 两个种群相互促进对方增长，表现结果为两个种群都突破自身最大增长规模。由于内生增长率种群 1 大于种群 2，所以在演化初期，种群 1 的速率较快。但由于种群 1 对种群 2 促进的作用更强，所以种群 2 的最大值大于种群 1 的最大值，仿真结果如图 3-3 所示。

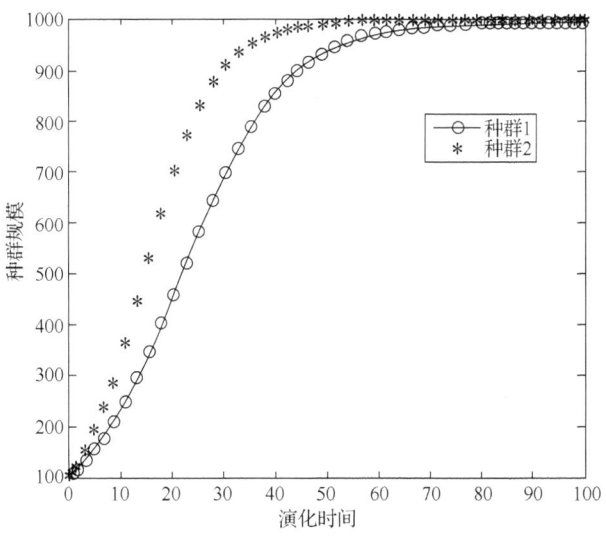

图 3-2 种群独立关系

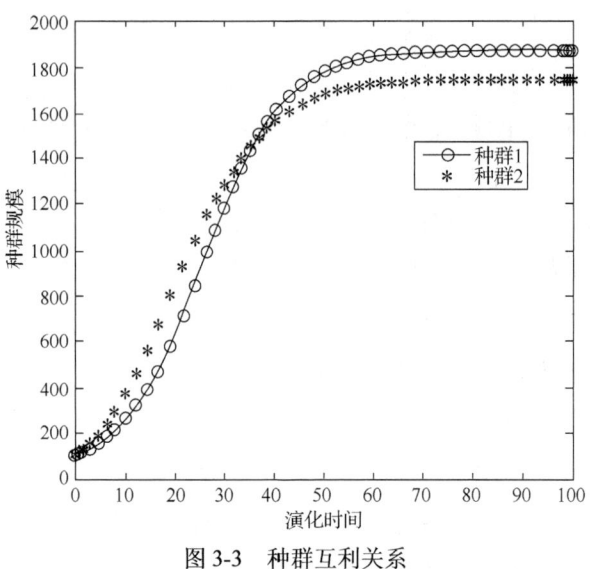

图 3-3 种群互利关系

第三种关系为种群竞争关系,即两个种群之间的抑制作用较大,但促进作用都非常小。此时假定 $a_{12}>0$、$a_{21}>0$ 两个种群相互抑制对方增长,由于抑制作用两个种群都没有达到环境允许的最大增长规模。种群 1 的内生增长率大于种群 2,所以在初期种群 1 增长得更快,但因为种群 2 对种群 1 的抑制作用更强,所以种群 1 的最大值小于种群 2 的最大值,仿真结果如图 3-4 所示。

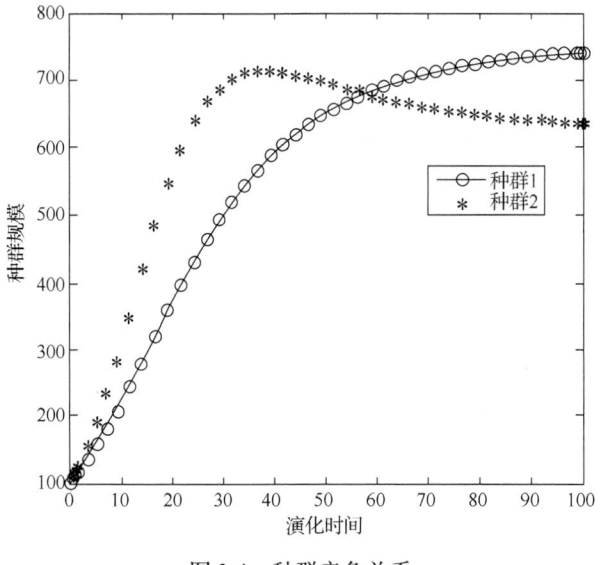

图 3-4 种群竞争关系

第四种关系为种群偏利关系。此时假定 $a_{12}=0$、$a_{21}<0$,种群 2 对种群 1 无

明显的作用影响，种群 1 的内生增长率大于种群 2，所以种群 1 先增长至最大限度。但由于种群 1 对种群 2 的增长有促进作用，所以种群 2 增长规模突破自身最大极限，仿真结果如图 3-5 所示。

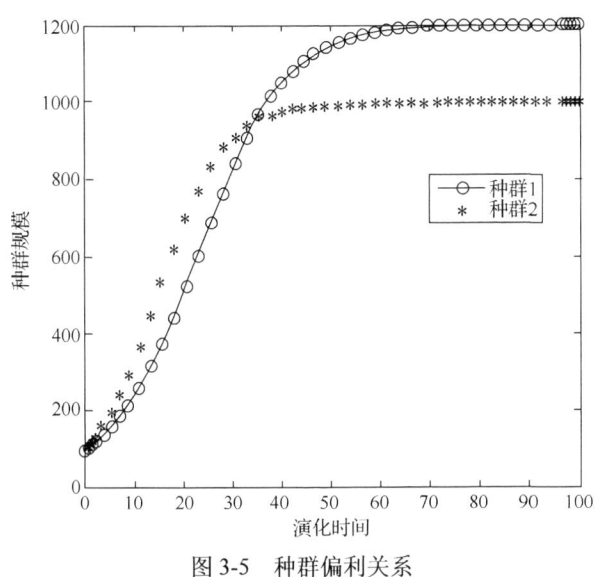

图 3-5　种群偏利关系

第五种关系为种群偏害关系。此时假定 $a_{12}>0$、$a_{21}=0$，种群 1 对种群 2 的作用影响不明显，种群 2 对种群 1 有明显的抑制作用，种群 1 最终没能达到自身的增长极限，仿真结果如图 3-6 所示。

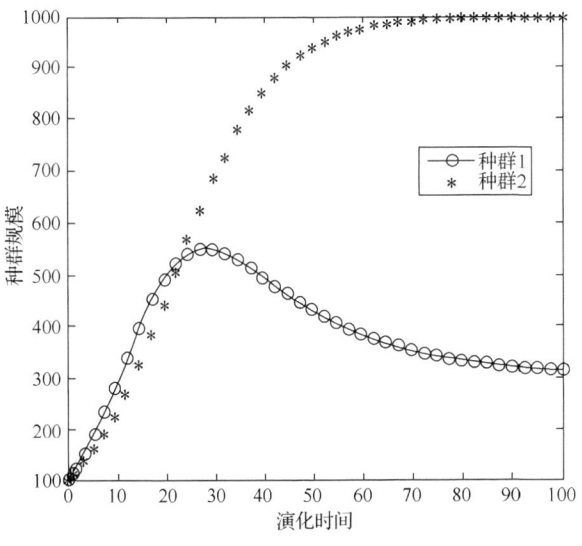

图 3-6　种群偏害关系

第六种关系为种群捕食关系。此时假定 $a_{12}>0$、$a_{21}<0$，种群 1 对种群 2 有明显的促进作用，种群 2 对种群 1 有明显的抑制作用，种群 1 最终没能达到自身的增长极限，种群 2 突破自身的增长极限，仿真结果如图 3-7 所示。

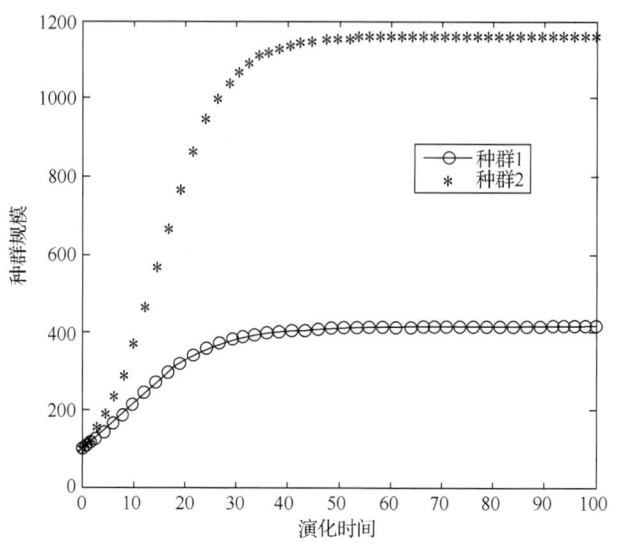

图 3-7　种群捕食关系

通过运用 MATLAB 对以上六种关系进行仿真分析可以看出，由于每两种种群之间存在促进作用与抑制作用，云制造联盟创新生态系统内的种群之间以促进作用为主，可以衍生出六种关系：独立关系、互利关系、竞争关系、偏利关系、偏害关系以及捕食关系。其中独立关系的两个种群之间不存在生态位重叠，所以不影响对方的发展。互利关系最有利于云制造联盟创新生态系统种群运行与发展。

3.3　云制造联盟创新生态系统网络演化机理

3.3.1　云制造联盟创新生态系统网络内涵及演化动因

1. 云制造联盟创新生态系统网络内涵

对于网络的研究最早可以追溯到 1736 年大数学家欧拉对戈尼斯堡七桥问题

的研究，后来发展到 19 世纪形成了一门数学分支——几何拓扑学，与传统的几何学相比，几何拓扑学不对研究对象的长短、大小、面积、体积等性质与数量关系进行研究，主要研究点与线的个数、结合关系以及顺序关系。几何拓扑学的特殊性使其不仅可应用于解决自然科学中的结构化问题，也可解决人类社会中的非结构化问题。冷战时期德国社会学家 Georg Simmel，为研究当时特殊社会环境下的人类行为，采用了几何拓扑学中的分析方法，不把人看作是由个体规范或者独立群体的共同活动所驱动，而是关注人们的联系如何影响他们行动中的可能性和限制。由此实现了几何拓扑学在人类的群体行为中的应用，诞生了社会网络分析方法。由于创新往往是在知识、信息等创新资源的交互过程中实现的，创新主体在知识交互的过程中会自发形成一个网络状态的"创新价值链"，所以大量学者将网络分析方法应用于研究创新问题[6]。云制造联盟创新生态系统中的创新主体可以看作创新网络中的节点，而节点之间的连线表明两个创新主体之间有合作关系，可以彼此之间进行知识的交换与共享。

在云制造联盟创新生态系统中，每个创新主体占据的位置不同，其在创新生态系统中的地位以及发挥的功能作用也不同，占据良好网络位置的创新主体在创新知识的收集与处理方面将更具优势。但创新主体在网络中的位置也不是一成不变的，随着时间的推移云制造联盟创新生态系统的外部环境可能发生改变，以及某些企业、大学、研究机构自身的努力，都有可能使云制造联盟创新生态系统内原本的优劣关系发生改变，进而改变创新主体在创新网络中的地位。

2. 云制造联盟创新生态系统网络主体

云制造联盟创新生态系统中的创新网络的主体是指创新网络的构成要素，构成要素之间要有合作关系，这样才能构成完整的网络，要理解云制造联盟创新生态系统中创新网络的演化机理，明确主体十分必要。

（1）企业。合作伙伴种类包括供应商、竞争企业、客户企业，不同类型企业之间展开的合作有利于提升各个企业的创新绩效，从而更加完善区域内的创新网络。

（2）研究机构。现有研究深入探讨了科学技术发展与协同创新网络之间的关系，学者得出的普遍观点认为企业与研究机构所组成的"产学研"创新网络是企业提升创新能力的有效方式[7]，这可以快速获取知识资源，降低交易成本和创新风险。研究机构是协同创新的核心要素，同时是三重螺旋结构的重要组成部分，二者与企业之间的知识流动，可以提高创新资源及要素的运用效率，来达到推动创新网络演化的目的。

3. 云制造联盟创新生态系统网络演化动因

（1）创新主体的改变。企业、研究机构和政府为云制造联盟创新生态系统网络的主体，主体之间的合作关系的改变说明网络中涌入了新的节点，即引入了新的主体。随着时间的推移，两个主体之间的合作关系逐渐减弱，同时寻找新的合作伙伴开展合作。主体之间关系的改变会导致创新网络演化，而此时创新网络中的创新主体所占的地位必定会发生改变。

（2）云制造关键技术的发展。随着互联网的发展，与云制造相关的云计算、物联网、虚拟化等技术都在逐渐发展，并以此不断促进着传统制造型企业的转型，在这个过程中必定会有大量的信息型企业与之合作，产生技术创新。而其他的制造型企业，为了保持其市场地位，也会与不同的信息型企业合作，进一步产生更多的合作创新活动。这些云制造企业之间合作创新关系的增加势必导致云制造联盟创新生态系统网络的规模扩大，进一步促进网络演化。

（3）外部环境改变。云制造联盟创新生态系统外部环境因素（如政策、经济、人文、科技等）改变也会促使云制造联盟创新生态系统内的网络发生改变。有了政府政策的支持，云制造相关的企业和研究机构会更积极地互动，会更积极地开展合作创新活动，增加网络中节点之间的联系，使网络规模增加，最终促进云制造联盟创新生态系统网络的演化。同理，国家的宏观经济环境发展良好，会促进社会上的投资与创业活动，推动各行各业以及多种科学技术的发展。近年来，我国经济良好发展，也为云制造联盟创新生态系统的运行提供了发展机遇。经济发展带动人文素质水平提高，人们受教育程度提高，创新创造与承担风险责任的意识不断加强，也是推动云制造联盟创新生态系统内创新网络演化的必要条件。同时较高的科技水平是云制造联盟创新生态系统存在与发展的基础，云制造联盟创新生态系统不断受到新知识的刺激，迫使其向前演化。

(4) 知识溢出效应。知识溢出效应是由云制造联盟创新生态系统网络中的知识势能引起的，可以说是网络演化的内在动因。每当有节点产生知识溢出效应，就会在网络中产生知识波向四周扩散。当网络中多个不同的节点同时发生知识溢出时，网络中会发生知识波的干涉效应。由于创新网络中的每个主体对不同知识的吸收与应用能力即内部能力不同，创新网络中的知识波会产生波峰与波谷。对新知识敏感的创新主体处于波峰位置，表现得更加活跃，在其所在的局部网络区域中发挥带动的力量，进而产生新的知识溢出效应。

3.3.2 云制造联盟创新生态系统网络演化过程

云制造联盟创新生态系统内创新网络的构成与演化过程，实质上是云制造联盟创新生态系统内创新主体以及创新资源实现融合创新的过程。云制造联盟创新生态系统内创新主体之间的合作创新关系，以及不同创新资源之间的相互补充与相互融合关系都可以通过构建创新网络的形式表现出来。下面介绍三种创新网络的演化过程。第一种由企业、研究机构构成，称为研发创新网络。第二种由技术、知识等创新资源相互融合构成，称为技术融合网络。第三种由创新机构组织以及技术专利构成，称为机构-技术融合网络。

（1）第一种研发创新网络用于表示云制造联盟创新生态系统内企业组织间的正式与非正式合作关系。该网络可以分为三个阶段：萌芽期、成长期、成熟期。

萌芽期：创新网络的萌芽期处于云制造联盟创新生态系统的形成初期。创新网络首先由资本发起，一些能够影响市场走向的企业集团首先发起创新意愿。虽然这些企业拥有雄厚的资金实力，由于单靠自身的创新资源无法完成巨大的创新项目，所以需要吸收与整合一些外部闲散的创新资源，以实现创新产品全生命周期过程的智能优化制造过程。而中小企业存在自身拥有的资源少、规模小的发展问题，为了提升自身的竞争力实现创新，必须依附于大企业。此时云制造联盟创新生态系统内的创新网络由许多小网络组成，每个小网络呈现中心驱动性，并且小网络之间缺少联通性。

成长期：在初期的创新网络形成之后，云制造联盟创新生态系统也进入发展阶段。网络演化动因的存在使得创新网络会开始发生演化，首先是创新主体的增加，网络内的大中小企业创新能力以及市场竞争能力都会得到一定的提升。原本在云制造联盟创新生态系统内处于游离状态的企业，也会受到知识溢出效应的影响自发加入网络，使相互之间缺少联通关系的网络规模不断变大，创新成果也越来越多。每个局部创新网络占据的市场与资源也不断扩大甚至发生重叠，从而使原本各自独立的创新网络形成共生关系，实现了小网络之间的联通性。发展至此，各自起到中心驱动作用的大企业之间也开始初步打破相互之间的地理以及行业隔阂，实现信息资源的共享。此阶段创新网络各个节点之间的接触频率、信任程度与利益关联均得到进一步加强。

成熟期：云制造联盟创新生态系统的成熟与完善使得系统内的创新网络也进入快速发展的阶段。创新网络内的角色呈现多样化，如产生创新成果的孵化器、将创新成果引入网络的生产者、将创新成果转化为价值的消费者，以及将创新成果进一步转化为知识的分解者。每种角色在网络中都占据重要的位置，各自发挥不可或缺的作用。此阶段创新网络中创新活动盲目性以及不确定性逐渐减少，随着创新主体之间协同能力不断加强，创新活动表现出更多的系统性以及方向性。

（2）第二种技术融合网络用于表示云制造联盟创新生态系统内在技术专利融合创新的过程中，技术之间的交叉引用关系。技术融合网络的演化过程与主体创新网络的演化过程有着明确的对应关系，所以该网络也可以分为三个阶段：萌芽期、成长期、成熟期。

萌芽期：技术融合网络形成的初期对应于研发创新网络形成初期，此时研发创新网络呈现小世界的特性，研发企业只与和自身行业领域相同或相近的企业合作创新。所以技术融合网络中的融合创新主要发生在同一行业领域内，并且在基础知识方面有较强关联性和相容性的技术专利之间。此时创新网络所取得的技术创新成果称为替代性创新，也称为渐进性创新成果[8]。该创新成果的特点为创新速率较快，不会对原有的市场结构产生破坏性改变。

成长期：技术融合网络演化的成长期也对应于研发创新网络的成长期，此时研发创新网络中的大企业已经构建起关联关系，为技术融合网络中的跨界创新提供了条件。所以在技术融合网络中也出现了分布于不同行业领域内的技术专利之间的互补性创新。此时创新网络所取得的技术创新成果多为突破性创新成果[9]。此类创新成果所消耗的时间与成本较多，并且在创新成果转化为价值的过程中会对原有的市场结构产生颠覆式的改变。

成熟期：技术融合网络演化的发展期也对应于研发创新网络的发展期，此时云制造联盟创新生态系统已发展至成熟阶段。技术融合网络中具有强关联性的节点之间已经形成了类似于自然界生物种群之间的共生关系。网络中某一类技术专利取得创新成果时，会影响与它形成共生关系的技术专利，促进其取得创新成果。技术融合网络中的技术专利共生关系，会推动技术融合网络的整体创新速率，使整个技术融合网络实现快速发展。

（3）云制造联盟创新生态系统内的融合创新活动不仅仅是单独的技术融合创新或机构融合创新，两种融合创新活动通常是同时发生的。技术融合依附于机构间的融合，而机构的合作也为技术融合创新奠定基础。所以为更清晰全面地揭示云制造联盟创新生态系统内创新要素融合创新的机理，引入第三种创新网络——机构-技术融合网络。该网络结合了第一种与第二种网络视角描述云制造联盟创新生态系统内的创新机理，所以同样可分三个阶段：萌芽期、成长期、成熟期。

萌芽期：此时机构-技术融合网络的构建可为云制造联盟创新生态系统带来以下优势，首先为创新生态系统内的技术发展奠基了稳定的基础，通过机构与技术两种关联关系可以更加明显地确定哪两种技术融合的成功率高，在融合过程中的不确定性与风险性较低。就系统内的企业结构而言，机构-技术融合网络内企业节点与技术节点的路径长短可以表示企业获取技术知识所付出时间与成本的多少[10]。企业可以通过机构-技术融合网络减少获取知识所需的时间与成本。但此阶段对应于研发创新网络与技术融合网络的萌芽期。此时的研发创新网络具备小世界性特征，中心驱动性企业只与和自身行业特性较为接近的小企业建立合作关系。技术融合网络中的技术专利融合创新也是发生在同一知识领域内的替代性融合创新。机构-技术融合网络中的企业与技术专利的生态位没有明显变化。

成长期：相较于萌芽期，此阶段机构-技术融合网络内企业生态位以及技术生态位都有明显的扩大。网络内发挥中心驱动作用的企业及机构之间已经建立起了合作关联关系，以此为依托，网络中技术节点的联通性也进一步加强，使每个企业节点可以连接到的技术节点增加。企业通过机构-技术融合网络掌握了更多的技术专利，提高了自身的创新能力。机构-技术融合网络发展至成长期，共性技术以及优势企业也会在网络中凸显出来。优势企业是指在机构-技术融合网络掌握较多技术资源的企业，这类企业有着较高的合作价值，网络中的其余企业为了获得技术资源会优先选择与这类企业合作。所谓共性技术是指机构-技术融合网络被多数企业所掌握的技术，它们是创新网络中的"技术毛坯"，只有这些技术成功研发后，网络内的其他技术才能在它们的推动下实现创新，所以共性技术有着很强的可再研发性，网络中的企业通过获取共性技术与已掌握的技术进行融合创新，才能形成企业竞争性的专有技术资源。机构-技术融合网络在成长期可能会出现多个优势企业与共性技术。

成熟期：该阶段研发创新网络中的生态角色已分配完成，技术融合网络中的共生关系也已经确立。机构-技术融合网络内的创新环境也趋于完善，优势企业以及共性技术开始发挥创新的作用，带动周围的企业节点以及技术节点提升创新速率。但在机构-技术融合网络快速发展的过程中易发生"马太效应"，机构-技术融合网络内的资源可能会出现单向流动，最终造成机构-技术融合网络内的资源垄断。当机构-技术融合网络中的创新极从"伙伴圈"（已经构建强关联关系的节点）中就能够获取足够的异质性资源时，创新极相关的企业就不必要浪费资源、人力以及时间去"伙伴圈"外寻找异质性资源。资源垄断会对机构-技术融合网络内的创新速率以及知识流动造成"锁定效应"。为去除机构-技术融合网络中的"锁定效应"，云制造联盟创新生态系统可以不断拓宽市场，吸收新成员，不断增加知识的异质性。在机构-技术融合网络形成的初期，云制造联盟创新生态系统应制定保护中小企业资源分配的政策，从根本上预防"锁定效应"的产生，从而保证机构-技术融合网络持续发展。

3.3.3 云制造联盟创新生态系统网络特征值

为更清晰地采取网络视角揭示云制造联盟创新生态系统内的创新机理，利用三种常用的网络测量指标，网络密度、网络中心度、网络结构洞对云制造联盟创新生态系统内的三种创新网络做定量分析。

1. 网络密度

用于表示创新生态系统网络复杂程度的指标称为网络密度，直观表现为网络中创新单位合作关系的稠密程度，而在抽象意义上则用来说明整个网络的完备性。如果网络中所用的创新单位两两之间都存在合作关系，则该创新生态系统网络属于完备创新生态系统网络。关于网络密度的具体测度方法，主要采用创新生态系统网络中所有创新单位实际存在的合作创新关系（即连线数）与创新生态系统网络中所有创新单位都参与合作时的合作关系数量（即全连接时最大连线数）的比值来衡量。即假设创新生态系统网络中的创新单位共有 N 个，理论上网络中最大合作关系数为 $N(N-1)$，而创新生态系统网络中的实际合作关系数为 L，则该创新生态系统网络密度为 $2L/(N(N-1))$。云制造联盟创新生态系统网络密度的取值范围限定在 0 到 1 之间，当创新生态系统网络密度为 0 时，表明创新生态系统网络中的合作单位相互之间都没有合作关系；而当创新生态系统网络密度为 1 时，表明创新生态系统网络中的所有创新单位都参与合作创新[11]。

2. 网络中心度

网络中心度是用于衡量创新生态系统网络的结构变量之一，它在含义上表示创新生态系统网络中每个创新单位控制资源与传播信息的能力，每一个创新单位在创新生态系统网络中都有一个中心度指标，侧面表现出云制造联盟创新生态系统中的每个创新单位在创新生态系统网络中的地位高低。网络中心度的指标主要有如下三种，即点度中心度、中间中心度和接近中心度[11]。

（1）点度中心度。点度中心度表明在创新生态系统网络中与某一创新单位有直接合作关系的创新单位的数量，是创新网络中有关创新单位最直接的测量指标[3]。点度中心度的计算方法如下：在一个 n 点图中，任何一点的最大可能的点度（与该点连接的其余点的个数）一定是 $n-1$，假设与某一个点相连接的实际点的个数为 a，则点度中心度的计算公式为 $C_i = \dfrac{a}{n-1}$。具体计算过程可利用 UCINET 软件完成。

（2）中间中心度。在创新生态系统网络中，创新单位的中间中心度是用于测量创新单位对于创新生态系统网络中信息、数据等资源的有效掌握控制程度。创新单位在创新生态系统网络之中所占的关键位置越多，则该创新单位的中间中心度越高，其余的创新单位需要经过中间中心度高的创新单位才能与创新生态系统网络中其他创新单位进行资源与信息的交互。假设创新生态系统网络中创新单位 X

与创新单位 Z 之间可能存在 n 条最短路，则创新单位 Y 相对于 X 与 Z 中间中心度表现为创新单位 Y 控制这些最短路的能力[3]。具体计算方法如下：创新单位 X 和 Z 之间存在的最短路数量用 g_{xz} 来表示；创新单位 Y 能够控制这两个创新单位的交往的能力的大小用 $b_{xz}(y)$ 来表示，即 Y 处于 X 和 Z 之间最短路上的概率；X 和 Z 之间存在 Y 的最短路数量用 $g_{xz}(y)$ 来表示。那么，$b_{xz}(y)=g_{xz}(y)/g_{xz}$，$n$ 为创新生态系统网络中创新单位的总数。则 Y 的中间中心度（记为 C_y）表示为 $C_y = \sum_{x}^{n} \sum_{z}^{n} b_{xz}(y)$，$x \neq z \neq y$。具体计算过程可利用 UCINET 软件完成。

（3）接近中心度。点度中心度通过刻画创新生态系统网络中创新单位的直接合作关系，测量网络中创新单位的直接交易能力，没有考虑对其他创新单位的控制能力。中间中心度考虑了创新单位对其他创新单位的资源控制能力，但是没有考虑避免被其他创新单位控制的能力。接近中心度可以理解为网络中某一个创新主体不依赖创新单位独立传播信息与资源的能力。接近中心度关注的并不是创新单位间的直接合作关系，而是两个创新单位间联系的捷径。如果某个创新单位和其他较多创新单位都能够通过较短的路径连接起来，就表明该创新单位的接近中心度较高，反之较低[12]。接近中心度计算公式为 $C_i = \sum_{j=1}^{n} d_{ij}$，其中 d_{ij} 是创新单位 i 和 j 之间最短路径的个数。具体计算过程可利用 UCINET 软件完成。

3. 网络结构洞

网络结构洞表示网络中的非冗余联系，判断结构洞的标准有两个，分别是凝聚性与对等性。凝聚性表示网络中两两节点之间的直接关联关系，网络中的凝聚性越强则结构洞越少。对等性表示网络中两两节点之间的间接关联关系，如果网络中存在几个节点之间没有关联关系，而都与另一个节点相连，便认为这几个节点的关系对等，而它们与之连接的节点被称为结构洞。占据结构洞位置的节点往往具备一定获取差异性资源的优势，因为这些节点在网络中发挥桥梁的作用连接多个差异性群体，有利于探索新的融合创新的可能性。所以在创新网络中越能控制更多结构洞的节点越能居于创新主导地位。目前学者测量结构洞所使用的最主要的指标为有效规模（effective size），指的是个体网的规模（size）减去网络的冗余度（redundancy），即有效规模等于网络中的非冗余因素[13]。具体公式为

$$\mathrm{ES}_i = \sum_j (1 - \sum_q p_{iq} m_{jq}), \quad q \neq i, j.$$ 其中 j 表示与被测点 i 相连的所有点，q 是除了 i 或 j 之外的每个第三者，括号内部的量 $p_{iq} m_{jq}$ 代表 i 和 j 之间的冗余度。

3.4 本章小结

本章揭示了云制造联盟创新生态系统演化机理。首先，在分析云制造联盟创新生态系统三螺旋创新主体的基础上，构建三螺旋演化模型，探讨三螺旋创新主体角色变化及混生组织的类型与作用，揭示云制造联盟创新生态系统互动演化机理。其次，通过研究种群随时间发生演变规律的动力学特征，揭示云制造联盟创新生态系统种群演化机理，是云制造联盟创新生态系统自我维持稳定状态研究的主要理论依据。最后，基于社会网络方法建立云制造联盟创新生态系统网络演化模型，揭示云制造联盟创新生态系统网络演化机理。多维视角可以弥补只从单一层面探讨云制造联盟创新生态系统演化问题的缺陷，为完整揭示云制造联盟创新生态系统演化机理提供一个全新的研究范式与理论框架。

参 考 文 献

[1] 王京, 高长元. 软件产业虚拟集群三螺旋创新机理及模式研究[J]. 自然辩证法研究, 2013, 29(5): 68-75, 30.

[2] Adner R, Kapoor R. Value creation in innovation ecosystems: how the structure of technological interdependence affects firm performance in new technology generations[J]. Strategic Management Journal, 2010, 31(3):306-333.

[3] Gianluca C. The ecology of technological progress: how symbiosis and competition affect the growth of technology domains[J]. Social Forces, 2010(5):2163-2187.

[4] 黄鲁成, 张红彩. 种群演化模型与实证研究[J]. 科学学研究, 2006(4): 524-528.

[5] 张利飞. 创新生态系统技术种群非对称耦合机制研究[J]. 科学学研究, 2015, 33(7): 1100-1108.

[6] 钱锡红, 杨永福, 徐万里. 企业网络位置、吸收能力与创新绩效——一个交互效应模型[J]. 管理世界, 2010(5): 118-129.

[7] 聂晶. 协同创新网络对创新绩效的影响研究——以天津高新技术产业为例[D]. 天津: 河北工业大学, 2015.

[8] 王媛, 曾德明, 陈静, 等. 技术融合、技术动荡性与新产品开发绩效研究[J]. 科学学研究, 2020, 38(3): 488-495.

[9] Toh P K, Miller C D. Pawn to save a chariot, or drawbridge into the fort? Firms' disclosure during standard setting and complementary technologies within ecosystems[J]. Strategic Management Journal, 2017, 38(11):2213-2236.

[10] 刘晓燕, 王晶, 单晓红, 等. 基于多层网络的创新网络节点间技术融合机理[J]. 科学学研究, 2019, 37(6): 1133-1141.

[11] 邵云飞, 欧阳青燕, 孙雷. 社会网络分析方法及其在创新研究中的运用[J]. 管理学报, 2009, 6(9): 1188-1193, 1203.

[12] 李海东. 基于社会网络分析方法的产业集群创新网络结构特征研究——以广东佛山陶瓷产业集群为例[J]. 中国经济问题, 2010(6): 25-33.

[13] 盛亚, 范栋梁. 结构洞分类理论及其在创新网络中的应用[J]. 科学学研究, 2009, 27(9): 1407-1411.

第 4 章
云制造联盟创新生态系统共生机制

4.1 云制造联盟创新生态系统信任机制

4.1.1 云制造联盟创新生态系统信任形成

云制造联盟创新生态系统中存在服务提供方、服务需求方和平台监管方三类主体。服务双方主要由分布在不同地理区域的企业组成。企业间彼此信息分散，信息的真实性、可靠性和完整性不易保障[1-3]。同时云制造资源虚拟化程度高，动态性强，资源异构种类多，服务质量难以保证。在云制造联盟创新生态系统中，服务需求方必须知道为其服务的服务提供方是否值得信任；服务需求方和服务提供方需要相互确定对方能否成为自己潜在的合作对象；在交易完成后，服务需求方提供服务满意度，并依据交互结果更新彼此之间的信任关系。因此，信任不仅是困扰交易成功的重要问题，也对云制造联盟创新生态系统的运行至关重要。

研究云制造联盟创新生态系统信任机制的形成，要考虑制造服务主体之间协同度、云制造平台的监管、机会主义行为和交互历史等因素。云制造服务资源是动态变化的[4]，在制造过程中，云制造服务主体之间进行不同的数据交换、信息传输、物料运输，它们在整个制造生命周期中协作，其协同度直接影响服务交易双方的信任和服务交易的成败[5]。在云制造平台的服务交易中，平台管理人员充当的监管方也发挥了至关重要的作用，不仅负责云平台的正常运营，还可以对平台企业进行管理、为其信用进行评级，以此增进用户对平台和企业的信任度。云制造平台包含海量的制造服务信息，其中存在着大量功能相同或相近但服务质量不同的云制造服务，服务提供方机会主义行为的存在，既损害了服务使用方的利益，又对云制造平台的声誉造成影响，使得服务质量更难以保证[6]。所以，其彼此之间不断地交互和合作，将会增加彼此之间的信任度，抑制服务当中机会主义行为的出现，确保服务质量。云制造中企业希望用最低的成本获取最大的利益，云制造平台本身也希望用户越来越多，但各方获利都与其余的角色行为相关，在信息不对称的情况下，各方利益主体各自的策略选择与期望收益并不相符。利用前景理论能使得各方在感知和决策的整个过程中都始终贯彻有限理性假设，从而得到更贴近实际的结果[7]。云制造联盟创新生态系统信任形成过程如图 4-1 所示。

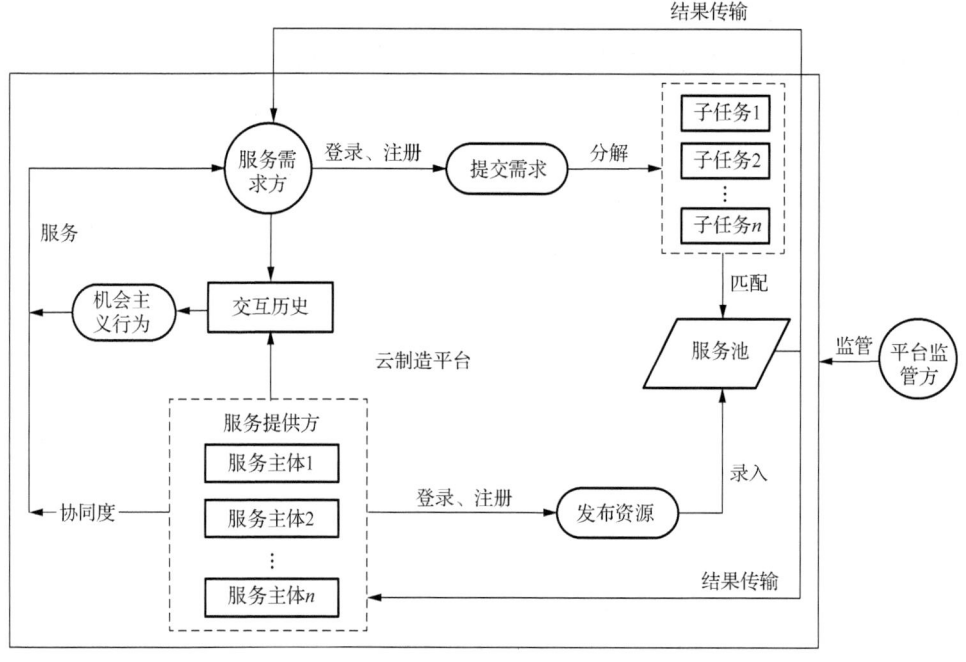

图 4-1　云制造联盟创新生态系统信任形成过程图

4.1.2　云制造联盟创新生态系统信任关系博弈分析

服务提供方在云制造服务平台上发布空闲制造资源和虚拟化服务，这些资源和服务进一步组织成为云服务并由平台监管方进行管理；服务需求方通过云制造服务平台，发布产品制造需求和任务。平台监管方接到用户提交的需求后，将从服务平台中选择符合需求的资源或服务并将它们反馈给用户，并负责云平台的日常运营、监督双方交易、提供奖惩办法、提供增值服务等。基于以上描述以及前文的分析,提出如下假设。

假设 4-1:云制造联盟创新生态系统中主要有三种主体,即服务提供方(T)、平台监管方(G)、服务需求方(D)。在服务组合中,服务提供方由多个子任务服务主体组成。三方在博弈过程中都是有限理性的,通过多次博弈找到最优策略。个体策略选择主要依据自身对于策略得失的主观心理感受,而非实际效用情况。用前景理论来衡量主体的损益,将主体的支付价值的心理感受定为前景价值 V,由价值函数 $V(\Delta r)$ 和权重函数 $\pi(p)$ 组成,即

$$V = \sum_{i=1}^{n}(\pi(p_i)v(\Delta r_i)) \tag{4-1}$$

$$v(\Delta r) = \begin{cases} \Delta r^{\eta}, & \Delta r \geqslant 0 \\ -\lambda(\Delta r)^{\eta}, & \Delta r < 0 \end{cases} \tag{4-2}$$

$$\pi(p) = \frac{p^{r}}{(p^{r} + (1-p)^{r})^{\frac{1}{r}}} \tag{4-3}$$

式中,Δr_i 表示情境 i 发生后博弈主体的实际支付价值与参考点价值之差;p 表示情况 i 发生的概率;$\pi(p_i)$ 为决策权重,是 p_i 的函数,且 $\pi(0)=0, \pi(1)=1$;参数 η 表示价值边际敏感程度,$0<\eta<1$,η 越大代表博弈主体对价值的敏感程度越低,越倾向于冒险,当 $\eta=1$,表示风险中立;参数 λ 表示损失规避系数,$\lambda>1$,λ 值越大表明博弈主体相对于收益而言,对策略的损失更敏感[8];r 为权重敏感系数。

假设 4-2:信任对于服务需求方和服务提供方的交易起着至关重要的作用,服务需求方希望得到一个值得信任的服务提供方,不仅能够满足其相关需求,还可以和其长期合作,省去找新的提供方、不信任造成浪费的成本等因素。服务提供方希望得到一个长期稳定的客户,将自身的多余资源充分利用起来,提高资源利用率,得到更多的利益。在交易过程中服务提供方首先会与服务需求方签订合同,但是在服务组合中,服务提供方中某个服务主体可能会因为某些利益失信;平台监管方构建此平台的目的就是服务双方,可以为双方提供认证升级、减免费用等优惠政策以及监督双方的交易过程。也可以选择不提供优惠政策以及不监督双方的交易过程,其策略组合为(监管,不监管)。服务需求方对于交易的对方可以直接选择信任或者不信任,其选择策略组合为(信任,不信任)。而服务提供方则是

对正在进行的交易选择守信或者失信，其选择策略组合为（守信，失信）。

假设 4-3：平台监管方虽然不会直接涉及交易的过程，但是会为服务提供方和服务需求方制定相应的激励和惩罚政策，并且监管服务提供方和服务需求方的交易过程，产生的总成本为 C。服务提供方作为交易过程中主要参与主体，必然会投入一定的人力、物力和财力，采取守信策略时服务提供方产生的总成本为 C_1，采取失信策略时服务提供方产生的总成本为 C_4（$C_4<C_1$）。服务需求方所付出的信息搜集等成本为 C_2。如果服务需求方采取不信任策略，则交易不会达成。当服务需求方采取信任，服务提供方失信时，服务提供方将可能是由于采取机会主义行为而失信，对于服务需求方来说必定会遭受损失，服务需求方产生感知损失 qC_3，q 为双方有无良好的交互历史经历可寻，q 的取值范围为 0～1，趋于 0 表示双方有交互历史，交互良好，且有意向长期合作。趋于 1 表示双方没有交互历史或者交互次数少，需进一步沟通交流。服务提供方的失信导致服务需求方对平台的信任程度下降，给平台带来感知的额外损失 C_5。

假设 4-4：用 R_1 表示平台监管方选择"监管"策略时所获得的收益，b 表示平台监管方选择"不监管"策略所获得的收益占平台监管方选择"监管"策略所获得的收益比例，则平台监管方选择"不监管"策略所获得的收益为 bR_1，b 的取值范围为 0～1。用 R_2 表示服务提供方和服务需求方进行合作的交易价格。当服务需求方选择信任对方，服务提供方选择守信时，彼此的信任程度升高，交易达成很完美，会促进双方交流合作，并且会为服务提供方和服务需求方带来感知的额外收益 R_3，这部分收益的分摊比例为 a，即服务提供方获得的收益为 $a\alpha R_3$，α 表示服务组合中多个服务主体之间的协同度，α 的取值范围为 0～1，α 越大代表协同度越好。服务需求方获得的收益为 $(1-a)R_3$。除此之外，平台监管方对积极参与交互的、具有良好信用的双方给予认证权益支持，具体认证权益支持有履约信息、质量认证、征信认证等。服务提供方可以获得线上业务推广等优惠，因此获得感知的额外收益 G_1。服务需求方可以获得增值服务减免、线下专属服务等，因此获得感知的额外收益 G_2。当服务需求方采取信任，服务提供方失信时，服务提供方采取机会主义行为导致失信，会给自己带来感知的额外收益 $q\alpha R_4$。但以上所有收益均建立在双方产生交易的基础上。

假设 4-5：云制造服务背景下，服务等级协议（service-level agreement，SLA）

管理机制中的协议管理也具有企业合同管理中的内容,是面对制造服务商运营全过程的系统性、动态性的管理。目的是在平台监管方的监督下,避免服务提供方和服务需求方交易过程中出现失信的情况,而当服务需求方选择进行信任,服务提供方由于机会主义行为失信时,服务提供方需要向服务需求方支付一定的惩罚,记为 K。并且当平台监管方参与时,还要对失信行为的服务提供方进行感知的额外惩罚,记为 W。

假设 4-6:在模型中,服务需求方、服务提供方和平台监管方进行相关策略选择,假设服务需求方选择进行信任的概率为 $x(0 \leqslant x \leqslant 1)$,则选择进行不信任的概率为 $1-x$;服务提供方选择进行守信的概率为 $y(0 \leqslant y \leqslant 1)$,则选择进行失信的概率为 $1-y$;平台监管方选择监管的概率为 $z(0 \leqslant z \leqslant 1)$,则选择不监管的概率为 $1-z$。

综上,参数假设如表 4-1 所示。

表 4-1 服务需求方、服务提供方、平台监管方三方演化博弈模型参数

符号	描述	符号	描述
C	平台监管方监管时产生的成本	R_1	平台监管方选择监管策略时所获得的收益
C_1	服务提供方采取守信策略所产生的总成本	R_2	服务提供方和服务需求方进行合作的交易价格
C_2	服务需求方付出的总成本	R_3	双方信任带来的感知额外收益
C_3	当服务需求方采取信任,服务提供方采取失信,平台监管方不监管时,提供方采取机会主义,使需求方产生感知损失	R_4	当服务需求方采取信任,服务提供方采取失信,平台监管方不监管时服务提供方采取机会主义行为,得到的感知额外收益
C_4	采取失信策略时服务提供方产生的成本	a	获得额外收益 R_3 服务提供方和服务需求方的分摊比例
C_5	由于服务提供方的失信,平台监管方会给自己带来感知的额外损失	b	平台监管方选择"不监管"策略所获得的收益占平台监管方选择"监管"策略所获得的收益的比例
G_1	平台奖励服务提供方的感知额外收益	G_2	平台奖励服务需求方的感知额外收益
q	服务交互历史	K	当服务需求方选择进行信任而服务提供方选择失信,即服务提供方违约时,服务提供方需要向服务需求方支付一定的惩罚
W	当服务提供方采取失信行为时,参与的平台监管方还要对违约行为的服务提供方进行感知的额外惩罚	α	多个服务主体之间的协同度

根据上述假设，构建有限理性的三方博弈模型，博弈收益感知矩阵如表 4-2 所示。

表 4-2 服务需求方、服务提供方、平台监管方演化博弈收益感知矩阵

平台监管方策略		监管（z）		不监管（$1-z$）	
服务需求方策略		信任（x）	不信任（$1-x$）	信任（x）	不信任（$1-x$）
服务提供方策略	守信（y）	$G_1+a\alpha R_3+R_2-C_1$	0	$G_1+a\alpha R_3+R_2-C_1$	0
		$G_2+(1-a)R_3-R_2-C_2$	$-C_2$	$G_2+(1-a)R_3-R_2-C_2$	$-C_2$
		R_1-C	$-C$	bR_1	0
	失信（$1-y$）	$q\alpha R_4+R_2-C_4-K-W$	$-C_4$	$q\alpha R_4+R_2-C_4-K$	$-C_4$
		$K+G_2-R_2-C_2-qC_3$	$-C_2$	$K+G_2-R_2-C_2-qC_3$	$-C_2$
		R_1-C-C_5	$-C$	bR_1-C_5	0

注：第三、六行代表提供方收益，第四、七行代表需求方收益，第五、八行代表平台收益。
需要说明的是，需求方选择不信任时不会产生交易，但是部分参与者同样付出了成本，因此必须列入其中。

由前景理论可知，平台监管方参与交易过程的收益和成本是确定性收益和成本，服务提供方失信时，需要向服务需求方支付一定的惩罚，其仅与协议内容有关。而服务提供方和服务需求方进行合作的交易价格也是双方相互报价后确定的支出和收入。服务提供方采取信任和不信任策略时，投入的人力、物力、财力等成本以及服务需求方投入的信息搜集成本，为确定性支出。且在服务组合中，多个服务主体之间的协同度 a 与感知特征无关。因而 C、C_1、C_2、C_4、K、R_2 不存在感知偏差，而 C_3、C_5、R_3、R_4、G_1、G_2、W 具有不确定性，均存在感知特征。

（1）当服务需求方、服务提供方、平台监管方分别采取策略（信任，守信，监管）时，此时对于服务提供方来说，守信发生的概率为 $P_1=1$，根据假设 4-4 可知

$$G_1 = \pi(P_1)v(G_1) + \pi(1-p_1)v(G_1) = \pi(1)v(G_1) + \pi(0)v(G_1)$$

由于 $\pi(0) = 0$，$\pi(1) = 1$，可得 $G_1 = v(G_1)$，其中 G_1 为服务提供方实际得到的奖励。同理可以求出

$$G_2 = \pi(P_1)v(G_2) + \pi(0)v(0) = v(G_2)$$

$$a\alpha R_3 = \alpha\pi(1)v(aR_3) + \pi(0)v(0) = \alpha v(aR_3)$$

$$(1-a)R_3 = \pi(1)v((1-a)R_3) + \pi(0)v(0) = v((1-a)R_3)$$

（2）当服务需求方、服务提供方、平台监管方分别采取策略（信任，失信，监管）时，此时对于服务提供方来说，失信发生的概率为 $P_2=1$，根据假设 4-3 和假设 4-5 可知

$$W = \pi(P_2)v(W) + \pi(1-P_2)v(W) = \pi(1)v(W) + \pi(0)v(W)$$

由于 $\pi(0) = 0$，$\pi(1) = 1$，可得 $W=v(W)$，其中 W 为服务提供方实际得到的奖励。同理可以求出

$$qR_4 = \alpha\pi(1)v(qR_4) + \pi(0)v(0) = \alpha v(qR_4)$$

$$C_5 = \pi(1)v(C_5) + \pi(0)v(0) = v(C_5)$$

$$qC_3 = \pi(1)v(qC_3) + \pi(0)v(0) = v(qC_3)$$

4.1.3 云制造联盟创新生态系统信任关系博弈模型求解与仿真

1. 模型求解

平台监管方（G）、服务提供方（T）、服务需求方（D）三方之间的行动相互作用、相互影响，为取得最大收益对策略选择不断调整。以下通过建立三方演化博弈复制动态方程，求解演化稳定策略的形成条件与过程。

根据表 4-2 中三方博弈收益感知矩阵，可得服务需求方选择信任时的收益为

$$\begin{aligned}E_{D1} &= zy(G_2 + (1-a)R_3 - R_2 - C_2) + z(1-y)(K + G_2 - R_2 - C_2 - qC_3) \\ &\quad + y(1-z)(G_2 + (1-a)R_3 - R_2 - C_2) + (1-y)(1-z)(K + G_2 - R_2 - C_2 - qC_3) \\ &= -(R_2 + C_2) + (1-a)yR_3 + K + G_2 + (y-1)qC_3 - yk\end{aligned}$$

服务需求方选择不信任时的收益为

$$E_{D2} = zy(-C_2) + z(1-y)(-C_2) + y(1-z)(-C_2) + (1-y)(1-z)(-C_2) = -C_2$$

服务需求方平均收益为

$$\overline{E}_D = XE_{D1} + (1-X)E_{D2}$$

由此可得服务需求方的复制动态方程为

$$\begin{aligned}F(x) &= \frac{dx}{dt} = x(E_{D1} - \overline{E}_D) = x(1-x)(E_{D1} - E_{D2}) \\ &= x(1-x)\left(-R_2 + (1-a)yR_3 + K + G_2 + (y-1)qC_3 - yk\right)\end{aligned}$$

同理，可得服务提供方选择守信时的收益为

$$\begin{aligned}E_{T1} &= xz(G_1 + a\alpha R_3 + R_2 - C_1) + x(1-z)(G_1 + a\alpha R_3 + R_2 - C_1) \\ &= xG_1 + a\alpha xR_3 + xR_2 - xC_1\end{aligned}$$

服务提供方选择失信时的收益为

$$E_{T2} = xz(q\alpha R_4 + R_2 - C_4 - K - W) + z(1-x)(-C_4) + x(1-z)(q\alpha R_4 + R_2 - C_4 - K)$$
$$+ (1-z)(1-x)(-C_4)$$
$$= -xzW + xq\alpha R_4 + xR_2 - xK - C_4$$

服务提供方平均收益为

$$\overline{E}_T = XE_{T1} + (1-X)E_{T2}$$

由此可得服务提供方的复制动态方程为

$$F(y) = \frac{dy}{dt} = y(E_{T1} - \overline{E}_T) = y(1-y)(E_{T1} - E_{T2})$$
$$= y(1-y)(xG_1 + a\alpha xR_3 + xzW - xq\alpha R_4 + xK + C_4 - xC_1)$$

同理，平台监管方选择监管时的收益为

$$E_{G1} = xy(R_1 - C) + y(1-x)(-C) + x(1-y)(R_1 - C - C_5) + (1-x)(1-y)(-C)$$
$$= xR_1 - xC_5 + xyC_5 - C$$

平台监管方选择不监管时的收益为

$$E_{G2} = xy(bR_1) + x(1-y)(bR_1 - C_5) = xbR_1 - xC_5 + xyC_5$$

平台监管方平均收益为

$$\overline{E}_G = XE_{G1} + (1-X)E_{G2}$$

由此可得服务提供方的复制动态方程为

$$F(z) = \frac{dz}{dt} = z(E_{G1} - \overline{E}_G) = z(1-z)(E_{G1} - E_{G2}) = z(1-z)(xR_1 - C - xbR_1)$$

构建雅可比矩阵如下：

$$\begin{bmatrix} (1-2x)(-R_2 + K + (1-a)yR_3 & x(1-x)(qC_3 + (1-a)R_3 - K) & 0 \\ +G_2 + (y-1)qC_3 - yK) & & \\ y(1-y)(G_1 + K + a\alpha R_3 & (1-2y)(xG_1 + Kx + a\alpha R_3 & y(1-y)(xW) \\ +zW - q\alpha R_4 - C_1) & +xzW + C_4 - xq\alpha R_4 - xC_1) & \\ z(1-z)(R_1 - bR_1) & 0 & (1-2z)(xR_1 - C - xR_1) \end{bmatrix}$$

2. 均衡点分析

令 $F(x) = F(y) = F(z) = 0$，可以得到局部均衡点 $E_1(0,0,0)$、$E_2(0,0,1)$、$E_3(0,1,0)$、$E_4(0,1,1)$、$E_5(1,0,0)$、$E_6(1,0,1)$、$E_7(1,1,0)$、$E_8(1,1,1)$。依据演化博弈理论，雅可比矩阵的所有特征值都为非正时的均衡点是系统的演化稳定点（evolutionary stable strategy，ESS），进而求得系统均衡点及特征值，如表 4-3 所示。

表 4-3 系统均衡点及特征值

均衡点	特征值（x 为服务需求方、y 为服务提供方、z 为平台监管方）		
	λ_1	λ_2	λ_3
$E_1(0,0,0)$	$K+G_2-qC_3-R_2$	C_4	$-C$
$E_2(0,0,1)$	$K+G_2-qC_3-R_2$	C_4	C
$E_3(0,1,0)$	$(1-a)R_3+G_2-R_2$	$-C_4$	$-C$
$E_4(0,1,1)$	$(1-a)R_3+G_2-R_2$	$-C_4$	C
$E_5(1,0,0)$	$-(K+G_2-qC_3-R_2)$	$G_1+a\alpha R_3+K+C_4-C_1-q\alpha R_4$	$(1-b)R_1-C$
$E_6(1,0,1)$	$-(K+G_2-qC_3-R_2)$	$G_1+a\alpha R_3+K+W+C_4-C_1-q\alpha R_4$	$-((1-b)R_1-C)$
$E_7(1,1,0)$	$-((1-a)R_3+G_2-R_2)$	$-(G_1+a\alpha R_3+K+C_4-C_1-q\alpha R_4)$	$(1-b)R_1-C$
$E_8(1,1,1)$	$-((1-a)R_3+G_2-R_2)$	$-(G_1+a\alpha R_3+K+W+C_4-C_1-q\alpha R_4)$	$-((1-b)R_1-C)$

为了便于分析且不失一般性，假设 $(1-b)R_1-C>0$，$G_1+a\alpha R_3+K+W+C_4-C_1-q\alpha R_4>0$，$(1-a)R_3+G_2-R_2>0$，即平台监管方监管、服务提供方和服务需求方相互信任得到的净收益大于不信任得到的净收益。下面需要分为两种情形进行讨论，如表 4-4 所示。

表 4-4 稳定点及特征根

均衡点	情形 1				情形 2			
	λ_1	λ_2	λ_3	稳定性	λ_1	λ_2	λ_3	稳定性
$E_1(0,0,0)$	+	+	−	非稳定点	−	+	−	非稳定点
$E_2(0,0,1)$	+	+	+	非稳定点	−	+	+	非稳定点
$E_3(0,1,0)$	+	−	−	非稳定点	+	−	−	非稳定点
$E_4(0,1,1)$	+	−	+	非稳定点	+	−	+	非稳定点
$E_5(1,0,0)$	−	+,−	+	非稳定点	+	+,−	+	非稳定点
$E_6(1,0,1)$	−	+	−	非稳定点	+	+	−	非稳定点
$E_7(1,1,0)$	−	+,−	+	非稳定点	−	+,−	+	非稳定点
$E_8(1,1,1)$	−	−	−	ESS	−	−	−	ESS

（1）$K+G_2-qC_3-R_2>0$，即服务提供方需要向服务需求方支付的惩罚与平台奖励服务需求方的额外收益之和大于服务需求方的额外成本与交易价格之和。

这种情形下，无论 $G_1+a\alpha R_3+K+C_4-C_1-q\alpha R_4$ 的值是正还是负，即服务提供方采取守信时的收益大于或小于失信时的收益，系统的均衡点只有一个 $E_8(1,1,1)$，即均衡点 $E_8(1,1,1)$ 所对应的雅可比矩阵的特征值都是非正的，则此情形下系统只有一个稳定点，其对应的演化策略为（信任，守信，参与）。

（2）$K+G_2-qC_3-R_2<0$，即服务提供方需要向服务需求方支付的惩罚与平台奖励服务需求方的额外收益之和小于服务需求方的额外成本与交易价格之和。

这种情形下，与（1）中情形一致，系统也只有一个稳定点，其对应的演化策略为（信任，守信，参与）。

3. 仿真分析

根据上文相关条件和限制，结合实际背景，选取一组符合条件的数据。假设平台监管方监管的收益 $R_1=30$，平台监管方参与监督的成本 $C=10$；交易价格 $R_2=100$；平台监管方不监管所获收益占平台监管方选择监管所获收益的比例 $b=0.5$；服务需求方付出的成本 $C_2=40$，服务提供方选择守信策略所产生的成本 $C_1=30$，选择失信策略产生的成本 $C_4=10$，$\alpha=0.5$。服务提供方采取机会主义行为，得到的额外收益 $R_4=70$，需要向服务需求方支付一定的惩罚 $K=20$，受到平台监管方的惩罚 $W=10$，使得服务需求方产生的额外成本为 $C_3=70$，使得平台监管方得到额外的损失 $C_5=20$，双方有无良好的交互历史系数 $q=0.5$；双方信任带来的额外收益为 $R_3=240$，分摊比例为 $a=0.5$；平台监管方奖励提供者和服务需求方的额外收益 $G_1=G_2=70$。根据 Tversky 等[9]的研究，将前景理论的价值函数中的价值边际敏感程度 η 取值为 0.88，损失规避系数 λ 取值为 2.25，参照同类文献[10]将 γ 取值为 0.61。服务需求方、服务提供方、平台监管方的初始参与意愿 $x=y=z=0.5$。

通过以上分析以及初始值的设置，运用 MATLAB 软件对服务提供方、服务需求方和平台监管方策略选择的动态进化过程进行仿真，对多个服务之间协同度、平台奖惩政策、机会主义行为、主体之间是否有良好的交互历史等系数进行讨论。

1）多个服务主体之间协同度对信任关系的影响

在其他参数不变的情况下，云制造多个服务主体之间协同度的变化对系统演化影响的仿真如图 4-2 所示。可以看出,均衡点最终趋向于(1,1,1)。随着 α 的增加,x、y 的收敛速度加快,服务需求方的收敛速度变化幅度明显高于服务提供方。

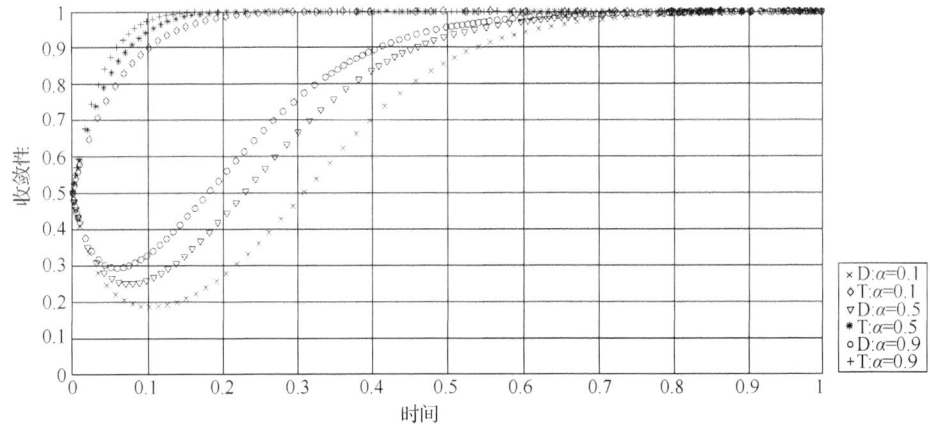

图 4-2　多个服务主体之间协同度变化的演化结果

仿真结果表明,多个服务主体之间的协同度越高,不仅可以使其彼此之间配合默契,保证制造过程的高效、稳定运行,也可以提高服务质量,增加服务需求方对服务提供方的信任,使服务圆满完成。

2) 平台奖惩政策对信任关系的影响

在其他参数不变的情况下,平台给予服务提供方额外奖励 G_1 变化对服务提供方和服务需求方交易最终达成影响的仿真如图 4-3 所示。可以看出,均衡点最终趋向于(1,1,1)。随着 G_1 的增加,x 的收敛速度加快,从而 y、z 的收敛速度也加快。

在其他参数不变的情况下,平台给予服务需求方额外奖励 G_2 变化对服务提供方和服务需求方交易达成影响的仿真如图 4-4 所示。可以看出,均衡点最终趋向于(1,1,1)。随着 G_2 的增加,y、z 的收敛速度加快,x 收敛速度变化不明显。

仿真结果表明,平台的额外奖励对服务提供方和服务需求方的影响很大。对服务提供方提供奖励,会使服务提供方更加守信,从而也增加了服务需求方对其的信任程度。对服务需求方提供奖励,也会提升服务需求方对服务提供方的信任。图 4-3、图 4-4 中平台监管方也会受到影响,因为此时平台监管方参与的收益要大于不参与的收益。

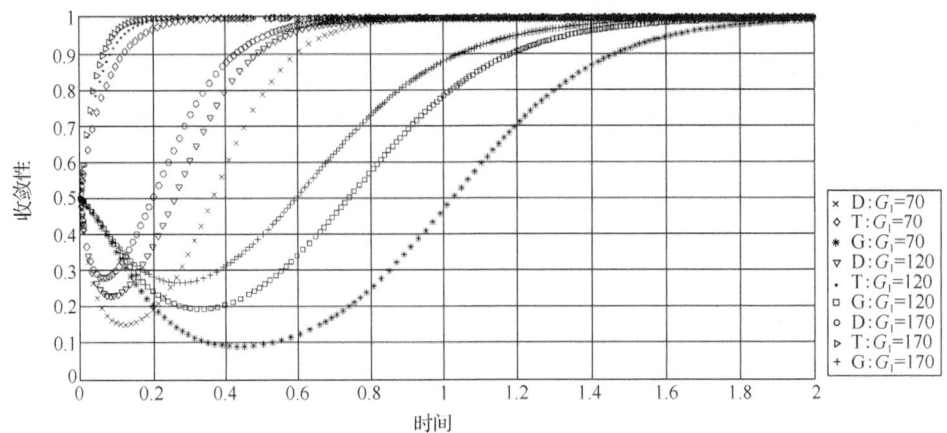

图 4-3 平台给予服务提供方奖励变化的演化结果

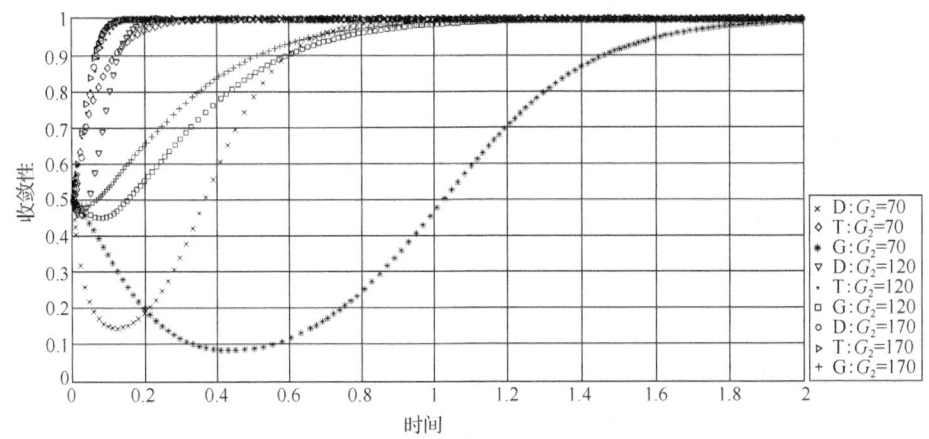

图 4-4 平台给予服务需求方奖励变化的演化结果

在其他参数不变的情况下,当服务提供方采取机会主义行为时,平台给予服务提供方惩罚 W 的变化对服务提供方和服务需求方交易达成影响的仿真如图 4-5 所示。可以看出,均衡点最终趋向于 (1,1,1)。随着 W 的增加,y 的收敛速度加快,从而也会导致 x、z 的收敛速度加快。

仿真结果表明,当服务提供方采取机会主义时,会因此受到平台的惩罚从而影响其策略选择,惩罚的增加能够使服务提供方更倾向于采用守信策略,促进交易的达成。

3) 机会主义行为及交互历史对信任关系的影响

在其他参数不变的情况下,服务提供方采取机会主义行为给服务需求方带来

额外损失 C_3 变化对服务提供方和服务需求方交易达成影响的仿真如图 4-6 所示。可以看出，x 的变化程度较大，C_3 的增加将会延缓 x 的收敛速度，但是均衡点最终趋向于(1,1,1)。当 C_3 为 560 时，x 先趋向于 0，而后等 y 完全趋向于 1 时，x 也趋向于 1。

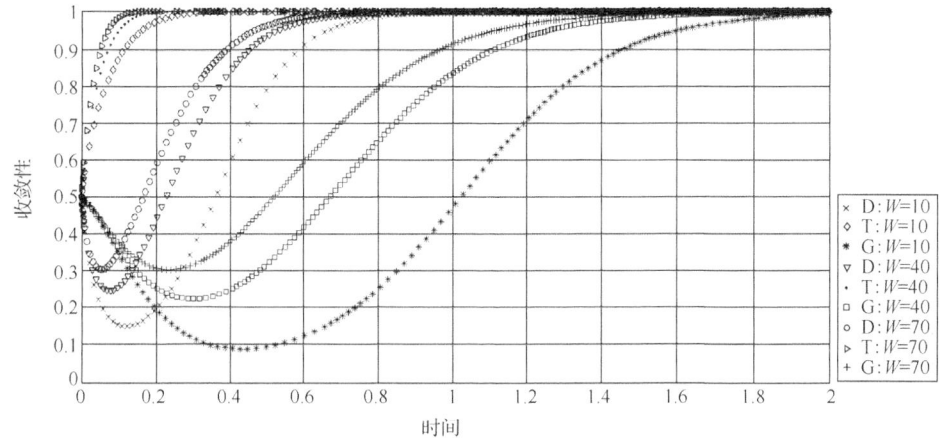

图 4-5　平台给予服务提供方惩罚变化的演化结果

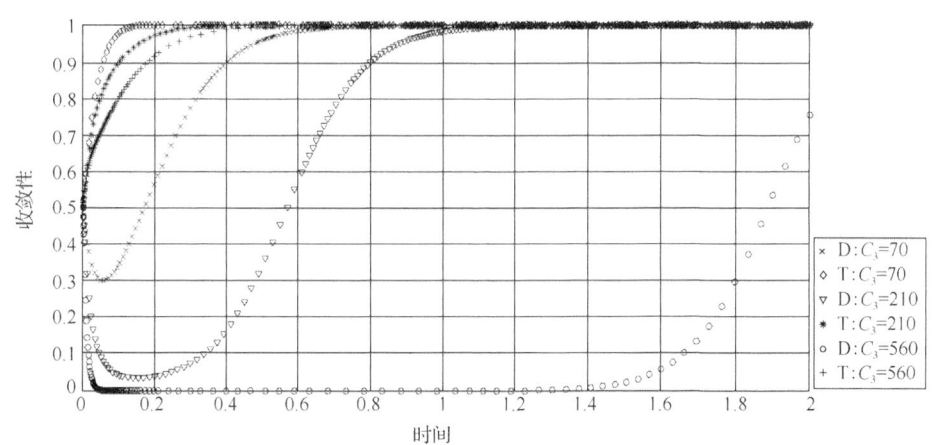

图 4-6　机会主义行为额外损失变化的演化结果

在其他参数不变的情况下，服务提供方采取机会主义行为给自己带来额外收益 R_4 变化对服务提供方和服务需求方交易达成影响的仿真如图 4-7 所示。可以看出，R_4 的临界值在 560 左右，当 R_4 的值小于临界值时，均衡点最终趋向于(1,1,1)，此时随着 R_4 的增加，y 的收敛速度变慢，x 的收敛速度也会变慢，当 R_4 大于临界值时，x、y 交替上升和下降，x 随着 y 的变化而变化。

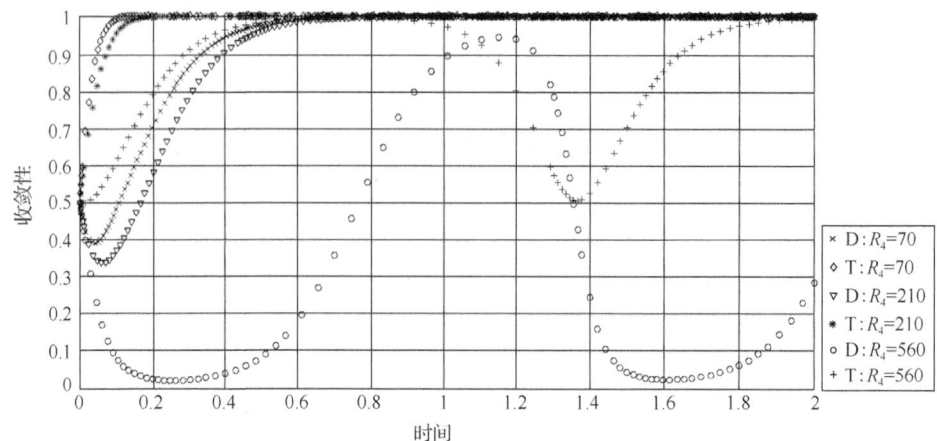

图 4-7 机会主义行为额外收益变化的演化结果

仿真结果表明,服务提供方采取机会主义行为给服务需求方带来额外成本的增加或是给自己带来额外收益的增加会影响双方的交易程度,随着额外成本或收益越来越多,服务需求方的信任程度也在下降。但是由于云制造的特殊性,使服务需求方自己对于这部分损失不能够及时察觉到,从而服务提供方会越来越想要采取投机欺诈行为,因为他的机会主义行为不能被服务需求方所及时发现,所以在不触动最终利益的情况下,交易仍在继续。但是当达到一定程度时,服务需求方便会发现,于是可以向服务提供方提出异议,使得服务提供方不得不遵守原先的协议,保证服务的质量。

在其他参数保持不变的前提下,良好的交互历史系数 q 对仿真结果的影响如图 4-8 所示。可以看出,q 越减少三方收敛的速度越快,最终均衡点趋向于(1,1,1)。

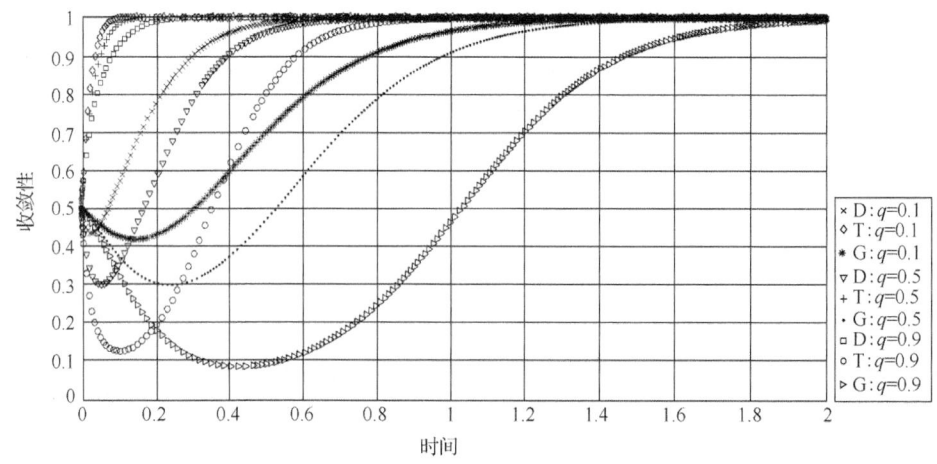

图 4-8 服务交易双方的交互历史变化的演化结果

此仿真结果表明，良好的交互历史可以使供需双方更快地达成交易，且在交易过程中不易出现投机欺诈等行为，交易达成的可能性更大。

4. 研究结论

从服务组合视角出发，将前景理论引入演化博弈模型中，更好地描述了有限理性下各博弈方的行为，并充分考虑多服务主体之间的协同度、平台监管、机会主义行为、交互历史等因素，分析了云制造联盟创新生态系统信任机制的形成，并通过对比分析，得出如下结论：

（1）加强各服务主体之间的协同度，将有助于保证服务进程，提高服务效率，促进服务交易双方的信任。

（2）平台出具相关奖励政策，必须充分考虑各博弈方的偏好、心理因素。为了改善和调整双方不信任的局面，云制造平台可以适当加大惩罚力度，通过负向激励来引导服务提供方采取守信行为，以确保合规性和良好的行为，积极促进交易的达成。

（3）由于资源和服务的不同，机会主义行为将分为显性和隐性，隐性机会主义行为出现概率较大，服务交易双方可以通过长久的交易互通或良好的交互历史来巩固双方的交易关系，既满足服务需求方，又可使服务提供方的资源得以充分利用，抑制机会主义行为的出现，提升双方的信任度，服务需求方也可以更好地来维护自己的利益。

5. 对策建议

基于以上结论，对于如何完善规制措施和促进云制造良好地发展提出以下建议。

（1）各服务主体之间应该有良性互动，可以通过平台构建相关互动交流机制。服务主体间良好的沟通和交流是一切活动顺利进行的基础和保障，既加深了主体间的互动和协作热情，也推动了各资源要素的有序流动和共享，提高服务质量，加快服务进程。建立合理的协同利益分配机制，保证各主体都"有利可图"，同时要保证各服务主体之间秉承"多劳多得"的原则，这样才有助于服务的完成。

（2）云制造平台应完善相关机制。交易完成前，充分考虑平台各主体的偏好，采用合适的、用户满意的双向激励机制，不仅可以提升服务交易双方的积极性，还可以确保企业有能力、讲诚信地完成交易。交易过程中，采用监控机制可以实现产品和制造全过程的智能化，通过物联网访问的云制造平台实现制造设备全过程的统一智能检测、监督、管理。使企业可以随时随地了解制造流程，实时确保产品质量。交易完成后，采用需求导向型机制，对表现好的企业可以提供一些增值服务，以满足其一定的需求，还可以增加企业对平台的黏性和忠诚度。

（3）企业应诚信交易或合作，可以签订基于契约关系的合同，抑制服务主体机会主义行为的出现，从而达到各方利益最大化。所有入驻平台的企业也都应加入社会信用联动体系。如果企业有不良行为，将纳入社会信用体系，从政府、金融、商业等角度对不良行为进行规范，进一步提高企业的自律意识，以此达到三方互利共赢的局面，营造出良好的交易环境，形成平台良好的口碑，吸引更多用户入驻、使用云制造平台，促进云制造良好的发展。

4.2 云制造联盟创新生态系统合作伙伴选择机制

云制造联盟创新生态系统的合作伙伴选择动态变化很大，并且对合作伙伴的评价指标也存在模糊性和不确定性。关于联盟伙伴选择方法，学者从不同的角度尝试用不同的理论方法来解决合作伙伴选择问题，张宜震等[11]将模糊理论与质量功能展开相结合，在评价和选择合作伙伴时采用二维评价指标，运用质量功能展开将服务需求因子内嵌到能力因子中，再根据专家对各合作伙伴能力因子的评价选择合作伙伴。尹航等[12]以长三角地区战略联盟企业调研数据为实证依据，构建并验证了战略联盟伙伴选择、知识搜索与联盟创新绩效间的理论框架。陈伟等[13]针对决策信息具有时序特征和信息模糊特性，引入基于时间度和正交投影的动态直觉模糊多属性决策方法。在此基础上，运用场理论构建合作伙伴选择的协同创新能力场模型，设计产学研协同创新合作伙伴动态选择过程，对备选伙伴进行淘汰和优选。姚升保[14]提出了一种综合模糊逻辑、网络分析和多目标优化解相结合的模糊组合决策方法，基本思想是利用模糊网络分析法为关联指标设定权重，运用模糊折中优化解来确定折中方案。而云制造联盟创新生态系统伙伴选择需要充分考虑评价过程的动态性，依据特点合理设计评价指标体系，同时运用主客观赋权结合的方法，有效地避免了人为主观意向对合作伙伴选择的扰动。

4.2.1 云制造联盟创新生态系统合作伙伴选择原则

（1）科学性原则。云制造联盟创新生态系统伙伴选择必须遵循科学性原则，即伙伴选择后可以实现"1+1>2"的效应，具体体现为选择伙伴不能盲目依据关系好坏进行选择，要科学合理地选取具有简明性和代表性的合作伙伴，最直观地要考虑实现合作总的实际运作成本应不大于个体独立完成的所有内部费用，或者说是实现合作总的实际运作收益应大于个体独立完成的所有收益之和。

（2）风险最小原则。对于云制造联盟创新生态系统来说，其系统的稳定性与参与创新主体的稳定性有着密不可分的联系。云制造联盟创新生态系统中的伙伴通常面临组织结构、企业文化、技术层次、生存环境等方面的差异，这些因素大大增加了管理和合作的风险。因此，在伙伴选择时必须认真考虑风险问题，只有风险最小，才能实现收益最大。

（3）互补性原则。寻求资源优势互补是云制造联盟创新生态系统进行合作伙伴选择的主要目的。尤其是云制造环境中软资源和硬资源的相结合，多余资源的有效利用。系统成员拥有自身独特的资源优势，基于共同的利益目标展开合作，有的主体拥有技术专利、知识、市场等资源，但是一些主体没有关键性优势技术资源，有可能导致整个系统产品无法升级和商业化应用。因此，云制造联盟创新生态系统伙伴选择主要动机是在行业内外寻求互补性优势资源，完善系统创新技术链。

4.2.2 云制造联盟创新生态系统合作伙伴选择评价指标体系构建

1. 影响因素分析

在云制造联盟创新生态系统的伙伴选择过程中，各个创新主体都是选择主体和被选择对象，合作伙伴关系的形成是一个双向选择的动态过程。影响制造联盟创新生态系统合作伙伴选择的因素很多，既有企业自身的因素，也有来自企业与其合作伙伴之间更深层次的因素。所以，在分析影响创新生态系统合作伙伴选择的因素时，必须坚持科学性、风险最小、互补性的原则。因此，影响创新生态系统合作伙伴选择的因素主要有能力、规模、环境三个方面。

(1) 能力因素。合作伙伴关系能否建立,关键在于其他创新主体与核心企业的能力是否匹配。云制造联盟创新生态系统的能力内涵很广,其中技术研发能力、转移能力、互补能力等方面最为重要。技术研发能力是指学校和企业利用现有的技术知识、信息、资金、人力资源等组织资源,创造新的技术、知识、产品,共同为用户创造新的价值。转移能力包括技术转移和知识转移。技术转移是创新主体所需的核心技术必须从另一创新主体转移过来,从而促进技术创新。知识转移是为了有效地开展知识创新活动,提高联盟各创新主体之间的知识创新能力,实现了知识在组织间的转移与共享。需要其他组织互补是因为伴随着日益激烈的竞争,组织仅靠自身内部的资源已经不能满足用户需求,无法在市场上维持竞争优势,只好转向外部,获得其他组织的知识、技术等其他组织资源。通过这些互补的资源和知识,可以促进知识的融合,弥补自身的不足。云制造联盟创新生态系统中,每个成员所拥有的核心资源是独一无二的、稀缺的和难以复制的。学研方拥有教育、人力、科学、技术等资源,例如有影响产业发展所必需的基础研究理论、技术咨询和服务,或者还可以提供企业在其生产或研究过程中使用的先进设备,企业方则可向学研方增加学生就业和实践机会、提供科研资金、提供产业界的资源与信息等。

(2) 规模因素。在云制造联盟创新生态系统中,规模相当的企业和机构更容易获得彼此的信任,形成共生伙伴。规模因素广义上可包括对彼此创新文化是否认同,利益分配是否合理、声誉和信用度是否良好等因素。无论两者实力是否匹配、对等,两个创新主体在合作中应该进行文化融合。特别是创新文化,可以避免双方产生分歧,从而走向共同的目标。收益分配一直是合作伙伴间的尖锐问题,它建立在公平的基础上,合作者稍有一点分歧就会影响另一方的积极性,甚至可能导致整个合作的失败,而各个创新主体为了维护自身的利益,会时刻关注这种经济现象,特别是自己的投入与回报是否成正比。声誉和信用度良好对于企业来说是非常重要的,它能使一方对另一方的行为预先做出正确的判断,并且良好的声誉可以减少由于不信任而产生的机会主义行为,从而稳定合作过程,提高合作质量。

(3) 环境因素。创新生态系统是企业进行合作伙伴选择的载体,企业间合作伙伴的选择环境是十分重要的因素,主要包括政策、文化、金融等方面的环境。

政策环境包括：政府是否营造了良好的市场氛围，法律是否能够有效地保护企业知识产权，云制造平台的奖惩是否对企业发展有利等。文化环境包括：企业间文化是否相同，企业内部的文化是否有利于创新意识的提高，合作伙伴的文化差异性是否可以被接受等。金融环境包括：银行对企业的贷款政策，企业进行融资的渠道是否畅通，金融投资市场可参与的高低等。这几种环境都直接或间接地影响着企业的创新活动，因此，一个良好的环境可以提升企业间的协同创新意识，提高企业间的信任度，调动企业本身的协同创新能力，推动企业选择合适的合作伙伴。

2. 指标体系构建

基于对上述因素的分析，从系统科学角度出发，遵循科学性原则，综合反映评估对象的整体情况，考虑各指标的层次性、目标性和相关性以及评价指标的合理匹配，使定性和定量相结合，形成有机统一的整体，保证综合评价的可信度和全面性。构建伙伴选择评价指标体系如表 4-5 所示。

表 4-5 云制造联盟创新生态系统伙伴选择评价指标体系

名称	一级指标	二级指标
云制造联盟创新生态系统伙伴选择评价指标体系	能力	研发能力
		转移能力
		互补能力
	规模	创新文化
		利益分配
		声誉与信用度
	环境	政策环境
		文化环境
		金融环境

4.2.3 云制造联盟创新生态系统合作伙伴选择评价模型

云制造联盟创新生态系统伙伴选择是一个复杂的综合评价过程，从评价立场、评价指标和评价方法方面来说，目前还没有比较完善的评价准则及方法。因此，应用合理的评价方法和评价准则做出客观的评判，采用综合评价方法全面衡量合适的伙伴已成为决策分析的重要方法之一。本书采用层次分析法和熵值法对综合决策的指标进行组合赋权,并以此进行方案排序择优。

1. 指标权重的确定

1)层次分析法

层次分析法(analytic hierarchy process,AHP)由萨蒂教授提出,现已广泛应用到众多领域的目标决策分析中。在 AHP 使用中,首先将与决策相关的因素分解为目标、准则、方案等多层,根据各个因素的影响程度确定因素权重。层次分析法标度表如表 4-6 所示。

表 4-6 层次分析法标度表

标度	含义
1	两指标之间一样重要
3	两指标相比,前者比后者略微重要
5	两指标相比,前者比后者明显重要
7	两指标相比,前者比后者强烈重要
9	两指标相比,前者比后者极端重要
2,4,6,8	表示两指标相比,在上述相邻等级的中间值
倒数	标度的倒数,A 和 B 相比如果标度为 3,那么 B 和 A 相比就是 1/3

(1)构造判断矩阵。根据标度表,采取对因子进行两两比较的方式构造比较判断矩阵,即每次取两个因子 X_i 和 X_j,以 X_{ij} 表示 X_i 和 X_j 对某准则的影响大小之比,其全部比较结果构成比较判断矩阵 $A=(X_{ij})_{n\times n}$。

(2)计算指标权重。在判断矩阵构建后,可对其进行相对重要程度的计算,也就是 W 值的计算。权重计算方法如下。

首先,将矩阵按列归一化(即使列和为 1):

$$b_{ij} = \frac{a_{ij}}{\sum a_{ij}}, \quad i,j=1,2,3,\cdots,n \tag{4-4}$$

其次,按行求和:

$$v_i = \sum_{j}^{n} b_{ij}, \quad i,j = 1,2,3,\cdots,n \tag{4-5}$$

最后，可得出矩阵的特征向量的近似值：

$$W_i = \frac{v_i}{\sum v_i}, \quad i = 1,2,3,\cdots,n \tag{4-6}$$

（3）一致性检验。在确定指标权重后，需要进行一致性检验。首先，计算矩阵的最大特征值 $\lambda_{\max}$：

$$\lambda_{\max} = \frac{1}{n}\sum_{i=1}^{n}\frac{\mathrm{EW}_i}{W_i} \tag{4-7}$$

式中，W_i 为相应指标的权重；EW_i 为两两判断矩阵与指标权重的乘积。

其次，通过检验公式判断 CR 值。

$$\mathrm{CI} = (\lambda_{\max} - n)/(n-1) \tag{4-8}$$

$$\mathrm{CR} = \mathrm{CI}/\mathrm{RI} \tag{4-9}$$

式中，n 为判断矩阵的阶数；RI 为平均随机一致性指标，其取值如表 4-7 所示。

表 4-7 平均随机一致性指标 RI 的值

n	RI
1	0
2	0
3	0.52
4	0.89
5	1.12
6	1.26
7	1.36
8	1.41
9	1.46
10	1.49
11	1.52
12	1.54
13	1.56

当判断矩阵 A 的 CR<0.1 时，其判断矩阵的一致性是可以接受的；若 CR>0.1 时，则需对指标体系重新分配权重系数值。

2）熵值法

熵来源于热力学，可以反映系统的混乱程度[15]。熵值法可以应用于多因素或多指标分析中，通过计算权值来衡量指标或因子的重要性。一般情况下，如果单个指标变化很大，说明指标的确定性很低，它可以提供的有效信息量较少，因此信息的熵度量也较小，因而权重较小。相反，如果某项指标变化小，则指标值确定性高，则可以提供更多的有效信息，信息熵度量小，因此权重大[16,17]。熵值法是根据各指标或因素的变化程度或范围，确定各指标的权重。进行熵值法计算时，因为每个指标范围不同、量纲不同，所以必须对每个指标的数据进行预处理，即将数据标准化。假设给定了 m 个指标 $I_1, I_2, \cdots, I_m$，指标 I_i 可以看成其数据 $I_{i1}, I_{i2}, \cdots, I_{ij}, \cdots, I_{in}$ 的集合，而它们的最大值、最小值记为 $\max(I_i)$ 和 $\min(I_i)$，利用 $\max(I_i)$ 和 $\min(I_i)$ 可以将集合中数据由实数映射到[0,1]中，I_{ij} 映射后值 L_{ij} 按式（4-10）计算。

$$L_{ij} = \frac{I_{ij} - \min(I_j)}{\max(I_i) - \min(I_j)} \tag{4-10}$$

指标 I_i 的数据集合信息熵：

$$E_i = \frac{\sum_{i=1}^{n} S_{ij} \ln S_{ij}}{\ln n} \tag{4-11}$$

式中，$S_{ij} = \frac{Y_{ij}}{\sum_{j=1}^{n} Y_{ij}}$，对于指标 $I_1, I_2, \cdots, I_m$，可以计算它们的信息熵 $E_1, E_2, \cdots, E_m$，然后就能计算这些指标的权重：

$$W_i = \frac{1 - E_i}{m - \sum_{i=1}^{m} E_i} \tag{4-12}$$

3）基于层次分析法和熵值法组合的综合权重

层次分析法应用方便、适用性广泛，但受主观影响较大，且权重在分析过程中始终保持不变，会导致最终的分析结果出现"状态失衡"的情况。因此，将层次分析法和熵值法相结合，降低主观权重。通过两种方法对指标的赋权结果，计算综合权重：

$$W_i = \alpha W_{1i} + (1-\alpha)W_{2i}, \quad 0 \leqslant \alpha \leqslant 1 \tag{4-13}$$

式中，W_{1i} 表示层次分析法计算结果；W_{2i} 表示熵值法计算结果，综合权重随 α 的改变而改变。

2. 评价模型的建立

综合评价的数学模型是由研究方案集 U、评价指标集 V、评价矩阵 X 及决策矩阵 R 组成，设研究方案集 $U = (u_1, u_2, \cdots, u_m)$ 中有 m 个方案，评价指标集 $V = (v_1, v_2, \cdots, v_m)$ 中有 n 个评价指标，则对应的评价矩阵为

$$X = (x_{ij})_{m \times n} = \begin{bmatrix} x_{11} & x_{12} & \cdots & x_{1n} \\ x_{21} & x_{22} & \cdots & x_{2n} \\ \vdots & \vdots & & \vdots \\ x_{m1} & x_{m2} & \cdots & x_{mn} \end{bmatrix} \tag{4-14}$$

式中，x_{ij} 为第 i 个方案的第 j 个评价指标的量值。

为了消除不同量纲，需要进行规范化处理，针对不同的指标选择从优模式，效益型指标是指属性值越大越好，成本型指标是指属性值越小越好。

效益型指标的从优模式为

$$r_{ij} = \frac{x_{ij} - \min(x_j)}{\max(x_i) - \min(x_j)} \tag{4-15}$$

成本型指标的从优模式为

$$r_{ij} = \frac{\max(x_i) - x_{ij}}{\max(x_i) - \min(x_j)} \tag{4-16}$$

式中，$i=1,2,\cdots,n$；$\max(x_i)$、$\min(x_j)$ 分别为第 j 个指标的最大值与最小值。

经过上述规范化处理后得到决策矩阵 $S = (S_{ij})_{m \times n}$。由于每个指标所占的权重不同，通过层次分析法和熵值法相结合计算出各指标的权重向量 $W = [W_1, W_2, \cdots, W_n]$，经过加权处理可得到最终的评价结果

$$A = W \times S \tag{4-17}$$

4.3 本章小结

本章主要设计了云制造联盟创新生态系统共生机制，包含信任机制和合作伙伴选择机制。信任机制主要是对信任过程的描述、假设、构建以及仿真分析，并对增加信任度、创建良好的信任环境提出相关建议；合作伙伴选择机制对影响选择的因素进行分析，建立合理的指标体系，并用主观和客观赋权相结合的方法进行综合评价。

参 考 文 献

[1] Tao F, Cheng Y, Zhang L, et al. Advanced manufacturing systems: socialization characteristics and trends[J]. Journal of Intelligent Manufacturing, 2017, 28(5):1079-1094.

[2] Li J, Tao F, Cheng Y, et al. Big data in product lifecycle management[J]. International Journal of Advanced Manufacturing Technology, 2015, 81(1/2/3/4):667-684.

[3] 王强, 刘长春, 周保茹. 基于区块链的制造服务可信交易方法[J]. 计算机集成制造系统, 2019, 25(12): 3247-3257.

[4] 吴娇, 李少波. 云制造中硬资源虚拟化封装研究[J]. 机械设计与制造, 2014(7): 112-115.

[5] Deng J, Zhao Y, Yuan H, et al. Multi-objective constraint grid task collaborative scheduling model[J]. Journal of Information & Computational Science, 2012, 9(14): 4055-4064.

[6] Kong Y, Zhang M, Ye D. A belief propagation-based method for task allocation in open and dynamic cloud environments[J]. Knowledge-Based Systems, 2018, 32(9): 100-115.

[7] Bao B F, Yang Y, Li L T, et al. Multi-objective optimization for task allocation of product customization collaborative development[J]. Computer Integrated Manufacturing Systems, 2014, 20(4): 739-746.

[8] 王亮, 王应明. 基于前景理论的动态参考点应急决策方法研究[J]. 中国管理科学, 2013(s1): 132-140.

[9] Tversky A, Kahneman D. Advances in prospect theory:cumulative representation of uncertainty[J]. Journal of Risk and Uncertainty, 1992, 5(4) : 297-323.

[10] 陈伟, 林超然, 李金秋, 等. 前景理论视角下专利代理服务模式优化研究[J]. 运筹与管理, 2019, 28(12): 14-24.

[11] 张宜震, 彭安华, 王天宇, 等. 基于Fuzzy-QFD的动态联盟合作伙伴选择[J]. 江苏海洋大学学报(自然科学版), 2021, 30(1): 90-94.

[12] 尹航, 侯霁珊, 南金伶. 战略联盟伙伴选择、知识搜索与联盟创新绩效关系[J]. 科技进步与对策, 2021, 38(14): 108-115.

[13] 陈伟, 王秀锋, 李金秋, 等. 产学研协同创新合作伙伴动态选择模型[J]. 哈尔滨工程大学学报, 2020, 41(11):1727-1734.

[14] 姚升保. 产业技术创新联盟伙伴选择的模糊组合决策方法[J]. 科技管理研究, 2017, 37(1): 194-200.

[15] 王富喜, 毛爱华, 李赫龙, 等. 基于熵值法的山东省城镇化质量测度及空间差异分析[J]. 地理科学, 2013, 33(11): 1323-1329.

[16] 乔家君. 改进的熵值法在河南省可持续发展能力评估中的应用[J]. 资源科学, 2004, 26(1): 113-119.

[17] 郭显光. 改进的熵值法及其在经济效益评价中的应用[J]. 系统工程理论与实践, 1998, 18(12): 98-102.

第 5 章

云制造联盟创新生态系统循环机制

■ 5.1 云制造联盟创新生态系统创新资源集成机制

5.1.1 云制造联盟创新生态系统创新资源集成特征分析

普通的资源集成是把不同来源的资源在逻辑上或物理上有机地集中，从而为用户提供全面的资源共享。一般来说，用户所需的资源往往多于系统实际提供的资源，但采用虚拟的资源分配，实现了资源的集成，就可以从源头上解决这个问题。不过整个过程需要操作系统进行协调管理，才能避免更多问题的产生。

云制造联盟创新生态系统中创新资源集成的思想是随着信息技术的发展以及云制造概念的提出带来的。创新主体之间通过交换信息、资源、知识等要素，在产品生产和服务等方面协同工作。利用集成的、互操作的信息系统，可以准确并且及时地传递信息，将跨境生产转化为一个完整的生产过程。创新资源集成主要是共享经济发展在生产领域的应用创新，采用集成共享使用的理念，收集分散、闲置的生产制造资源，灵活、动态地适应需求侧[1]。为顺应新一代信息技术与加工业融合发展趋势，培育壮大新动能是优化资源配置的重要举措，可以提高生产效率，发展优质制造业。在云制造联盟创新生态系统中，创新资源具有时域性、动态性、效能性等特点。不同的创新资源在云制造平台进行互通，可以减少企业生产制造过程中原材料、人才资源的浪费，并且对设备使用率进行优化，避免重复使用资源，最终提高产品竞争力[2]。

为了便于分析，我们将创新资源分为硬制造创新资源和软制造创新资源。这些创新资源需要借助云制造平台识别和访问，通过信息技术直接感知，并转化为虚拟资源。企业作为云平台的主体，控制着自己的资源，并决定这些资源是否会转移到云平台上[3]。

1. 硬制造创新资源

硬制造创新资源具体包括原材料、设备等存在形式固定且消耗方式明显的制造资源[4]。硬制造创新资源体现了云制造环境下的企业最基本的制造能力，并且硬制造创新资源的集成从服务的角度来说实现起来比较简单，需要考虑的因素较少。在集成过程中，由于企业要在知晓其他企业是否进入云制造平台进行资源共享，然后进行它的决策，所以初始集成比例以及市场环境可能是影响企业是否进行云制造环境下的资源集成的因素。

2. 软制造创新资源

软制造创新资源具体包括工艺模型、过程数据、人力、技术、知识、产品研发、设计、销售、安装、维护解决方案等软制造资源[5]。软制造创新资源的拥有量可以表示出企业的参与制造能力和发展潜力，由于软制造创新资源对于制造企业的制造能力、制造效率的影响比较大，所以其在集成过程中需要注意许多因素，例如资源安全因素。因为软制造创新资源进行集成共享时容易失窃，所以资源安全系数也是集成共享过程中需要考虑的。

对应不同的创新资源，我们将企业也分为两种，一种是生产制造型企业，另一种是生产服务型企业。

（1）生产制造型企业。对应于硬制造创新资源，我们称企业内硬制造创新资源为核心的企业为生产制造型企业，生产制造型企业的企业结构相对简单，企业管理的基础比较薄弱。生产制造型企业作为经济组织，必须追求经济利益并获得利润。盈利能力是企业生产经营的主要活动，也是企业经营活动成果的体现。作为经济组织，生产制造型企业必须具有一定的人力、物力和财力。它还必须具有足够的独立管理自主权，包括处置资产的权利以及生产和销售产品的权利[6]。

（2）生产服务型企业。对比生产制造型企业，生产服务型企业最大的特点就是人力资源雄厚，技术水平高[7]。服务就是在已有的规定和框架下，为提高需求者满意度而开展一切工作。生产服务型企业的经营理念是以需求方的需求为中心，以技术为载体，为需求方提供全方位服务；在它们的利润总额中，提供技术服务带来的收益占很大的比重。

5.1.2 云制造联盟创新生态系统创新资源集成模型

1. 问题描述

在云制造联盟创新生态系统中，云制造平台创建了一个创新资源的总仓库。在这个仓库中，参与云制造的企业可能都会提供技术或者资源材料和服务，而有需求的企业将直接从云池里面获取自己生产所需要的技术、资源以及服务。云平台需要大量资源提供者和大量资源需求者，这样可以提高云制造平台的规模，从而提高平台收益以及企业收益。对制造业来说，从整体流程来看，它相当于一个庞大的系统工程，整个工程需要许多企业参与合作。为了这种合作，所有涉及企业都应该改变自己传统的制造模式，共同耗费资产进行信息化提升，进而进行云制造平台的接入。目前，企业主要分为生产制造型企业和生产服务型企业，一类提供制造资源，一类提供技术和人力资源，所以它们在合作的时候要考虑是否接入云制造平台，利用先进的信息技术进行资源集成。因此，本书将针对云制造环境下企业的资源集成问题进行博弈分析，分析不同因素对于企业资源集成的影响程度，从而为云制造的发展提供参考意见。

前文我们将创新资源分为两种，一种是在分享过程中不会有损失风险的硬制造创新资源，另一种是在分享过程中存在损失风险的软制造创新资源，对应拥有硬制造创新资源的生产制造型企业以及拥有软制造创新资源的生产服务型企业。云制造联盟创新生态系统创新资源集成一般是针对两个或者两个以上的企业间进行的，为了便于分析问题，我们假设有两个企业——A 企业和 B 企业，它们都同时拥有硬制造创新资源或者同时拥有软制造创新资源。对于以上两种企业，在云制造应用到企业进行资源集成时，政府作为第三方，有着监督的作用，政府可以选择是否介入进来，参与到规范创新资源集成的过程。

2. 基本假设

本书选取了政府、生产制造型企业 A、生产制造型企业 B 三方作为参与主体并做出以下假设。

假设 5-1：假设参与的各方均为有限理性，并且各方掌握的信息不完全对称。

假设 5-2：参与的各方都具有学习能力，并且各方均以追求自身利益为基本目标。

假设 5-3：博弈过程中，不考虑其他外界因素对参与主体的策略的影响。

3. 生产制造型企业在云制造环境下的资源集成模型构建

（1）生产制造型企业在云制造环境下的资源集成模型假设。假设 A 和 B 两个企业均为生产制造型企业，则有：

① 参与主体。在企业创新资源集成的过程中，有三个参与主体：A 企业为参与主体 1；B 企业为参与主体 2；政府作为第三方介入，成为参与主体 3。三个参与主体均为有限理性，通过进行动态博弈找到最佳策略。

② 策略选择空间。A 企业的策略空间 U_1=(集成,不集成)，并以 x 的概率选择集成，以 $1-x$ 的概率选择不集成，$x \in [0,1]$；B 企业的策略空间 U_2=(集成,不集成)，并以 y 的概率选择集成，以 $1-y$ 的概率选择不集成，$y \in [0,1]$；政府的策略空间 U_3=(介入,不介入)，并以 c 的概率选择介入，以 $1-c$ 的概率选择不介入，$c \in [0,1]$。

③ 生产成本。尽管政府不会直接参与到创新资源集成过程中去，但是如果政府决策后选择介入，那么它会为了创新资源集成的稳定进行监管并且生成相应的管理制度，产生总成本为 G_1；若 A 企业和 B 企业进行云制造集成，由于接入先进技术，所以信息化成本分别为 C_A 和 C_B。

④ 生产收益。政府收益为 A 企业和 B 企业收益之和的税费，税率为 I，A 企业若不集成，则收益为 P_A，若 B 企业不集成，收益为 P_B。若 A 和 B 两个企业中 A 企业资源集成，而 B 企业不资源集成，A 企业信息化程度提升 D_A，信息化程度对应得到收益为 I_0。若 A 企业和 B 企业中 B 企业集成，而 A 企业不集成，B 企业信息化程度提升 D_B，信息化程度对应收益也为 I_0。若 A 企业和 B 企业同时进行资源集成，由于相互配合，生产效率提升，额外收益为 ε_3。

⑤ 奖惩。政府选择介入后，会对选择资源集成的企业进行激励，会给企业集成奖励 ε_1；而对于政府介入下选择不集成的企业，由于新信息技术的压力，它们的收益会损失 ε_2。

（2）参数设计。云制造生产制造型企业资源集成模型假设的参数设计如表5-1所示。

表5-1 生产制造型企业资源集成模型参数设计

参数	参数的意义	参数	参数的意义
P_A	A 企业正常经济收益	C_A	A 企业接入云平台费用
P_B	B 企业正常经济收益	C_B	B 企业接入云平台费用
I_0	企业接入云制造平台资源共享后信息化程度提高得到的经济收益	G_1	政府出台规定以及管理云制造平台资源共享所需的管理费用
I	税率	D_A	A 企业接入云制造平台后信息化提高程度
ε_1	政府介入下的集成奖励	D_B	B 企业接入云制造平台后信息化提高程度
ε_2	政府介入下的不集成惩罚	ε_3	两个企业共同参与共享的额外收益

（3）收益矩阵。根据利润=收益-成本，以及资源集成模型假设，分别得到不同情况下 A 企业和 B 企业的利润表达式，将表达式和矩阵关联起来得到云制造环境下生产制造型企业资源集成收益矩阵，如表5-2所示。

表5-2 云制造环境下企业资源集成演化博弈的收益矩阵

			政府			
			介入（c）		不介入（$1-c$）	
			B 企业		B 企业	
			不集成	集成	不集成	集成
			$1-y$	y	$1-y$	y
A 企业	不集成	$1-x$	$P_A - \varepsilon_2$	$P_A - \varepsilon_2$	P_A	P_A
			$P_B - \varepsilon_2$	$P_B - C_B + \varepsilon_1 + D_B I_0$	P_B	$P_B - C_B + D_B I_0$
			$(P_A + P_B - 2\varepsilon_2)I - G_1$	$(P_A - \varepsilon_2 + P_B + \varepsilon_1 + D_B I_0 - C_B)I - G_1$	$(P_A + P_B)I$	$(P_A + P_B + D_B I_0 - C_B)I$
	集成	x	$P_A + \varepsilon_1 + D_A I_0 - C_A$	$P_A + \varepsilon_1 + \varepsilon_3 + D_A I_0 - C_A$	$P_A - D_A I_0 - C_A$	$P_A + \varepsilon_3 + D_A I_0 - C_A$
			$P_B - \varepsilon_2$	$P_B + \varepsilon_1 + \varepsilon_3 + D_B I_0 - C_B$	P_B	$P_B + \varepsilon_3 + D_B I_0 - C_B$
			$(P_A - \varepsilon_2 + P_B + \varepsilon_1 + D_A I_0 - C_A)I - G_1$	$(P_A + 2\varepsilon_3 + P_B - C_B + D_B I_0 + 2\varepsilon_1 + D_A I_0 - C_A)I - G_1$	$(P_A - P_B + D_A I_0 - C_A)I$	$(P_A + 2\varepsilon_3 + P_B - C_B + D_B I_0 + D_A I_0 - C_A)I$

（4）收益矩阵分析。根据表 5-2 中 A 企业、B 企业、政府的三方博弈收益矩阵，可以得出 A 企业选择资源集成的期望收益为

$$\begin{aligned} E(X_1) &= c(1-y)(P_A + D_A I_0 - C_A + \varepsilon_1) + cy(P_A + D_A I_0 - C_A + \varepsilon_1 + \varepsilon_3) \\ &\quad + (1-c)(1-y)(P_A + D_A I_0 - C_A) + (1-c)y(P_A + D_A I_0 - C_A + \varepsilon_3) \\ &= P_A + D_A I_0 - C_A + c\varepsilon_1 + y\varepsilon_3 \end{aligned} \quad (5\text{-}1)$$

A 企业选择不集成的期望收益为

$$\begin{aligned} E(X_2) &= c(1-y)(P_A - \varepsilon_2) + cy(P_A - \varepsilon_2) + (1-c)(1-y)P_A + (1-c)yP_A \\ &= P_A - c\varepsilon_2 \end{aligned} \quad (5\text{-}2)$$

则 A 企业的平均期望收益为

$$\begin{aligned} E(X) &= xE(X_1) + (1-x)E(X_2) \\ &= x(P_A + D_A I_0 - C_A + c\varepsilon_1 + y\varepsilon_3) + (1-x)(P_A - c\varepsilon_2) \\ &= P_A + (1-x)c\varepsilon_2 + x(D_A I_0 - C_A + c\varepsilon_1 + y\varepsilon_3) \end{aligned} \quad (5\text{-}3)$$

则 A 企业选择集成的策略复制动态方程为

$$\begin{aligned} F(X) &= \mathrm{d}X/\mathrm{d}t = x(E(X_1) - E(X)) \\ &= x(P_A + D_A I_0 - C_A + c\varepsilon_1 + y\varepsilon_3 - (P_A + (1-x)c\varepsilon_2 \\ &\quad + x(D_A I_0 - C_A + c\varepsilon_1 + y\varepsilon_3))) \\ &= x(1-x)(D_A I_0 - C_A + c\varepsilon_1 + c\varepsilon_2 + y\varepsilon_3) \end{aligned} \quad (5\text{-}4)$$

同理可得 B 企业的策略复制动态方程，即

$$\begin{aligned} F(Y) &= \mathrm{d}Y/\mathrm{d}t = y(E(Y_1) - E(Y)) \\ &= y(1-y)(D_B I_0 - C_B + c\varepsilon_1 + c\varepsilon_2 + x\varepsilon_3) \end{aligned} \quad (5\text{-}5)$$

式中，$E(Y_1)$ 为 B 企业选择集成的收益；$E(Y)$ 为 B 企业的平均收益。

同理可得政府选择介入的期望收益为

$$\begin{aligned} E(Z_1) &= (1-y)(1-x)((P_A + P_B - 2\varepsilon_2)I - G_1) \\ &\quad + y(1-x)((P_A + P_B - C_B + D_B I_0 - \varepsilon_2 + \varepsilon_1)I - G_1) \\ &\quad + x(1-y)((P_A + P_B - C_A + D_A I_0 - \varepsilon_2 + \varepsilon_1)I - G_1) \\ &\quad + yx((P_A + P_B - C_A + D_A I_0 + D_B I_0 - C_B + 2\varepsilon_3 + 2\varepsilon_1)I - G_1) \\ &= (P_A + P_B + y(D_B I_0 - C_B) + x(D_A I_0 - C_A) \\ &\quad + (x+y)(\varepsilon_2 + \varepsilon_1) - 2\varepsilon_2 + 2xy\varepsilon_3)I - G_1 \end{aligned} \quad (5\text{-}6)$$

政府选择不介入的期望收益为

$$\begin{aligned}E(Z_2) &= (1-y)(1-x)(P_A+P_B)I + y(1-x)(P_A+P_B-C_B+D_BI_0)I \\ &\quad + x(1-y)(P_A+P_B-C_A+D_AI_0)I \\ &\quad + yx(P_A+P_B-C_A+D_AI_0+D_BI_0-C_B)I \\ &= I(P_A+P_B+y(D_BI_0-C_B)+x(D_AI_0-C_A))\end{aligned} \quad (5\text{-}7)$$

政府的平均期望收益为

$$\begin{aligned}E(Z) &= cE(Z_1) + (1-c)E(Z_2) \\ &= c((P_A+P_B+2xy\varepsilon_3+y(D_BI_0-C_B)-2\varepsilon_2 \\ &\quad + x(D_AI_0-C_A)+(y+x)(\varepsilon_1+\varepsilon_2))I - G_1) \\ &\quad + (1-c)I(P_A+P_B+y(D_BI_0-C_B)+x(D_AI_0-C_A)) \\ &= (P_A+P_B+c((y+x)(\varepsilon_1+\varepsilon_2)-2\varepsilon_2+2xy\varepsilon_3) \\ &\quad + y(D_BI_0-C_B)+x(D_AI_0-C_A))I - cG_1\end{aligned} \quad (5\text{-}8)$$

同理可得政府的策略复制动态方程,即

$$\begin{aligned}F(Z) &= \mathrm{d}Z/\mathrm{d}t = c(E(Z_1)-E(Z)) \\ &= c((P_A+P_B+y(D_BI_0-C_B)+x(D_AI_0-C_A) \\ &\quad + (x+y)(\varepsilon_1+\varepsilon_2)-2\varepsilon_2+2xy\varepsilon_3)I - G_1) \\ &\quad - c((P_A+P_B+c((y+x)(\varepsilon_1+\varepsilon_2)-2\varepsilon_2+2xy\varepsilon_3) \\ &\quad + y(D_BI_0-C_B)+x(D_AI_0-C_A))I - cG_1 \\ &= c(1-c)(I((x+y)(\varepsilon_1+\varepsilon_2)-2\varepsilon_2+2xy\varepsilon_3)-G_1)\end{aligned} \quad (5\text{-}9)$$

构建雅可比矩阵如下:

$$\begin{bmatrix} \begin{array}{l}(1-2x)(c\varepsilon_1+c\varepsilon_2+y\varepsilon_3 \\ -C_A+D_AI_0)\end{array} & x(1-x)\varepsilon_3 & x(1-x)(\varepsilon_1+\varepsilon_2) \\ y(1-y)\varepsilon_3 & \begin{array}{l}(1-2y)(c\varepsilon_1+c\varepsilon_2+x\varepsilon_3 \\ -C_B+D_BI_0)\end{array} & y(1-y)(\varepsilon_1+\varepsilon_2) \\ \begin{array}{l}c(1-c)(y(\varepsilon_1+\varepsilon_2) \\ -2\varepsilon_2+2y\varepsilon_3)I\end{array} & \begin{array}{l}c(1-c)(x(\varepsilon_1+\varepsilon_2) \\ -2\varepsilon_2+2x\varepsilon_3)I\end{array} & \begin{array}{l}(1-2c)((x+y)(\varepsilon_1+\varepsilon_2) \\ -2\varepsilon_2+2xy\varepsilon_3)\end{array} \end{bmatrix}$$

进而求得系统均衡点及特征值,如表 5-3 所示。

表 5-3 系统均衡点及特征值

均衡点	特征值		
	λ_1	λ_2	λ_3
$E_1(0,0,0)$	$D_A I_0 - C_A$	$D_B I_0 - C_B$	$(-G_1 - 2\varepsilon_2)I$
$E_2(0,0,1)$	$D_A I_0 - C_A + \varepsilon_1 + \varepsilon_2$	$D_B I_0 - C_B + \varepsilon_1 + \varepsilon_2$	$(G_1 + 2\varepsilon_2)I$
$E_3(0,1,0)$	$D_A I_0 - C_A + \varepsilon_3$	$-(D_B I_0 - C_B)$	$(\varepsilon_1 - \varepsilon_2)I - G_1$
$E_4(0,1,1)$	$D_A I_0 - C_A + \varepsilon_1 + \varepsilon_2 + \varepsilon_3$	$-(D_B I_0 - C_B + \varepsilon_1 + \varepsilon_2)$	$G_1 - (\varepsilon_1 - \varepsilon_2)I$
$E_5(1,0,0)$	$-(D_A I_0 - C_A)$	$D_B I_0 - C_B + \varepsilon_3$	$(\varepsilon_1 - \varepsilon_2)I - G_1$
$E_6(1,0,1)$	$-(D_A I_0 - C_A + \varepsilon_1 + \varepsilon_2)$	$D_B I_0 - C_B + \varepsilon_1 + \varepsilon_3$	$G_1 - (\varepsilon_1 - \varepsilon_2)I$
$E_7(1,1,0)$	$-(D_A I_0 - C_A + \varepsilon_3)$	$-(D_B I_0 - C_B + \varepsilon_3)$	$(2\varepsilon_1 + 2\varepsilon_3)I - G_1$
$E_8(1,1,1)$	$-(D_A I_0 - C_A + \varepsilon_1 + \varepsilon_2 + \varepsilon_3)$	$-(D_B I_0 - C_B + \varepsilon_1 + \varepsilon_2 + \varepsilon_3)$	$G_1 - (2\varepsilon_1 + 2\varepsilon_3)I$

根据表 5-3 对均衡点分析如下，为了方便分析不同均衡点所对应特征值的符号，且不失一般性，假设如下：

$$D_A I_0 - C_A + \varepsilon_1 + \varepsilon_2 + \varepsilon_3 > 0$$

$$D_B I_0 - C_B + \varepsilon_1 + \varepsilon_2 + \varepsilon_3 > 0$$

$$(2\varepsilon_1 + 2\varepsilon_3)I - G_1 > 0$$

即 A 企业选择集成，B 企业选择集成，政府进行介入这三个条件下的净收益大于不进行资源集成的企业收益。由于模型中参数很多且比较复杂，所以我们分两种情形对演化博弈稳定策略进行讨论。

情形一：当 $\varepsilon_3 > D_A I_0 - C_A > 0$，$\varepsilon_3 > D_B I_0 - C_B > 0$ 且 $G_1 < \varepsilon_2 < \varepsilon_1$，$G_1 < D_A I_0 - C_A$，$G_1 < D_B I_0 - C_B$ 时，即每个企业每一次的信息化提升带来的收益大于信息化的成本，但是信息化的收益小于两个企业一起进行资源集成带来的收益。政府对于云制造平台管理的费用小于政府介入后带来的惩罚以及奖赏，小于企业信息化后带来的收益，且政府介入后对于企业带来的惩罚小于奖赏。此时由表 5-4 可以看出，均衡点 $E_8(1,1,1)$ 所对应的雅可比矩阵的特征值都是非正的，其对应的演化策略是（集成，集成，介入）。

情形二：当 $\varepsilon_3 > D_A I_0 - C_A > 0$，$\varepsilon_3 > D_B I_0 - C_B > 0$ 且 $G_1 > \varepsilon_2 > \varepsilon_1$，$G_1 > D_A I_0 - C_A$，$G_1 > D_B I_0 - C_B$ 时，即每个企业每一次的信息化提升带来的收益大于信息化的成本，但是信息化的收益小于两个企业一起进行集成带来的收益。政府对于云制造平台管理的费用大于政府介入后带来的惩罚以及奖赏，且政府介入后对于企业带来的惩罚小于奖赏。政府的管理费用大于企业信息化带来的收益。此时由表 5-4 可以看出，$E_8(1,1,1)$ 均衡点对应的雅可比矩阵的特征值是非正的，对应演化策略为（集成，集成，介入）。

表 5-4　均衡点局部稳定性（情形一、二）

均衡点	情形一				情形二			
	λ_1	λ_2	λ_3	稳定性	λ_1	λ_2	λ_3	稳定性
$E_1(0,0,0)$	+	+	−	非稳定点	+	+	−	非稳定点
$E_2(0,0,1)$	+	+	+	非稳定点	+	+	+	非稳定点
$E_3(0,1,0)$	+	−	−	非稳定点	+	−	−	非稳定点
$E_4(0,1,1)$	+	−	−	非稳定点	+	−	−	非稳定点
$E_5(1,0,0)$	−	+	−	非稳定点	−	+	+	非稳定点
$E_6(1,0,1)$	−	+	+	非稳定点	−	+	+	非稳定点
$E_7(1,1,0)$	−	−	+	非稳定点	−	−	+	非稳定点
$E_8(1,1,1)$	−	−	−	ESS	−	−	−	ESS

4. 生产服务型企业在云制造环境下的资源集成模型构建

（1）生产服务型企业在云制造环境下资源集成模型的假设。假设 A 和 B 两个企业均为生产服务型企业，则有：

① 参与主体。在企业云制造资源集成的过程中，有三个参与主体：A 企业为参与主体 1；B 企业为参与主体 2；政府作为第三方介入，成为参与主体 3。三个参与主体均为有限理性，通过进行动态博弈找到最佳策略。

② 策略选择空间。A 企业的策略空间 U_1=（集成，不集成），并以 x 的概率选择集成，以 $1-x$ 的概率选择不集成，$x \in [0,1]$；B 企业的策略空间 U_2=（集成，不集成），并以 y 的概率选择集成，以 $1-y$ 的概率选择不集成，$y \in [0,1]$；政府的策略空间 U_3=（介入，不介入），并以 c 的概率选择介入，以 $1-c$ 的概率选择不介入，$c \in [0,1]$；A 和 B 两个企业选择集成自己资源的概率的区间是 K，$K \in [0,1]$。

③ 生产成本。尽管政府不会直接参与到创新资源集成过程中去，但是如果政府决策后选择介入，那么它会为了创新资源集成的稳定进行监管并且生成相应的管理制度，产生总成本为 G_1；若 A 企业和 B 企业进行云制造集成，由于接入先进技术，所以信息化成本分别为 C_A 和 C_B。由于 A 企业和 B 企业的资源多为技术资源和人力资源，所以在 A 企业和 B 企业进行资源集成过程中，可能会存在资源

损失的情况，例如技术失窃和人才流失，其损失风险系数为 R。如果 A 企业和 B 企业同时进行集成，由于云制造平台的协议签订，风险系数会降低 R_{AB}。同样的，若政府支持云制造环境下的资源集成，则风险系数又会降低 R_G，对应风险系数的资源收效亏损为 L。

④ 生产收益。与上文生产制造型企业在云制造环境下的资源集成模型构建中生产收益相同。

⑤ 奖惩。政府选择介入后，会对选择集成的企业进行激励，会给企业集成奖励 ε_1，而对于政府介入下选择不集成的企业，由于新信息技术的压力，它们的收益会损失 ε_2。

（2）参数设计。云制造生产服务型企业资源集成演化博弈模型的参数设计如表 5-5 所示。

表 5-5　生产服务型企业资源集成演化博弈模型的参数设计

参数	参数的意义	参数	参数的意义
P_A	A 企业正常经济收益	R_G	政府介入云制造平台可以减少企业资源损失风险系数
P_B	B 企业正常经济收益	R_{AB}	A、B 两个企业共同签订资源集成协议可以减少的企业资源损失风险系数
I_0	企业接入云制造平台资源集成后信息化程度提高得到的经济收益	L	B 企业资源损失造成的收益亏损
ε_3	A、B 两个企业共同参与云制造的额外收益	C_A	A 企业接入云平台费用
D_A	A 企业接入云制造平台后信息化提高程度	C_B	B 企业接入云平台费用
D_B	B 企业接入云制造平台后信息化提高程度	G_1	政府出台规定以及管理云制造平台资源集成所需的管理费用
ε_1	政府介入下的集成奖励	K	集成资源深度的概率
ε_2	政府介入下的不集成惩罚	R	A、B 两个企业分别参与云制造资源集成后资源损失风险系数

（3）收益矩阵。根据利润=收益-成本，以及集成模型假设，分别得到不同情况下 A 企业和 B 企业的利润表达式，将表达式和矩阵关联起来得到云制造环境下生产服务型企业资源集成收益矩阵，如表 5-6 所示。

表 5-6 云制造环境下企业资源集成演化博弈的收益矩阵

			政府			
			介入（c）		不介入（$1-c$）	
			B 企业		B 企业	
			不集成	集成	不集成	集成
			$1-y$	y	$1-y$	y
A 企 业	不 集 成	$1-x$	$P_A - \varepsilon_2$ $P_B - \varepsilon_2$ $(P_A + P_B - 2\varepsilon_2)I - G_1$	$P_A - \varepsilon_2$ $(P_B - C_B + \varepsilon_1 + D_B I_0 - L(R - R_G))K$ $(P_A - \varepsilon_2 + K(P_B + \varepsilon_1 + D_B I_0 - C_B - L(R - R_G)))I - G_1$	P_A P_B $(P_A + P_B)I$	P_A $(P_B - C_B + D_B I_0 - LR)K$ $(P_A + K(P_B + D_B I_0 - C_B - LR))I$
	集 成	x	$K(P_A + \varepsilon_1 + D_A I_0 - C_A - L(R - R_G))$ $P_B - \varepsilon_2$ $(K(P_A - L(R - R_G) + \varepsilon_1 + D_A I_0 - C_A) - \varepsilon_2 + P_B)I - G_1$	$K(P_A + \varepsilon_1 + \varepsilon_3 + D_A I_0 - C_A - L(R - R_G - R_{AB}))$ $K(P_B + \varepsilon_1 + \varepsilon_3 + D_B I_0 - C_B - L(R - R_G - R_{AB}))$ $(P_A + 2\varepsilon_3 + 2\varepsilon_1 + D_A I_0 - C_A - 2L(R - R_G - R_{AB}) + P_B + D_B I_0 - C_B)KI - G_1$	$(P_A + D_A I_0 - C_A - LR)K$ P_B $((P_A - LR + D_A I_0 - C_A)K + P_B)I$	$K(P_A + \varepsilon_3 + D_A I_0 - C_A - L(R - R_{AB}))$ $K(P_B + \varepsilon_3 + D_B I_0 - C_B - L(R - R_{AB}))$ $(P_A + 2\varepsilon_3 + P_B - C_B + D_B I_0 + D_A I_0 - C_A - 2L(R - R_{AB}))KI$

（4）收益矩阵分析。根据表 5-6 中 A 企业、B 企业、政府的三方博弈矩阵，可以得出 A 企业选择集成的期望收益为

$$\begin{aligned}E(X_1) &= c(1-y)K(P_A + \varepsilon_1 + D_A I_0 - C_A - L(R - R_G)) \\&+ cy(P_A + \varepsilon_1 + \varepsilon_3 + D_A I_0 - C_A - L(R - R_G - R_{AB}))K \\&+ (1-c)(1-y)(P_A + D_A I_0 - C_A - LR)K \\&+ (1-c)y(P_A + \varepsilon_3 + D_A I_0 - C_A - L(R - R_{AB}))K \\&= KP_A + KD_A I_0 - KC_A + cK\varepsilon_1 + Ky\varepsilon_3 - KLR \\&+ cKLR_G + yKLR_{AB}\end{aligned} \tag{5-10}$$

A 企业选择不集成的期望收益为

$$\begin{aligned}E(X_2) &= c(1-y)(P_A - \varepsilon_2) + cy(P_A - \varepsilon_2) + (1-c)(1-y)P_A + (1-c)yP_A \\&= P_A - c\varepsilon_2\end{aligned} \tag{5-11}$$

则 A 企业的平均期望收益为

$$E(X) = xE(X_1) + (1-x)E(X_2)$$
$$= x(KP_A + KD_A I_0 - KC_A + cK\varepsilon_1 + Ky\varepsilon_3 - KLR$$
$$+ cKLR_G + yKLR_{AB}) + (1-x)(P_A - c\varepsilon_2) \tag{5-12}$$

则 A 企业选择集成的策略复制动态方程为

$$F(X) = \mathrm{d}X/\mathrm{d}t = x(E(X_1) - E(X))$$
$$= x(1-x)(KP_A + KD_A I_0 - KC_A + cK\varepsilon_1 + Ky\varepsilon_3 - KLR$$
$$+ cKLR_G + yKLR_{AB} - P_A + c\varepsilon_2) \tag{5-13}$$

同理可得 B 企业的策略复制动态方程，即

$$F(Y) = \mathrm{d}Y/\mathrm{d}t = y(E(Y_1) - E(Y))$$
$$= y(1-y)(KP_B + KD_B I_0 - KC_B + cK\varepsilon_1 + Kx\varepsilon_3 - KLR$$
$$+ cKLR_G + xKLR_{AB} - P_B + c\varepsilon_2) \tag{5-14}$$

式中，$E(Y_1)$ 为 B 企业选择集成的收益；$E(Y)$ 表示 B 企业的平均收益。

同理可得政府选择介入的期望收益为

$$E(Z_1) = (1-y)(1-x)((P_A + P_B - 2\varepsilon_2)I - G_1)$$
$$+ y(1-x)((P_A - \varepsilon_2 + K(P_B - C_B + \varepsilon_1 + D_B I_0 - L(R - R_G)))I - G_1)$$
$$+ x(1-y)((K(P_A + \varepsilon_1 + D_A I_0 - C_A - L(R - R_G)) + P_B - \varepsilon_2)I - G_1)$$
$$+ xy(KI(P_A + 2\varepsilon_1 + 2\varepsilon_3 + D_A I_0 - C_A - 2L(R - R_G - R_{AB})$$
$$+ P_B - C_B + D_B I_0) - G_1)$$
$$= IP_A + IP_B + (x+y-2)I\varepsilon_2 + (x+y)KI\varepsilon_1 + xKI(P_A + D_A I_0 - C_A)$$
$$+ yKI(P_B + D_B I_0 - C_B) - (x+y)LKI(R - R_G) + 2xyLKIR_{AB}$$
$$+ 2xyKI\varepsilon_3 - I(xP_A + yP_B) - G_1 \tag{5-15}$$

政府选择不介入的期望收益为

$$E(Z_2) = (1-y)(1-x)(P_A + P_B)I$$
$$+ y(1-x)I(P_A + (P_B - C_B + D_B I_0 - LR)K)$$
$$+ x(1-y)I((P_A + D_A I_0 - C_A - LR)K + P_B)$$
$$+ xyIK(P_A + 2\varepsilon_3 + D_A I_0 - C_A - 2L(R - R_{AB}) + P_B - C_B + D_B I_0)$$
$$= IP_A + IP_B + 2xyIK\varepsilon_3 + xIK(P_A + D_A I_0 - C_A) + 2xyIKLR_{AB}$$
$$+ yIK(P_B + D_B I_0 - C_B) - (x+y)LIKR - I(xP_A + yP_B) \tag{5-16}$$

政府的平均期望收益为

$$E(Z) = cE(Z_1) + (1-c)E(Z_2)$$
$$= c((x+y)KI\varepsilon_1 + (x+y)LKR_G - (2-x-y)I\varepsilon_2 - G_1)$$
$$+ IP_A + IP_B + 2xyIK\varepsilon_3 + xIK(P_A + D_A I_0 - C_A) + 2xyIKLR_{AB}$$

$$+yIK(P_B+D_BI_0-C_B)-(x+y)LIKR-I(xP_A+yP_B) \quad (5\text{-}17)$$

同理可得政府的策略复制动态方程，即

$$F(Z)=\mathrm{d}Z/\mathrm{d}t=c(E(Z_1)-E(Z))$$
$$=c(1-c)((x+y)KI\varepsilon_1+(x+y)LKR_G-(2-x-y)I\varepsilon_2-G_1) \quad (5\text{-}18)$$

构建雅可比矩阵如下：

$$\begin{bmatrix} (1-2x)(KP_A+cK\varepsilon_1+c\varepsilon_2+Ky\varepsilon_3 \\ -KC_A+KD_AI_0-KLR+cLKR_G \\ +yLKR_{AB}-P_A) & x(1-x)(K\varepsilon_3+KLR_{AB}) & x(1-x)(K\varepsilon_1+KLR_G+\varepsilon_2) \\ \\ y(1-y)(K\varepsilon_3+KLR_{AB}) & \begin{matrix}(1-2y)(KP_B+KD_BI_0-KC_B \\ +cK\varepsilon_1+Kx\varepsilon_3-KLR+cKLR_G \\ +xKLR_{AB}-P_B+c\varepsilon_2)\end{matrix} & y(1-y)(K\varepsilon_1+KLR_G+\varepsilon_2) \\ \\ c(1-c)(KI\varepsilon_1+LKR_G+I\varepsilon_2) & c(1-c)(KI\varepsilon_1+LKR_G+I\varepsilon_2) & \begin{matrix}(1-2c)((x+y)KI\varepsilon_1-G_1 \\ +(x+y)LKR_G-(2-x-y)I\varepsilon_2)\end{matrix} \end{bmatrix}$$

进而求得系统均衡点及特征值，如表 5-7 所示。

表 5-7 系统均衡点及特征值

均衡点	特征值		
	λ_1	λ_2	λ_3
$E_1(0,0,0)$	$K(P_A+D_AI_0-C_A-LR)-P_A$	$K(P_B+D_BI_0-C_B-LR)-P_B$	$-G_1-2\varepsilon_2$
$E_2(0,0,1)$	$K(P_A+\varepsilon_1+D_AI_0-C_A-LR+LR_G)-P_A+\varepsilon_2$	$K(P_B+D_BI_0+\varepsilon_1-C_B-LR+LKR_G)-P_B+\varepsilon_2$	$2\varepsilon_2+G_1$
$E_3(0,1,0)$	$K(P_A+\varepsilon_3+D_AI_0-C_A-LR+LR_{AB})-P_A$	$-(K(P_B+D_BI_0-C_B-LR)-P_B)$	$KI\varepsilon_1-G_1+LKR_G-I\varepsilon_2$
$E_4(0,1,1)$	$K(P_A+\varepsilon_1+\varepsilon_3+D_AI_0-C_A-LR+LR_{AB}+LKR_G)-P_A+\varepsilon_2$	$-(K(P_B+D_BI_0+\varepsilon_1-C_B-LR+LKR_G)-P_B+\varepsilon_2)$	$-(KI\varepsilon_1-G_1+LKR_G-I\varepsilon_2)$
$E_5(1,0,0)$	$-(K(P_A+D_AI_0-C_A-LR)-P_A)$	$K(P_B+D_BI_0+\varepsilon_3-C_B-LR+LR_{AB})-P_B$	$KI\varepsilon_1-G_1+LKR_G-I\varepsilon_2$
$E_6(1,0,1)$	$-(K(P_A+\varepsilon_1+D_AI_0-C_A-LR+LR_G)-P_A+\varepsilon_2)$	$K(P_B+D_BI_0+\varepsilon_1+\varepsilon_3-C_B-LR+LR_{AB}+LR_G)-P_B+\varepsilon_2$	$-(KI\varepsilon_1-G_1+LKR_G-I\varepsilon_2)$
$E_7(1,1,0)$	$-(K(P_A+\varepsilon_3+D_AI_0-C_A-LR+yLR_{AB})-P_A)$	$-(K(P_B+D_BI_0+\varepsilon_3-C_B-LR+LR_{AB})-P_B)$	$2KI\varepsilon_1-G_1+2LKR_G$
$E_8(1,1,1)$	$-(K(P_A+\varepsilon_1+\varepsilon_3+D_AI_0-C_A-LR+LR_{AB}+LKR_G)-P_A+\varepsilon_2)$	$-(K(P_B+D_BI_0+\varepsilon_1+\varepsilon_3-C_B-LR+LR_{AB}+LR_G)-P_B+\varepsilon_2)$	$-(2KI\varepsilon_1-G_1+2LKR_G)$

根据表 5-7 对均衡点分析如下，为了方便分析不同均衡点所对应特征值的符号，且不失一般性，假设

$$-(K(P_A + \varepsilon_1 + \varepsilon_3 + D_A I_0 - C_A - LR + LR_{AB} + LR_G) - P_A + \varepsilon_2) < 0$$

$$-(K(P_B + D_B I_0 + \varepsilon_1 + \varepsilon_3 - C_B - LR + LR_{AB} + LR_G) - P_B + \varepsilon_2) < 0$$

$$-(2KI\varepsilon_1 - G_1 + 2LKR_G) < 0$$

即 A 企业选择集成，B 企业选择集成，政府进行介入这三个条件下的净收益大于不进行集成的企业收益。由于模型中参数很多且比较复杂，所以我们分三种情形对演化博弈稳定策略进行讨论。

情形一：若 $KD_A I_0 - KC_A + KP_A - KLR > P_A$，$KI\varepsilon_1 + LKIR_G > I\varepsilon_2 - G_1$，$KD_B I_0 - KLR - KC_B + KP_B > P_B$，即在集成资源深度的概率为 K 的情况下，其信息化带来的收益比集成的损失风险多，且政府介入的情况下带来的收益大于惩罚。由表 5-8 可以看出，均衡点 $E_8(1,1,1)$ 所对应的雅可比矩阵的特征值都是非正的，其对应的演化策略是（集成，集成，介入）。

情形二：若 $KD_A I_0 - KC_A + KP_A - KLR > P_A$，$KI\varepsilon_1 + LKIR_G < I\varepsilon_2 - G_1$，$KD_B I_0 - KLR - KC_B + KP_B > P_B$，即在集成资源深度的概率为 K 的情况下，其信息化带来的收益比集成的损失风险多，且政府介入的情况下带来的收益小于惩罚。由表 5-8 可以看出，均衡点 $E_8(1,1,1)$ 对应的雅可比矩阵的特征值都是非正的，其对应的演化策略是（集成，集成，介入）。

表 5-8 均衡点局部稳定性（情形一、二、三）

均衡点	情形一				情形二				情形三			
	λ_1	λ_2	λ_3	稳定性	λ_1	λ_2	λ_3	稳定性	λ_1	λ_2	λ_3	稳定性
E_1	+	+	−	非稳定点	+	+	−	非稳定点	−	−	−	ESS
E_2	+	+	+	非稳定点	+	+	+	非稳定点	−	−	+	非稳定点
E_3	+	−	+	非稳定点	+	−	+	非稳定点	−	−	+	非稳定点
E_4	+	−	−	非稳定点	+	−	−	非稳定点	+	+	−	非稳定点
E_5	−	+	+	非稳定点	−	+	+	非稳定点	−	+	+	非稳定点
E_6	−	+	−	非稳定点	−	+	−	非稳定点	−	+	−	非稳定点
E_7	−	−	+	非稳定点	−	−	+	非稳定点	+	+	+	非稳定点
E_8	−	−	−	ESS	−	−	−	ESS	−	−	−	ESS

情形三：若 $KD_A I_0 - KC_A + K\varepsilon_1 - P_A < KLR - LKR_G - \varepsilon_2 - KP_A$，$KD_A I_0 - KC_A + K\varepsilon_3 - P_A < KLR - LKR_{AB} - KP_A$，$KI\varepsilon_1 - G_1 + LKR_G < I\varepsilon_2$，即企业在进行集成和信息化的过程中，资源的损失风险大于企业参与集成得来的惩罚和奖赏，同时资源的损失风险大于企业参与集成带来的直接附加收益，但是资源的损失风险小于企

业集成带来的惩罚奖赏和直接附加收益。由表 5-8 可以看出，均衡点 $E_1(0,0,0)$、$E_8(1,1,1)$ 对应的雅可比矩阵的特征值都是非正的，其对应的演化策略是（不集成，不集成，不介入）、（集成，集成，介入）。

5.1.3 云制造联盟创新生态系统创新资源集成模型仿真分析

1. 生产制造型企业创新资源集成模型仿真分析

（1）初始化演化博弈模型数据。不同的参数取值变化会对整个演化博弈产生不同程度的影响，这些参数大多从逻辑计算或者实例推算而得到。在仿真过程中固定了大部分参数的初始值，对其余参数进行赋值，通过图像变化，推理出参数对演化结果的影响。

我们假设政府介入成本 G_1 为 0.5；若 A 企业和 B 企业进行云制造资源集成，由于接入先进技术，其信息化成本分别为 1 和 2。政府收益为 A 企业和 B 企业的税费，税率为 0.3，提高信息化程度从而达到接入云制造平台的水平，A 企业信息化程度提升程度 D_A 为 2，信息化程度对应得到收益 I_0 为 0.6，B 企业信息化程度提升程度为 4，信息化程度对应收益 I_0 也为 0.6。若 A 企业和 B 企业同时进行资源集成，由于相互配合，生产效率提升，增加收益为 3。政府选择介入后，会对选择资源集成的企业进行激励，使它们的收益增加 ε_1 为 0.75，而对于政府介入下不选择资源集成的企业，由于新信息技术的压力，它们的收益损失 ε_2 为 1.5。

（2）企业初始集成概率对演化结果的影响。如图 5-1 所示，我们分别将 A 企业、B 企业、政府进行（集成，集成，介入）决策的概率分别设置为 $x=y=c=0.3$，$x=y=c=0.5$，$x=y=c=0.7$，以 i 代替 x、j 代替 y、m 代替 c 来观察企业以及政府的利益变化。通过图 5-1 可以看出，当其余参数固定的情况下，A 和 B 两个企业以及政府的演化趋势受初始概率的影响较为显著，当初始的共享概率逐渐增加的情况下，企业以及政府的收益都会增加。若初始概率均为 0.3 时，政府的收益会出现波动，即政府在云制造集成发展不好的情况下，其会选择不介入，但是随着初始概率的增加，政府的收益增加呈曲线上升趋势，也就是证明在云制造发展明朗的情况下，政府的介入可以提高企业收益以及政府收益。其实云制造环境下的资源集成也存在从众心理，当企业利益得到提升，那么更多企业就会进入云平台。

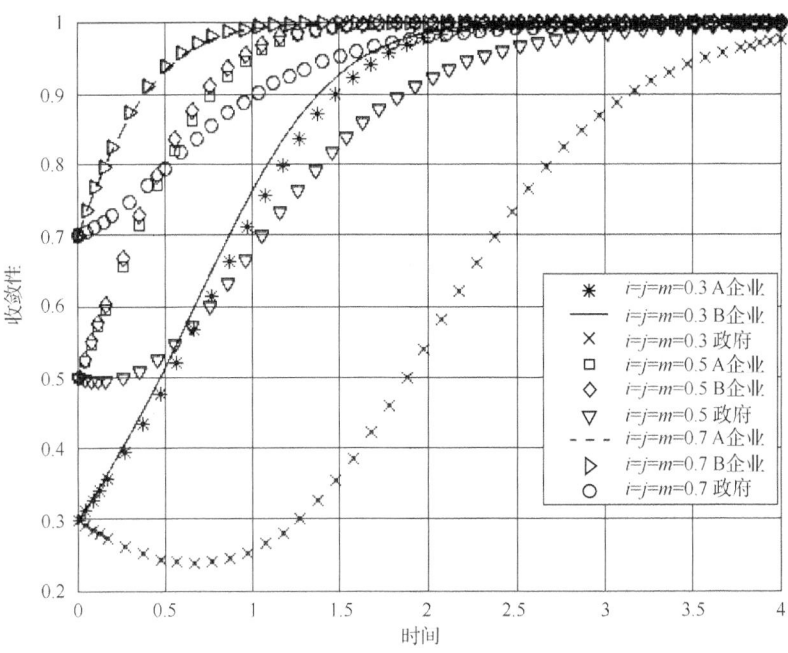

图 5-1　生产制造型企业初始集成概率对于演化结果的影响

（3）企业信息化程度对演化结果的影响。如图 5-2 和图 5-3 所示，将企业的

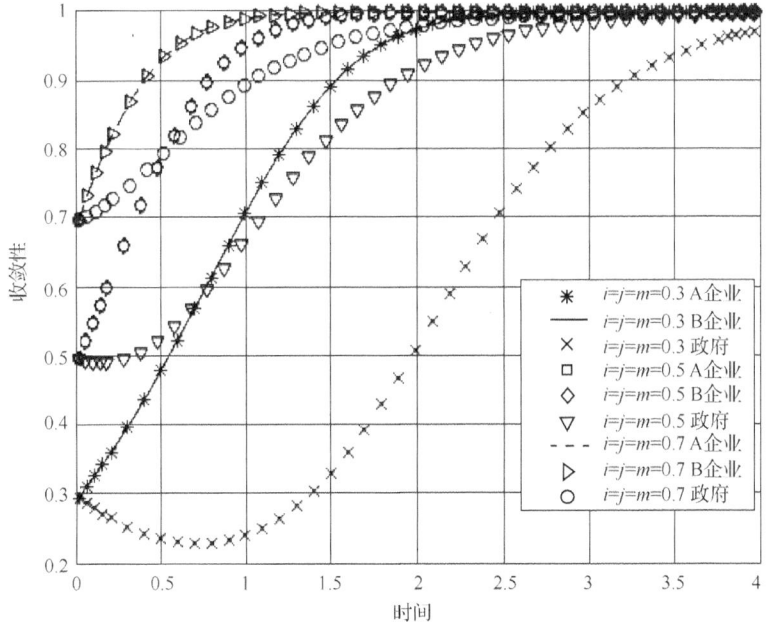

图 5-2　生产制造型企业信息化程度相同情况下的演化图

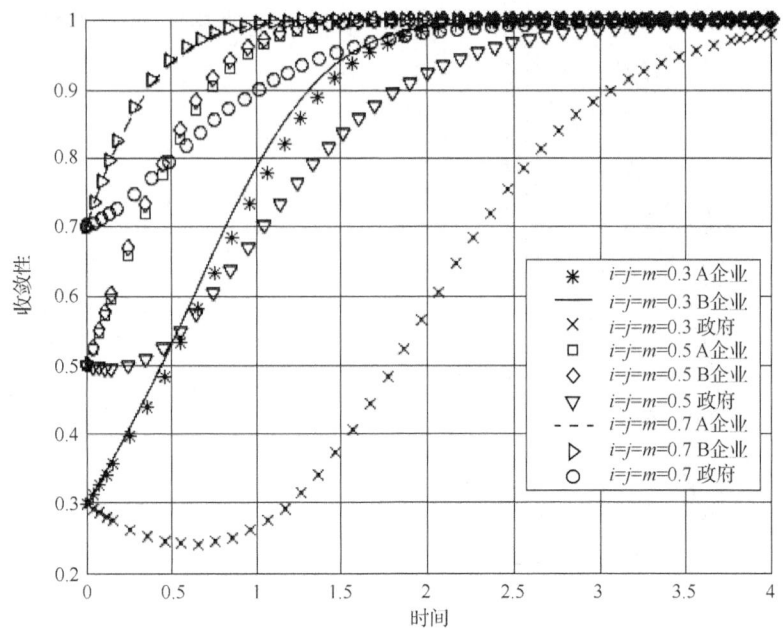

图 5-3 生产制造型企业信息化程度不相同情况下的演化图

信息化程度进行改变，将其余参数都进行固定。从图 5-2 中可以看出，当 A 企业和 B 企业的信息化程度相同的情况，那么在演化过程中其利益曲线变化是重合的。当依照原先的设定，如图 5-3 所示，B 企业的信息化程度高于 A 企业的情况下，其对应的图像显示，信息化程度较高的 B 企业，在利益的提升过程中曲线的收敛速度会更快。由此可以发现，信息化程度较高的企业在进行云制造环境下的资源集成中，得到的利益相比信息化程度较低的企业会更高。由此可以发现，信息化在企业发展过程中的作用是很大的，企业通过提高信息化程度推进信息化建设，增强网络化，促进自身发展。

2. 生产服务型企业创新资源集成模型仿真分析

（1）初始化演化博弈模型数据。我们假设政府介入成本 G_1 为 0.5，企业原始收益为 3。若 A 企业和 B 企业进行云制造资源集成，由于接入先进技术，其信息化成本分别为 1 和 2。政府收益为 A 企业和 B 企业的税费，税率为 0.3，提高信息化程度从而达到接入云制造平台的水平，A 企业信息化程度提升程度 D_A 为 2，信息化程度对应得到收益 I_0 为 0.6，B 企业信息化程度提升 4，信息化程度对应收

益 I_0 也为 0.6。若 A 企业和 B 企业同时进行资源集成,由于相互配合,生产效率提升,额外收益为 3。政府选择介入后,会对选择集成的企业进行激励,使它们的收益增加 ε_1 为 0.75,而对于政府介入下选择不集成的企业,由于新信息技术的压力,它们的收益会损失 ε_2 为 1.5。软制造资源在集成过程中的损失系数 R 为 0.5,而损失系数对应的费用 L 为 2,政府介入可以降低的损失系数 R_G 为 0.1,两个企业共同参与集成可以降低损失系数 R_{AB} 为 0.2。

(2)政府是否介入对演化结果的影响。由于要探讨政府是否介入对演化的影响,选择不同集成资源深度的概率,然后将政府是否介入的概率分别设置为 0.5 和 0,就会得到图 5-4 和图 5-5。观察图 5-4 和图 5-5,通过对应线条的对比可以看出,图 5-4 比图 5-5 线条趋近 1 的速度快,也就说明,政府的介入加速了企业选择集成的决策,可以证明政府介入增加了企业的收益。这就说明,生产服务型企业在进行云制造环境下的资源共享时,会受到政府是否介入的影响,并且随着介入概率的不断增加,收益会增加,所以政府会选择介入决策,而企业均会选择共享决策。

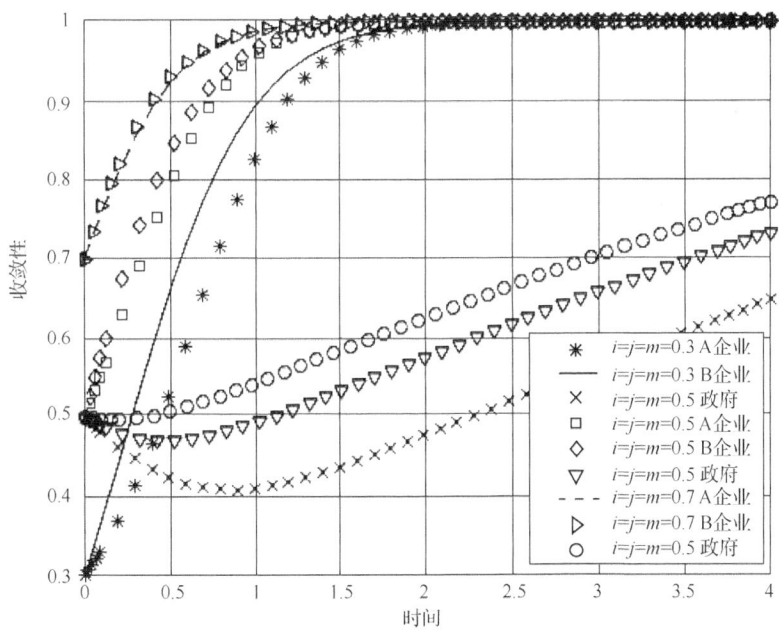

图 5-4 生产服务型企业政府介入情况下的演化图

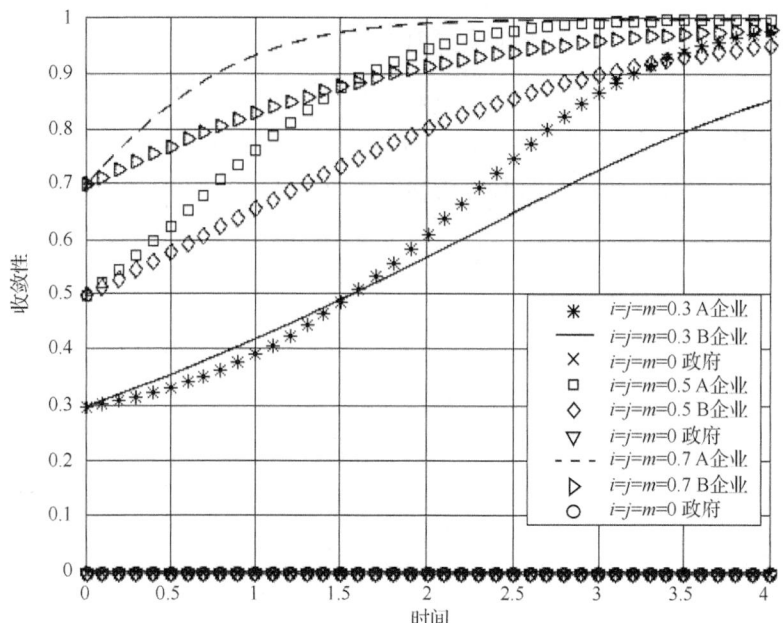

图 5-5　生产服务型企业政府不介入情况下的演化图

（3）集成风险系数对演化结果的影响。我们将除集成风险系数 R 外的所有参数都固定下来。取集成资源深度的概率 $K=0.8$，收益损失 $L=4$，集成风险系数分别为 $R=0.2$，$R=0.5$，$R=0.9$，（集成，集成，介入）策略的概率为(0.5,0.5,0.5)，由于技术流失带来的损失对应集成风险系数为2。观察图 5-6 的生产服务型企业集成风险系数不相同情况下的演化图，可以看出，在集成的过程中，由于 A 企业和 B 企业的所有状况都相同，所以同种损失风险下的图像是重合的。不同的集成风险系数下，很明显系数越高经过演化后产生的收益会越低，并且当风险系数增加到 0.9 时，企业就会受收益损失的影响选择不集成，政府也会选择不介入。这就说明，生产服务型企业在进行云制造环境下的资源集成时，会受到集成风险系数的影响，并且随着风险的不断增加，收益会降低。

（4）企业选择集成资源深度的概率对演化结果的影响。我们将除集成资源深度的概率 K 外的所有参数都固定下来。取损失风险系数为 $R=0.5$，集成资源深度的概率分别为 $K=0.8$，$K=0.9$，$K=1$，（集成，集成，介入）策略的概率为(0.5,0.5,0.5)，技术流失带来的损失对应集成风险系数为2。观察图 5-7 的生产服务型企业集成资源深度的概率不相同情况下的演化图，可以看出，随着深度的不断提升，企业和政府的收益都会出现增加的趋势，在最终的收益中，集成资源深度的概率越大对应的收益越大。这就说明，生产服务型企业在进行云制造环境下的资源集成时，会受到集成资源深度的概率的影响，并且随着深度的不断增加，收益会增加，当深度增加到一定的程度后，生产服务型企业就会选择集成的策略。

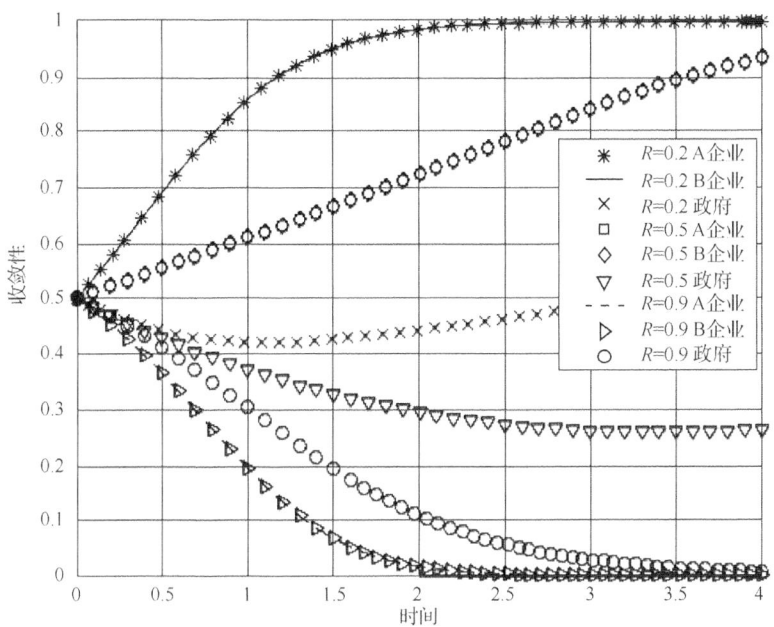

图 5-6　生产服务型企业集成风险系数不相同情况下的演化图

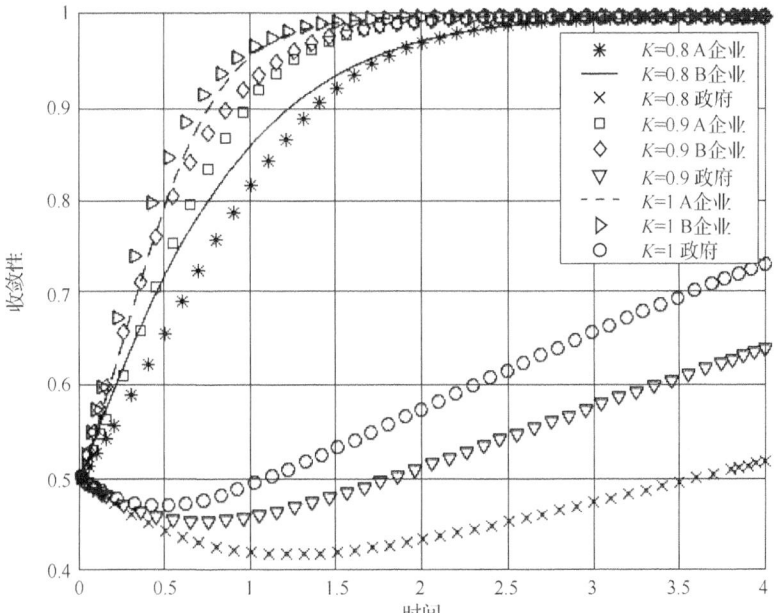

图 5-7　生产服务型企业集成资源深度的概率不相同情况下的演化图

（5）企业初始集成比例对演化结果的影响。如图 5-8 所示，我们将 A 企业、B 企业、政府进行（集成，集成，介入）决策的概率分别设置为 $x=y=c=0.3$，$x=y=c=0.5$，$x=y=c=0.7$，观察企业以及政府的利益变化。通过图 5-8 可以看出，当其余参数固定的情况下，A 和 B 两个企业以及政府的演化趋势受初始概率的影响较为显著，当初始的集成概率逐渐增加时，企业以及政府的收益都会增加。若初始概率均为 0.3 时，政府的收益会出现波动，即政府在资源集成发展不好的情况下，其会选择不介入，但是随着初始概率的增加，政府的收益增加呈曲线上升趋势，也就说明在云制造发展明朗的情况下，政府的介入可以提高企业收益以及政府收益。根据演化博弈理论，企业联盟内单个企业选择集成制造资源的概率与联盟内其他企业选择集成制造资源的概率是成正比的。因此，一个企业是否参与资源集成，受到该行业内大多数企业是否参与的影响，尤其是行业内生产技术优势较高的企业在构建企业联盟时，利用云制造平台进行资源共享，这种引导作用会使其他企业趋之若鹜，进而形成行业规则，也就是使很多企业产生了从众心理，当企业利益得到提升，那么更多企业就会进入云平台。同时我们可以得出，作为制造型企业，在云制造的浪潮下应该积极参与，提升共享意愿，提高自身信息化程度。但是风险管理很重要，政府需要介入并且加大调控力度，降低共

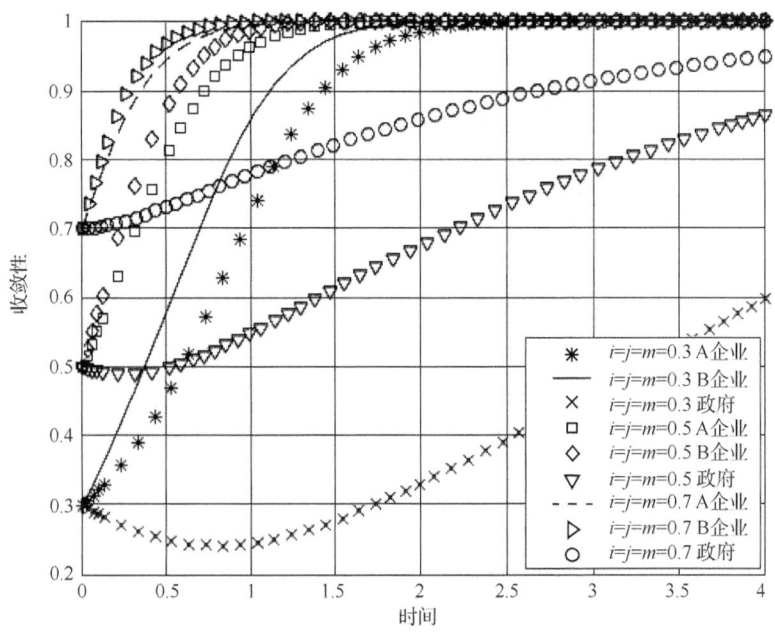

图 5-8 生产服务型企业初始资源集成概率不相同情况下的演化图

享风险，这样就可以提高制造企业对于云制造环境下资源集成的参与度，从而达到企业之间以及政府的利益最大化。

（6）企业信息化程度对演化结果的影响。如图 5-9 和图 5-10 所示，我们将企业的信息化程度进行改变，其余参数进行固定，在三个集成概率的情况下，图像都显示出同样的状况，并且两个图进行对比，信息化程度对于云制造环境下企业资源集成会产生影响。从图 5-9 中可以看出，当 A 企业和 B 企业的信息化程度相同的情况下，在演化过程中其利益曲线变化是重合的。当依照原先的设定下，如图 5-10 所示，B 企业的信息化程度高于 A 企业的情况，其对应的图像显示，信息化程度较高的 B 企业，在利益的提升过程中曲线的收敛速度会更快。由此可以发现，在云制造环境下的生产服务型企业，信息化程度较高的企业在进行云制造环境下的资源集成中，得到的利益相比信息化程度较低的企业会更高。由此可以发现，信息化在企业发展过程中发挥着巨大的作用。

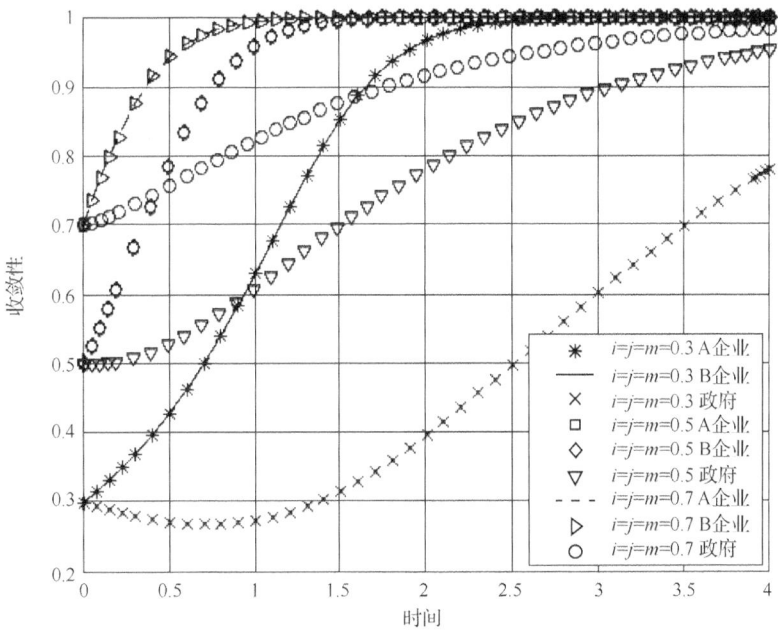

图 5-9　生产服务型企业信息化程度相同情况下的演化图

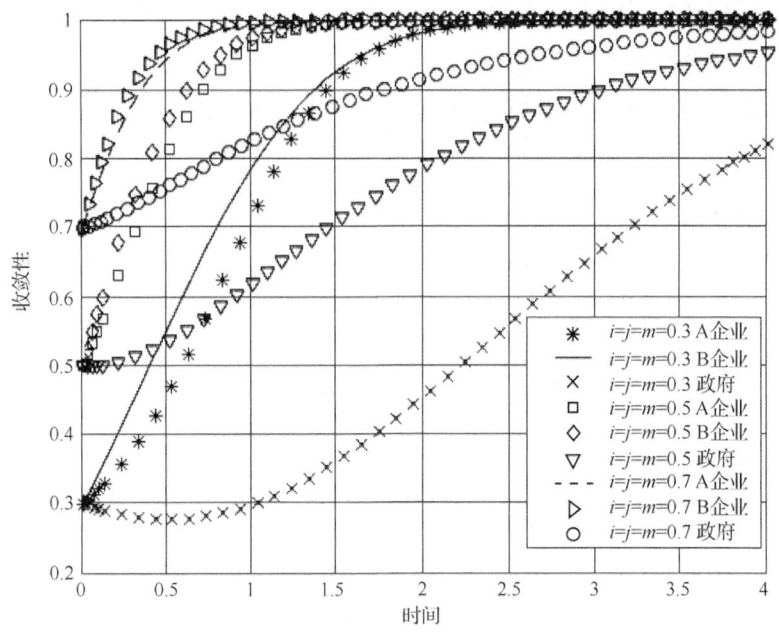

图 5-10　生产服务型企业信息化程度不相同情况下的演化图

3. 对策及建议

通过上述两个实验，我们可以根据以上结论对演化博弈相关方提出建议。接入云制造平台这个过程，有类似于羊群效应的模式在其中。对生产制造型企业和生产服务型企业而言，面临的环境中不集成企业多的情况下，它们就会大概率选择不集成，而当企业接触的集成企业多的情况下，那么企业大概率选择集成。所以我们要在企业的发展过程中，尽量减少与不集成企业的接触，这样就可以使企业的发展演化能够朝着有利的方向发展。联盟中企业的集成比例也会对个体企业的决策产生影响，所以在企业联盟中，生产制造资源的龙头企业应当具有领头作用，在其带领之下渐渐形成行业的默认规则。接入云制造平台的成本尽管会对演化结果产生影响，但是其不会阻碍云制造的发展，而应该成为发展云制造的优势表现出来。在发展过程中，云制造行业内应当形成接入规则，统一接入技术、接入标准，这样就可以减少接入的费用，从而提高云制造中成本和效率的转化率，使更多企业接入云制造平台，加速规则的产生。

企业资源集成深度的概率和自身信息化程度对于共享资源是非常重要的。在进行资源共享过程中，政府应该介入，并加大调控监管力度，提高风险管理，这样可以有效降低集成风险，从而增加各参与主体的集成意愿，实现利益最大化。

5.2 云制造联盟创新生态系统服务组合机制

5.2.1 云制造联盟创新生态系统服务组合原则

在云制造联盟创新生态系统中，成员的各种资源分布是不均匀的，呈现出动态、不确定的变化。因此，云制造联盟创新生态系统服务组合旨在用户（需求者）需求不确定、动态的环境下，为其提供一种按需使用和释放的资源服务，进而满足不同需求者的各种需求。

（1）组合成本与服务质量平衡。云制造联盟创新生态系统在进行服务组合时既要考虑联盟组合成本，又要顾及服务组合的服务质量，所以云制造联盟创新生态系统服务组合要满足组合成本与质量平衡的原则。

（2）可组合性。可组合是指云制造联盟创新生态系统不同成员的不同数据资源之间无格式、语义等差异，可以形成不同类型的组合方案。

（3）可用性。可用性是某一服务资源在云制造联盟创新生态系统向需求者提供服务时能够保证正常使用与调度。

（4）可靠性。可靠性是指云制造联盟创新生态系统不同组合的服务在一定的时间内必须保证能够提供可靠与稳定的性能服务。

（5）智能灵活性。智能灵活性是指云制造联盟创新生态系统在组合来自不同成员提供的服务时，根据需求者的需求智能灵活地选择最优的服务进行组合。

5.2.2 云制造联盟创新生态系统服务组合体系结构及流程

1. 云制造联盟创新生态系统服务组合体系结构

本书基于用户需求的视角，运用 Agent 智能和交互的特点，构建了基于多 Agent 的云制造联盟创新生态系统服务组合体系结构。为了提供给用户最佳的智能优质服务，将 Agent 部署在云制造联盟创新生态系统的各个服务节点。每一个 Agent 负责自己所属的云服务节点，并且管理该节点的全部数据资源。为了更好地满足用户对服务的请求，云制造联盟创新生态系统的每一个成员所能提供的各种不同的服务会被封装成最小单位的原子服务 Agent，以达到云制造联盟创新生态系统服务的智能调用与组合。基于多 Agent 的云制造联盟创新生态系统服务组合体系结构主要包括云用户 Agent（cloud consumer agent，CCA）、服务代理 Agent、服务提供者 Agent（server provider agent，SPA）、服务管理 Agent（server management agent，SMA）和三种基本的服务库，即服务本体库、服务组合库和服务代理库，如图 5-11 所示。

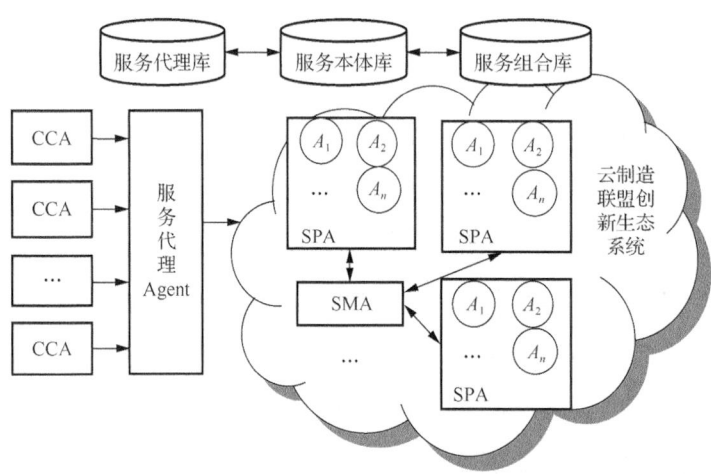

图 5-11　基于 Agent 的云制造联盟创新生态系统服务组合体系结构

（1）四种云用户 Agent。CCA 主要负责根据用户对服务的请求智能生成服务组合需求任务，然后将信息传递给服务代理 Agent 进行交互。服务代理 Agent 主要负责将用户的请求任务传递给云制造联盟创新生态系统，实现了用户与云制造联盟创新生态系统服务提供者之间的通信，并且智能地筛选满足用户的最优组合方案，实时智能地更新服务代理库。SMA 主要负责接收和分解服务代理传递需求任务，并且根据一定的规则生成相应的服务组合方案，进而更新组合库。SPA 负责管理云制造联盟创新生态系统服务提供者的各种资源，更新服务本体库信息。

（2）三种基本服务库。本体库主要存储云制造联盟创新生态系统中已注册的服务提供商的基本服务信息及相关原子服务信息等；服务组合库主要存储各种服务组合方案的集合。数据资源服务代理库存储用户的各种服务请求信息，各 Agent 的基本服务信息、服务状况、服务可用性、服务的可组合性等信息。三种基本服务库之间均采用 OWL-S 语言进行描述。

2. 云制造联盟创新生态系统服务组合流程

（1）用户 Agent 根据用户输入的请求参数自动生成用户 Agent 需求任务，然后在服务本体库中查询是否存在已注册的服务请求，若存在匹配的服务 Agent 则筛选最优的服务，并且调用提供该服务的 Agent 接口，将其与服务代理 Agent 进行交互，然后执行具体的服务给用户。

（2）若用户输入的服务请求在服务本体库中未查到，则判断该任务属于多任务组合问题，需要 SMA 对需求任务进行分解。在服务组合库中搜索满足需求的组合方案，若匹配成功，筛选最优的组合方案，返回服务组合方案。

（3）若匹配不成功，服务提供 Agent 就会自动将符合的服务提供到 SMA 中，根据用户的需求自动生成服务组合集合，然后对服务组合库进行更新。筛选出最优服务组合方案，将调用接口提供给服务代理 Agent 执行具体的服务方案给用户。云制造联盟创新生态系统服务组合流程如图 5-12 所示。

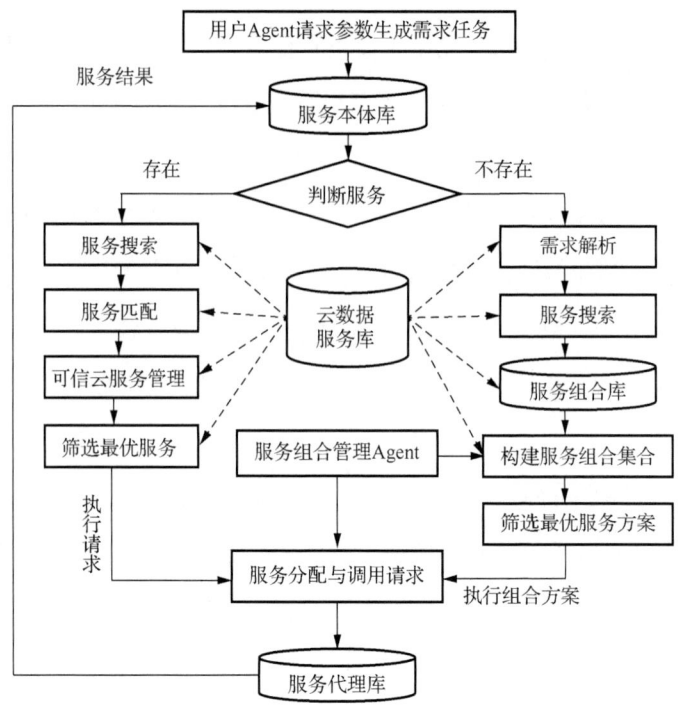

图 5-12　云制造联盟创新生态系统服务组合流程图

5.2.3　云制造联盟创新生态系统服务组合优选

云制造联盟创新生态系统服务组合方案优选的目的是根据需求者（联盟成员或联盟外用户）的需求选取一组组合方案，该方案能够满足用户服务质量（quality of service，QoS）最佳和系统效益最大化、构建多任务的云制造联盟创新生态系统服务组合优选模型，并采用量子多目标进化算法对该模型进行求解。

1. 模型描述

云制造联盟创新生态系统服务组合优选问题形式化可以描述如下：

（1）云制造联盟创新生态系统服务描述。云制造联盟创新生态系统结构可以看作是多个云服务提供商（cloud server provider agent，CSPA）组成的集合，即 MCCF = $\{CSPA_1, CSPA_2, \cdots, CSPA_n\}$。在云联盟中，每一个云成员 Agent 都具有提供一定服务的能力（resource server），即 RS = $\{s_1, s_2, \cdots, s_m\}$，其中 s_i 表示一种服务能力，它可以是计算能力、存储能力、传输能力、分析能力、处理能力等。s_{ij} 表

示第 j 个云服务提供商所能提供的第 i 种服务能力，其中 $i=1,2,\cdots,m$，$j=1,2,\cdots,n$。

（2）QoS 描述。首先从用户角度考虑，满足用户 QoS 最佳寻求最优服务组合方案。$q_u(s_{ij})$ 表示系统中的任意云服务提供商 s_{ij} 所能提供的某种服务维度的 QoS 水平。其中，s_{ij} 所能提供的整体 QoS 水平可以表示为 $Q(s_{ij})=\{q_1(s_{ij}), q_2(s_{ij}),\cdots, q_u(s_{ij})\}$，$q_u$ 一般表示服务的时间、成本、数量、质量、可用性、可靠性等，其中，$u=1,2,\cdots,U$。$q_u(T_w)$ 表示云系统的任意服务任务请求 T_w 给定的某种维度的 QoS 约束。云用户的每一任务 T_w 均需要一定的服务能力 $Q(T_w)=\{q_1(T_w), q_2(T_w),\cdots, q_u(T_w)\}$ 组合去完成任务，其中，$w=1,2,\cdots,t$。

（3）云制造联盟创新生态系统效用函数描述。在考虑云用户 QoS 最佳的同时，考虑了整体利益最大化，从两方面寻找最优服务组合方案。采用云制造联盟创新生态系统效用函数来表示完成任务 T_w 可以获得效用 V_w，$V_w=P(T_w)-F(T_w)-C(T_w)$，$P(T_w)$ 是完成任务 T_w 所获得的相应利益，$P(T_w)$ 是指完成任务 T_w 所需的服务成本，$C(T_w)$ 是指完成任务 T_w 的通信开销。

2. 模型构建

多任务云制造联盟创新生态系统服务组合问题理解为对于云任务集合 T_w，寻找 w 个最优组合方案，在保证云用户 QoS 的前提下，考虑了整体利益尽可能实现最大化，构建了如下多目标优化组合模型：

$$\max \sum_{w=1}^{t} \overline{Q}(\text{RS}_w) \tag{5-19}$$

$$\max \sum_{w=1}^{t} V_w \tag{5-20}$$

$$\text{s.t.} \begin{cases} \overline{Q}(\text{RS}_w) \geq \overline{Q}(T_w) \\ \overline{Q}(\text{RS}_w) = f_{\text{SAW}}\left(Q(\text{DRS}_w)\right) \\ \overline{Q}(T_w) = f_{\text{SAW}}\left(Q(T_w)\right) \end{cases} \tag{5-21}$$

式（5-19）表示从云用户的角度考虑，执行用户的 w 个任务请求的 w 个组合服务总体 QoS 值最佳的目标函数。式（5-20）表示从系统整体效益考虑，执行用户的 w 个任务所获得整体效益最佳构建的目标函数。式（5-21）分别表示整体 QoS 值不小于完成任务所需的整体 QoS 值和基于简单加权（simple additive weighting, SAW）法的 QoS 值标定。

3. 模型求解

一般针对多目标求解问题传统的解决方案是将其转化为单目标求解问题，模糊评价法、分层优化方法等被广泛应用。但是考虑到云制造联盟创新生态系统多任务问题的复杂性，即多个组合方案的存在以及个体服务能力拆分与组合的任意性，都使问题产生很多不同可能的解，若采用一般方法在有限的时间内是很难找到最优解或者次优解的。进化算法是一种模拟自然进化过程的随机优化方法，大量研究成果表明进化算法较适合求解多目标优化问题。由于量子计算收敛快、搜索能力强，一些学者将量子计算与多目标进化算法相结合，形成量子多目标进化算法（quantum-inspired multi-objective evolutionary algorithms, QMEA）。因此，采用量子多目标进化算法对云制造联盟创新生态系统服务组合问题进行求解。

考虑到云制造联盟创新生态系统服务组合方案的实际生成问题与一般的多目标函数优化不同，采用了量子比特幅编码的染色体如式（5-22），然后对概率幅编码的染色体进行"测量"，进而获得一个确定的由二进制表示的解。该解实质上对应着任务的一种分配方案，如式（5-23）所示，即每个任务由某几个候选云服务集组合完成，生成组合方案 C。其中 u 表示量子比特幅编码的染色体基因个数，相当于任务的个数。假设云制造联盟创新生态系统中可以执行某个具体任务的候选成员数据为 v，则 $k=\lceil \log_2 v \rceil$，k 向上取整。α、β 称为一个量子比特的概率幅，且 $|\alpha|^2+|\beta|^2=1$。通过这种量子编码映射方式去解决面向多任务的云制造联盟创新生态系统服务组合问题，所得到的确定解代表了一种任务分配和服务组合方案。

$$p_i' = \begin{pmatrix} \alpha_{11}' & \alpha_{12}' & \cdots & \alpha_{1l}' & \alpha_{21}' & \alpha_{22}' & \cdots & \alpha_{2l}' & \cdots & \alpha_{u1}' & \alpha_{u2}' & \cdots & \alpha_{ul}' \\ \beta_{11}' & \beta_{12}' & \cdots & \beta_{1l}' & \beta_{21}' & \beta_{22}' & \cdots & \beta_{2l}' & \cdots & \beta_{u1}' & \beta_{u2}' & \cdots & \beta_{ul}' \end{pmatrix} \quad (5\text{-}22)$$

$$p_i^j = \begin{pmatrix} \underbrace{\alpha_{11}' \; \alpha_{12}' \; \cdots \; \alpha_{1l}'}_{K_1 K_2 \cdots K_{l1}} & \underbrace{\alpha_{21}' \; \alpha_{22}' \; \cdots \; \alpha_{2l}'}_{K_1 K_2 \cdots K_{l2}} & \cdots & \underbrace{\alpha_{u1}' \; \alpha_{u2}' \; \cdots \; \alpha_{ul}'}_{K_1 K_2 \cdots K_{lu}} \\ \beta_{11}' \; \beta_{12}' \; \cdots \; \beta_{1l}' & \beta_{21}' \; \beta_{22}' \; \cdots \; \beta_{2l}' & \cdots & \beta_{u1}' \; \beta_{u2}' \; \cdots \; \beta_{ul}' \\ \Downarrow & \Downarrow & & \Downarrow \\ C_x & C_y & & C_z \end{pmatrix} \quad (5\text{-}23)$$

具体求解步骤如下：

（1）初始化种群 $Q(t)$ 及设定相关参数。设定最大进化次数 Maxgen，$(\alpha_i, \beta_i) = \left(\dfrac{1}{\sqrt{2}}, \dfrac{1}{\sqrt{2}}\right)$。

（2）按照二进制竞赛选择，从种群中选出个体用量子旋转门 $U(\theta)$ 更新；量子门更新策略：构造量子门是量子多目标进化算法的主要问题，因为它直接影响量子多目标进化算法性能的好坏。传统的量子遗传算法中采用量子旋转门，即 $U = \begin{bmatrix} \cos\theta & -\sin\theta \\ \sin\theta & \cos\theta \end{bmatrix}$，$\theta$ 为旋转角度。由于传统的旋转门操作不改变相应基因位的值收敛为 1 或者 0 的情况，易产生早熟现象，故采用进化方程自动调整量子门更新策略。

（3）对更新的个体进行量子变异操作。为了避免算法陷入局部最优解，采用量子变异算子来改善其性能，使其尽可能地搜索到整体目标空间，随着种群中的个体不断进化，不断减少参与变异的个体数目，变异概率 P 如式（5-24）所示，Currentgen 表示当前运行次数。

$$P = 1 - \dfrac{\text{Currentgen}}{\text{Maxgen}} \tag{5-24}$$

（4）根据种群中各个个体的概率比特幅对每个个体进行测量，得到相应的一组确定解。

（5）用贪婪修正法修正 $P(t)$ 中的不可行解，然后对其进行评价。

（6）通过非支配排序和拥挤距离排序重建存档集合 $A(t)$，$A(t) \subseteq M_f(P(t) \cup A(t-1))$，生成目标解集 $O(t)$，其中 $O(t) \subseteq P(t) \cup A(t)$。

（7）通过量子门更新 $O(t-1)$ 得到 $O(t)$。

（8）进行迭代循环 $t \leftarrow t+1$，重复步骤（2）～步骤（7），直到最大进化次数 Maxgen 终止，得到最优解 $O(t)$[8]。

5.3 本章小结

本章主要设计了云制造联盟创新生态系统循环机制，包括创新资源集成机制和服务组合机制。云制造联盟创新生态系统创新资源集成机制包含对创新资源集成的特征分析，整个过程的描述、假设、构建以及仿真分析，并提出相关建议；云制造联盟创新生态系统服务组合机制中首先确立了原则，接着对结构和流程进行分析，并构建多任务的云制造联盟创新生态系统服务组合优选模型，采用量子多目标进化算法对该模型进行求解。

参 考 文 献

[1] 夏德, Jimmy H. 面向过程的创新资源集成模式研究[J]. 科技管理研究, 2011, 31(23): 1-3, 8.

[2] 许春安, 李芳. 云制造环境下对称型企业制造资源共享演化博弈分析[J]. 计算机应用研究, 2019, 36(11): 3315-3320, 3324.

[3] 齐二石, 李天博, 刘亮, 等. 云制造环境下企业制造资源共享的演化博弈分析[J]. 运筹与管理, 2017, 26(2): 25-34.

[4] 任磊, 张霖, 张雅彬, 等. 云制造资源虚拟化研究[J]. 计算机集成制造系统, 2011, 17(3): 511-518.

[5] 张霖, 罗永亮, 陶飞, 等. 制造云构建关键技术研究[J]. 计算机集成制造系统, 2010, 16(11): 2510-2520.

[6] 杜百岗. 云制造环境下的建材装备企业制造资源共享与优化研究[D]. 武汉: 武汉理工大学, 2013.

[7] 宋华, 张彦. 生产服务型企业差异化服务能力对竞争优势的影响: 以钢铁行业为例[J]. 当代经济管理, 2011, 33(3): 23-29.

[8] 张影, 翟丽丽, 王京. 大数据背景下的云联盟数据资源服务组合模型[J]. 计算机集成制造系统, 2016, 22(12): 2920-2929.

第 6 章

云制造联盟创新生态系统平衡机制

6.1 云制造联盟创新生态系统生态位决策机制

6.1.1 云制造联盟创新生态系统生态位

生态位理论是生态学重要的基础理论之一,用来表示不同生物种群与生态环境相互作用的过程中所占据的相对地位。在云制造联盟创新生态系统中生态位用以表明云制造联盟创新生态系统中的活动主体在系统中所占据的创新资源空间。资源空间主要有三个维度:①活动主体占据资源的种类数量;②活动主体在生态系统中对每种资源的占有率;③被占有资源本身的稀缺程度。生态位可以体现云制造联盟创新生态系统环境下活动主体的生存能力,决定了活动主体的增长轨迹以及发展策略。

学者通常选择采用生态位理论研究云制造联盟创新生态系统内的活动主体。生态位理论体系中最常用的定量指标是生态位宽度、生态位重叠度,以及生态位"态势"。生态位宽度反映了活动主体在云制造联盟创新生态系统中所占据资源空间中的前两个维度:一是活动主体占据资源的种类数量;二是活动主体在生态系统中对每种资源的占有率。而生态位重叠度反映两个活动主体在环境因子方面的联系,表示不同活动主体资源需求结构的相似性[1]。如果两个活动主体之间存在较高的生态位重叠度,则这两个活动主体之间会因为争夺资源而产生竞争关系。资源的稀缺性越强这种竞争关系越激烈。生态位"态势"反映活动主体的增长属性,朱春全认为生态位的"态"是生物增长、学习累积结果的体现,生态位的"势"

是生物增长趋势与增长能力的体现[2]。

6.1.2 云制造联盟创新生态系统生态位特征值计算

主体的生态位宽度反映了该主体在云制造联盟创新生态系统中的生存能力。生态位宽度越大，则活动主体占据的资源越多，越容易与其他活动主体形成共生关系。同时，由于生态位宽度大的活动主体受到的促进作用较多，所以增长速率也较快。本书参考 Levin 公式计算技术种群的生态位宽度：

$$\mathrm{NW}_i = -\sum_{k=1}^{n} P_k \lg P_k \tag{6-1}$$

式中，NW_i 表示活动主体 i 的生态位宽度；n 表示活动主体 i 占据的资源种类数；P_k 表示活动主体 i 对云制造联盟创新生态系统内资源 k 的占有率。

参考 Pinaka 公式测量技术种群的生态位重叠度：

$$\mathrm{NO}_{ij} = \frac{\sum_{k=1}^{n} P_{ik} P_{jk}}{\sqrt{\sum_{k=1}^{n} P_{ik}^2 \sum_{k=1}^{n} P_{jk}^2}} \tag{6-2}$$

式中，NO_{ij} 表示活动主体 i 与活动主体 j 的生态位重叠度；P_{ik} 与 P_{jk} 分别表示活动主体 i 与活动主体 j 对创新资源 k 的利用率，含义与式（6-1）中的 P_k 相同；n 为活动主体 i 与 j 都占有的资源种类数。

参考朱春全对生物单元生态位"态势"测算方法，对于生态位"态势"进行量化研究，以每个活动主体的累积量或活动主体取得的创新成果数量表示生态位的"态"，以活动主体的增长速度或取得创新成果的速率表示生态位的"势"。

6.1.3 云制造联盟创新生态系统生态位决策模型

根据生态位宽度和生态位重叠度的"高"和"低"，将云制造联盟创新生态系统内的活动主体分为四个类型，如图6-1所示。

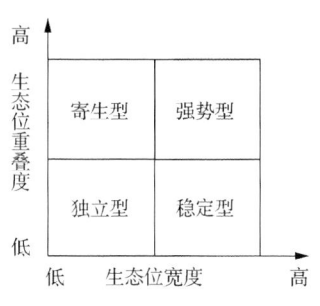

图 6-1 生态位分类图

第一,"寄生型活动主体"生态位特征为:①生态位宽度低,占据的资源有限。②生态位重叠度高,面临强外部竞争。"寄生型活动主体"往往处于云制造联盟创新生态系统生态链低端,市场基础小,缺乏辨识外部机遇的能力,同时缺少创新创造的能力。由于竞争能力弱,这类活动主体在云制造联盟创新生态系统内必须依附于其余的活动主体,争取合作机会。

第二,"强势型活动主体"生态位特征为:①生态位宽度高,占据的资源种类多。②生态位重叠度高,面临强外部竞争。但由于"强势型活动主体"占据充分的资源基础,有潜力在竞争中提升自己的地位,所以其不断地扩充地位占领市场。

第三,"独立型活动主体"生态位特征为:①生态位宽度低,占据的资源种类少。②生态位重叠度低,由于"独立型活动主体"资源稀缺性较强,所以面临的外部竞争较弱。在云制造联盟创新生态系统内"独立型活动主体"有着明确的活动范围,同时对外部环境变化保持敏感性,是该类活动主体生存的必要条件。

第四,"稳定型活动主体"生态位特征为:①生态位宽度高,占据的资源种类多。②生态位重叠度低,由于"稳定型活动主体"不仅占据充分的资源,而且在某一资源领域内占据主导地位,在云制造联盟创新生态系统内"稳定型活动主体"可以充分发挥资源优势,并开发新的服务市场。

6.2 云制造联盟创新生态系统利益分配机制

6.2.1 云制造联盟创新生态系统利益分配原则与方法

1. 云制造联盟创新生态系统利益分配原则

共生理论指出，共生能量的产生和分配是共生关系形成的核心环节，共生关系虽然体现出不同类型，但无论是寄生、互惠，还是偏利、偏害，其形成的根本原因还是要从能量入手[3]。云制造联盟创新生态系统中进行创新活动的主体主要有企业、大学（研究机构）、云制造平台等，在实现整体利益后，各创新主体将面临利益分配问题。收益分配合理，可以提高各创新主体的积极性，促进创新活动的顺利实施，但如果利益分配不合理，则会使创新主体利益受损，甚至导致合作关系破裂。云制造联盟创新生态系统的可分配利益主要体现在大学与企业之间的协同创新上，可分配的利益包括企业与大学之间协同创新的直接利益，也包括平台的间接收益。虽然云制造联盟创新生态系统中的主体合作不是以利益冲突为最终目的，但是利益分配不合理问题始终存在，各主体之间合作稳定性较差。博弈论方法已被广泛应用于多主体利益分配研究中[4]，研究对象被视为有限理性个体，在不确定和复杂的动态环境中，会根据自身收益情况选择和优化主体策略，以实现利益预期。基于上述，合理分配利益要遵照如下几个原则。

1）平等原则

平等原则是各创新主体建立合作关系的基础，是进行利益分配最基本的原则。在合作创新活动中，平等不仅仅代表着各创新主体的地位的平等，更重要的是在利益分配时的公平分配，企业合作最终目的就是实现自身利益最大化，如果合作双方不能基于平等原则，那么合作关系也无法保持长期稳定，更无法实现合作创新利益的最大化。

2）科学原则

在制定利益分配方法时，要选择科学合理的指标体系，建立一套科学合理的分配流程，使各主体实现自身利益最大化的同时不产生分歧。在协作创新过程中，各创新主体如果不能科学地分配应得的利益，就可能导致合作关系破裂，使创新活动难以顺利进行。因此，在制定具体利益分配方案时，要通过多方主体的充分协商，遵循以事实为依据，运用科学的方法最大限度地体现利益分配的合理性，满足各主体的需求，适当可以加入弹性分配方法，也可以按劳分配、按绩效分配等。

3）共赢原则

共赢是建立在合作共赢的基础上，即从事同一行业的双方或多方，在共同完成一项交易活动或共同完成一项工作时相互配合，才能在合作中获得自己满意的利益[5]。通过建立合作关系，共同开展创新活动，是创新主体之间进行合作创新的前提，从而达到各创新主体共赢的目标。对个体而言，共赢原则是指合作创新中每一创新主体在参与合作创新时所获得的利益不少于自己不参与合作创新时的收益。从实际意义上讲，共赢原则是指存在一个好的利益分配方案，不仅能够调动各创新主体的积极性，保持合作关系的稳定，而且还可以降低创新活动的风险，实现整体利益最大化。

2. 云制造联盟创新生态系统利益分配方法选择

当前研究创新主体之间利益分配主要是基于委托代理、契约等理论，贺一堂等[6]运用委托代理理论具体分析了不同分配方式对企业和研究机构的激励程度。张忠寿等[7]以委托代理理论为基础，提出了一种基于协同创新的科技金融生态系统二次利益分配机制。张瑜等[8]基于契约设计理论，对Shapley值进行优化，研究创新主体在合作过程中的利益协调问题。但是委托代理模型往往假定企业是委托人，大学（企业）是代理人，在实际中两者的关系却不是那么清晰，且云制造联盟创新生态系统的利益分配不仅是企业和大学之间，也应该考虑云制造平台的作用，属于多主体合作对策问题。演化博弈理论为研究云制造联盟创新生态系统提供了方法，清楚阐释了各个主体之间不断交互、持续动态的过程，以及各方获利的最合适比例。

6.2.2 云制造联盟创新生态系统利益分配模型

1. 假设

根据云制造联盟创新生态系统中创新主体之间的共生利益分析，提出以下假设。

假设 6-1：在云制造联盟创新生态系统中，企业、大学、云制造平台是创新活动的核心主体。

假设 6-2：在协同创新博弈过程中，云制造平台可以选择为企业和大学提供协同创新的奖励以及监督企业和大学的协同创新过程，也可以选择不提供奖励以及不监督企业和大学的协同创新过程，其策略集合为（参与，不参与）。企业和大学可以按照自身的需要选择进行协同创新，也可以选择不进行协同创新，其选择策略集合为（协同，不协同）。

假设 6-3：用 R_1 和 R_2 分别表示企业和大学进行协同创新之前的初始收益，当企业和大学都选择协同创新时，协同创新会为企业和大学带来收益 R，这部分收益的分摊比例为 a，即企业获得的协同创新收益为 aR，大学获得的协同创新收益为 $(1-a)R$。当大学选择协同创新而企业选择单独研发时，企业单独研发所获得的收益为 P_1，当企业选择协同创新而大学选择单独研发时，大学单独研发所获得的收益为 P_2。用 R_3 表示云制造平台选择"参与"策略时所获得的收益，表明当企业和大学协同创新时，云制造平台也会获得额外收益，归结到 R_3 中，具体比例及数值将在仿真中体现，t 表示云制造平台选择"不参与"策略所获得的收益占云制造平台选择"参与"策略所获得的收益的比例，则云制造平台选择"不参与"策略所获得的收益为 tR_3，t 的取值范围在 0~1。当云制造平台选择参与协同创新时，对积极参与协同创新的给予一定奖励，企业和大学分别获得奖励 G_1 和 G_2。

假设 6-4：云制造平台虽然不会直接参与协同创新的过程，但会为企业和大学的协同创新制定优惠政策，并且监督企业和大学的协同创新过程，产生的总成本为 C，企业和大学作为协同创新的主要参与主体，必然会投入一定的人力、物力和财力，协同创新的成本分别为 C_1 和 C_2，不协同创新的成本分别为 C_3 和 C_4（$C_4<C_2$，$C_3<C_1$）。

假设6-5：参与协同创新出现违约的情况，当企业选择进行协同创新而大学选择不进行协同创新时，大学需要向企业支付一定的惩罚，记为 W_1；当大学选择进行协同创新而企业选择不进行协同创新，即企业违约时，企业需要向大学支付一定的惩罚，记为 W_2。

假设6-6：在模型中，企业和大学进行相关策略选择，假设企业选择进行协同的概率为 $x(0 \leqslant x \leqslant 1)$，则选择进行不协同的概率为 $1-x$；大学选择进行协同的概率为 $y(0 \leqslant y \leqslant 1)$，则选择进行不协同的概率为 $1-y$；云制造平台选择参与的概率为 $z(0 \leqslant z \leqslant 1)$，则选择不参与的概率为 $1-z$。

根据上述假设，构建有限理性的博弈模型，博弈支付矩阵如表6-1所示。

表6-1 企业、大学、云制造平台演化博弈支付矩阵

云制造平台策略		参与（z）		不参与（1-z）	
企业策略		协同（x）	不协同（1-x）	协同（x）	不协同（1-x）
大学策略	协同(y)	$R_1 + aR + G_1 - C_1$	$P_1 + R_1 - C_3 - W_2$	$R_1 + aR - C_1$	$P_1 + R_1 - C_3 - W_2$
		$R_2 + (1-a)R + G_2 - C_2$	$R_2 - C_4 + W_2 + G_2$	$R_2 + (1-a)R - C_2$	$R_2 - C_4 + W_2$
		$R_3 - C - G_1 - G_2$	$R_3 - C - G_2$	tR_3	tR_3
	不协同(1-y)	$R_1 + W_1 + G_1 - C_1$	$R_1 - C_1$	$R_1 - C_1 + W_1$	$R_1 - C_1$
		$P_2 + R_2 - C_4 - W_1$	$R_2 - C_4$	$P_2 + R_2 - C_4 - W_1$	$R_2 - C_4$
		$R_3 - C - G_1$	$R_3 - C$	tR_3	tR_3

注：第三、六行代表企业收益，第四、七行代表大学收益，第五、八行代表云制造平台收益。

2. 演化博弈模型求解与分析

（1）模型求解。云制造平台（P）、大学（S）、企业（C）三方之间的行动相互作用、相互影响，为取得最大收益对策略选择不断调整。以下通过建立三方演化博弈复制动态方程，求解演化稳定策略的形成条件与过程。

根据表 6-1 中三方博弈支付矩阵，可得企业选择协同时的收益为

$$E_{C1} = zy(R_1 + aR + G_1 - C_1) + z(1-y)(R_1 + W_1 + G_1 - C_1) + y(1-z)(R_1 + aR - C_1)$$
$$+ (1-y)(1-z)(R_1 - C_1 + W_1)$$
$$= zG_1 + yaR + R_1 - C_1 + W_1 - yW_1$$

企业选择不协同时的收益为

$$E_{C2} = zy(P_1 + R_1 - C_3 - W_2) + z(1-y)(R_1 - C_3) + y(1-z)(P_1 + R_1 - C_3 - W_2)$$
$$+ (1-y)(1-z)(R_1 - C_3)$$
$$= yP_1 + R_1 - yW_2 - C_3$$

企业平均收益为

$$\overline{E}_C = xE_{C1} + (1-x)E_{C2}$$

由此可得企业的复制动态方程为

$$F(x) = \frac{dx}{dt} = x(E_{C1} - \overline{E}_C) = x(1-x)(E_{C1} - E_{C2})$$
$$= x(1-x)(zG_1 + yaR - C_1 + W_1 - yW_1 - yP_1 + yW_2 + C_3)$$

同理，可得大学选择协同时的收益为

$$E_{S1} = xz(R_2 + (1-a)R + G_2 - C_2) + z(1-x)(R_2 - C_4 + W_2 + G_2)$$
$$+ x(1-z)(R_2 + (1-a)R - C_2) + (1-z)(1-x)(R_2 - C_2 + W_2)$$
$$= zG_2 + zxC_4 + x(1-a)R - zC_4 + zC_2 - xW_2 - zxC_2$$

大学选择不协同时的收益为

$$E_{S2} = xz(P_2 + R_2 - C_4 - W_1) + z(1-x)(R_2 - C_4) + x(1-z)(P_2 + R_2 - C_4 - W_1)$$
$$+ (1-z)(1-x)(R_2 - C_4)$$
$$= xP_2 - xW_1 + R_2 - C_4$$

大学平均收益为

$$\overline{E}_S = yE_{S1} + (1-y)E_{S2}$$

由此可得大学的复制动态方程为

$$F(y) = \frac{dy}{dt} = y(E_{S1} - \overline{E}_S) = y(1-y)(E_{S1} - E_{S2})$$
$$= y(1-y)(zG_2 + zxC_4 + x(1-a)R - zC_4 + zC_2 - xW_2 - zxC_2$$
$$- xP_2 + xW_1 - R_2 + C_4)$$

同理，云制造平台选择参与时的收益为

$$E_{P1} = xy(R_3 - C - G_1 - G_2) + y(1-x)(R_3 - C - G_2) + x(1-y)(R_3 - C - G_1)$$
$$+ (1-x)(1-y)(R_3 - C)$$
$$= R_3 - C - xG_1 - yG_2 - xyR_3$$

云制造平台选择不参与时的收益为

$$E_{P2} = xytR_3 + y(1-x)tR_3 + x(1-y)tR_3 + (1-x)(1-y)tR_3$$
$$= xtR_3 + ytR_3 + R_3 - xR_3 - yR_3$$

云制造平台平均收益为

$$\overline{E}_P = zE_{P1} + (1-z)E_{P2}$$

由此可得云制造平台的复制动态方程为

$$F(z) = \frac{dz}{dt} = z(E_{P1} - \overline{E}_P) = z(1-z)(E_{P1} - E_{P2})$$
$$= z(1-z)(-C - xG_1 - yG_2 - xyR_3 - xtR_3 - ytR_3 + xR_3 + yR_3)$$

构建雅可比矩阵如下：

$$\begin{bmatrix} (1-2x)(zG_1 + yaR \\ -C_1 + W_1 - yW_1 \\ -yP_1 + yW_2 + C_3) & x(1-x)(aR \\ -W_1 - P_1 + W_2) & x(1-x)G_1 \\ y(1-y)(zC_4 + (1-a)R & (1-2y)(zG_2 + zxC_4 + zC_2 \\ -W_2 - zC_2 - P_2 + W_1) & x(1-a)R - zC_4 - xW_2 - zxC_2 & y(1-y)(G_2 + xC_4 - C_4 + C_2 - xC_2) \\ & -xP_2 + xW_1 - R_2 + C_4) \\ z(1-z)(-G_1 - yR_3 & z(1-z)(-G_2 - xR_3 & (1-2z)(-C - xG_1 - yG_2 - xyR_3 \\ -tR_3 + R_3) & -tR_3 + R_3) & -xtR_3 - ytR_3 + xR_3 + yR_3) \end{bmatrix}$$

（2）均衡点分析。令 $F(x) = F(y) = F(z) = 0$，可以得到局部均衡点 $E_1(0,0,0)$、$E_2(0,0,1)$、$E_3(0,1,0)$、$E_4(0,1,1)$、$E_5(1,0,0)$、$E_6(1,0,1)$、$E_7(1,1,0)$、$E_8(1,1,1)$。依据演化博弈理论，满足雅可比矩阵的所有特征值都为非正时的均衡点是系统的演化稳定点（ESS），进而求得系统均衡点及特征值，如表6-2所示。

表 6-2　系统均衡点及特征值

均衡点	特征值（x 为企业、y 为大学、z 为云制造平台）		
	λ_1	λ_2	λ_3
$E_1(0,0,0)$	$W_1-C_1+C_3$	C_4-C_2	$-C$
$E_2(0,0,1)$	$G_1+W_1-C_1+C_3$	$G_2+C_2-R_2$	C
$E_3(0,1,0)$	$aR-C_1+C_3-P_1+W_2$	$-(C_4-C_2)$	$R_3-C-G_2-tR_3$
$E_4(0,1,1)$	$G_1+aR-C_1+C_3-P_1+W_2$	$-(G_2+C_2-R_2)$	$-(R_3-C-G_2-tR_3)$
$E_5(1,0,0)$	$-(W_1-C_1+C_3)$	$(1-a)R-P_2$ $-W_2+W_1$	$R_3-C-G_1-tR_3$
$E_6(1,0,1)$	$-(G_1+W_1-C_1+C_3)$	$G_2+(1-a)R$ $-P_2-W_2+W_1$	$-(R_3-C-G_1-tR_3)$
$E_7(1,1,0)$	$-(aR-C_1+C_3-P_1+W_2)$	$-((1-a)R$ $-P_2-W_2+W_1)$	$R_3-C-G_1-G_2-2tR_3$
$E_8(1,1,1)$	$-(G_1+aR-C_1+C_3-P_1+W_2)$	$-(G_2+(1-a)R$ $-P_2-W_2+W_1)$	$-(R_3-C-G_1-G_2-2tR_3)$

为了便于分析且不失一般性，假设 $G_1+aR-C_1+C_3-P_1+W_2>0$，$G_2+(1-a)R-P_2-W_2+W_1>0$，$R_3-C-G_1-G_2-2tR_3>0$，即云制造平台参与、企业和大学双方相互协同得到的净收益大于不协同得到的净收益。由于模型中参数多且复杂，下面主要分为两种情形讨论，如表 6-3 所示。

当 $W_1-C_1+C_3>0$，即大学需要向企业支付一定的惩罚与大学不协同创新的成本之和大于协同创新的成本。由表 6-3 可以看出，系统的均衡点只有一个 $E_8(1,1,1)$，即均衡点 $E_8(1,1,1)$ 所对应的雅可比矩阵的特征值都是非正的，则此情形下系统只有一个稳定点，其对应的演化策略为（协同，协同，参与）。

当 $W_1-C_1+C_3<0$，即大学需要向企业支付一定的惩罚与大学不协同创新的成本之和小于协同创新的成本。由表 6-3 可以看出，系统的均衡点有 $E_1(0,0,0)$ 和 $E_8(1,1,1)$，即均衡点 $E_1(0,0,0)$ 和 $E_8(1,1,1)$ 所对应的雅可比矩阵的特征值都是非正的，则此情形下系统有两个稳定点，其对应的演化策略为（不协同，不协同，不参与）和（协同，协同，参与）。

表 6-3 均衡点及特征根

均衡点	情形一				情形二			
	λ_1	λ_2	λ_3	稳定性	λ_1	λ_2	λ_3	稳定性
$E_1(0,0,0)$	+	−	−	非稳定点	−	−	−	ESS
$E_2(0,0,1)$	+	+,−	+	非稳定点	+,−	+,−	+	非稳定点
$E_3(0,1,0)$	+	+	+,−	非稳定点	+	+	+,−	非稳定点
$E_4(0,1,1)$	+	−,+	+,−	非稳定点	+	+,−	+,−	非稳定点
$E_5(1,0,0)$	−	+	+	非稳定点	+	+	+	非稳定点
$E_6(1,0,1)$	−	+	−	非稳定点	+,−	+	−	非稳定点
$E_7(1,1,0)$	−	−	+	非稳定点	−	−	+	非稳定点
$E_8(1,1,1)$	−	−	−	ESS	−	−	−	ESS

6.2.3 云制造联盟创新生态系统利益分配模型仿真分析

为了更好地描述利益分配对创新主体协同的影响,本书运用数值仿真方法,结合实际背景,模拟了在稳定点情况下,企业、大学和云制造平台策略选择的动态进化过程,并对利益分配进行定量分析。假设云制造平台参与监督的收益 $R_3=30+m\times R$,m 为云制造平台参与企业和大学协同创新获得的额外收益的比例,因云制造为直接参与协同创新,所以其取值范围为 0.1~0.3,云制造平台参与监督的成本 $C=5$;云制造平台不参与所获收益占云制造平台选择参与所获收益的比例 $t=0.2$;企业和大学协同创新付出的成本分别为 $C_1=C_2=20$,企业和大学不协同创新付出的成本分别为 $C_3=C_4=10$。企业单独研发所获得的收益为 $P_1=25$,大学单独研发所获得的收益为 $P_2=30$,此时的惩罚分别为 $W_2=5$,$W_1=5$。企业协同创新前收益 $R_1=50$,大学协同创新前收益 $R_2=50$,双方协同创新带来的收益为 $R=150$,分摊比例为 $a=0.5$;云制造平台奖励企业和大学的收益 $G_1=G_2=5$;企业、大学、云制造平台的初始参与意愿 $x=y=z=0.5$。

通过以上分析以及初始值的设置,运用 MATLAB 软件对利益分配系数进行讨论。首先,将利益分配系数 a 分别设置为 0.3、0.5 和 0.7,考察当利益分配系数不同时对系统演化的影响，具体结果如图 6-2 所示。通过观察和对比发现，当利益分配系数 a 取值 0.3 和 0.5 时，系统演化至企业和大学都选择协同创新、云制造平台选择参与的积极状态。但是当系数设置为 0.7 时，由于利益分配机制对于大学过于不公平（大学仅分得协同创新额外收益的30%），大学选择放弃协同创新，导致协同创新关系的破裂。进一步对利益分配系数进行设置，利益分配系数 a 分别设置为 0.5、0.55 和 0.6，考察当利益分配系数不同对系统演化的影响，具体结果如图 6-3 所示。将当利益分配系数 a 取值 0.5、0.55 时，系统将演化至企业和大学都选择协同创新、云制造平台选择参与的状态。但是当系数设置为 0.6 时，由于利益分配机制对于大学过于不公平（大学仅分得协同创新额外收益的40%），大学选择放弃协同创新，导致协同创新关系的破裂。最后，对利益分配系数进行设置，利益分配系数 a 分别设置为 0.57、0.58 和 0.59，考察当利益分配系数不同对系统演化的影响，具体结果如图 6-4 所示。将当利益分配系数 a 取值 0.57、0.58 时，系统演化至企业和大学都选择协同创新、云制造平台选择参与的积极状态。但是当系数设置为 0.59 时，说明大学可以忍受一定程度下的分配不均，虽说大学也将最终趋向于选择协同，但是由于利益分配还没有达到大学的预期，所以并不能完全趋向于均衡点(1,1,1)。系统演化至企业和大学选择协同创新、云制造平台选择参与的积极状态。此时企业和大学的分配为 0.58 和 0.42。

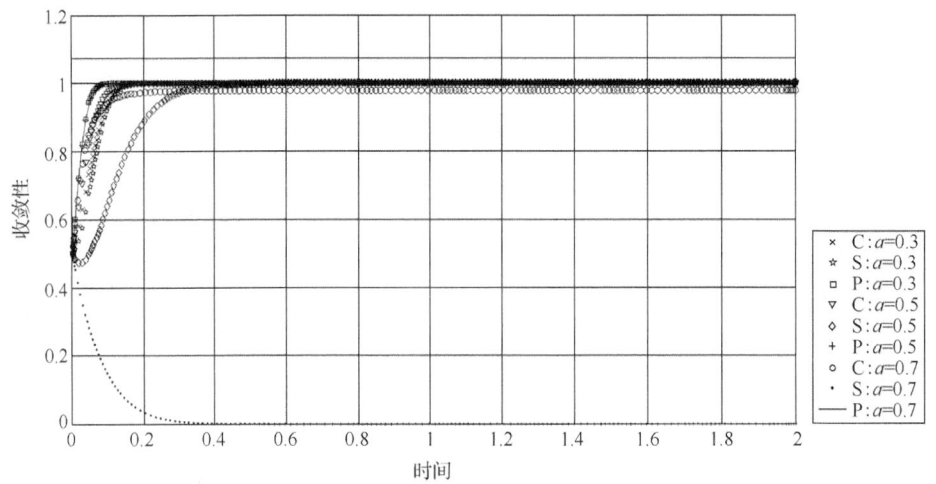

图 6-2　系数变化 0.2 对系统演化的影响

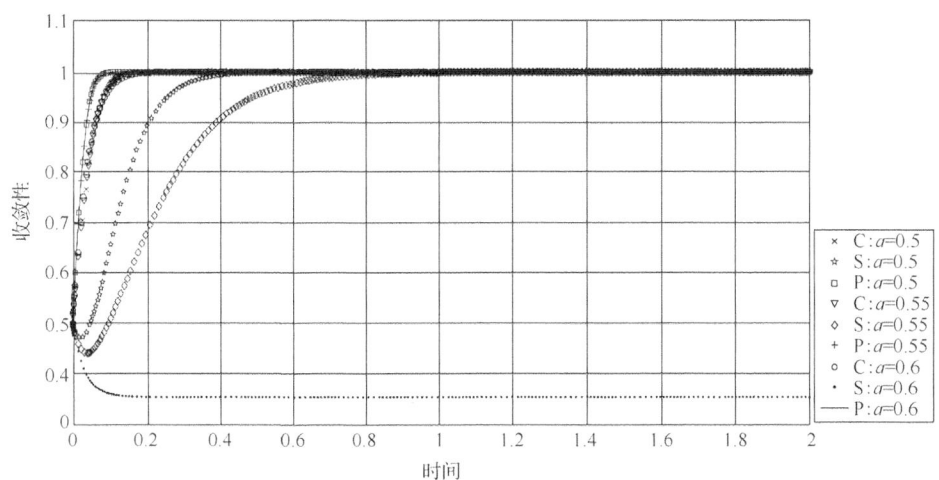

图 6-3　系数变化 0.05 对系统演化的影响

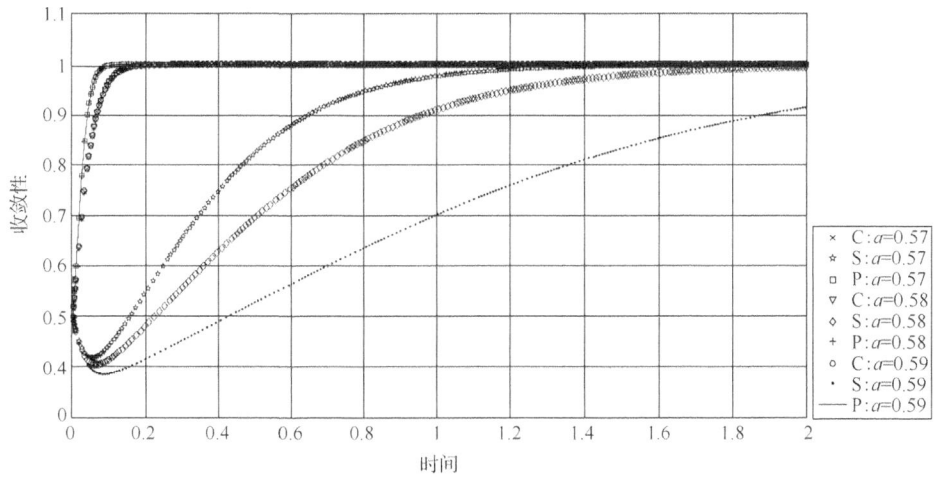

图 6-4　系数变化 0.01 对系统演化的影响

接下来进一步讨论云制造平台参与企业和大学协同创新获得的额外收益比例，将 m 的取值设置为 0.1、0.2 和 0.3，具体结果如图 6-5 所示，可以观察到，随着云制造平台获得额外收益比例的增高，不仅可以使云制造平台更早地参与协同创新，也对大学协同有促进作用。

从上述分析可知，利益分配的公平性对系统的持续协同发展具有重要的影响作用，当利益分配均衡合理时，企业和大学都能够持续协同创新保持系统的稳定运行。最终分配最优比例为企业 0.58、大学 0.42、云制造平台 0.3，需要说明的是云制造平台所获得的分配比例不计算在企业和大学协同创新带来收益 R 之内，而是通过企业和大学协同创新带来收益 R，云制造平台可以获得额外的利益，这部分利益与 R 相关。

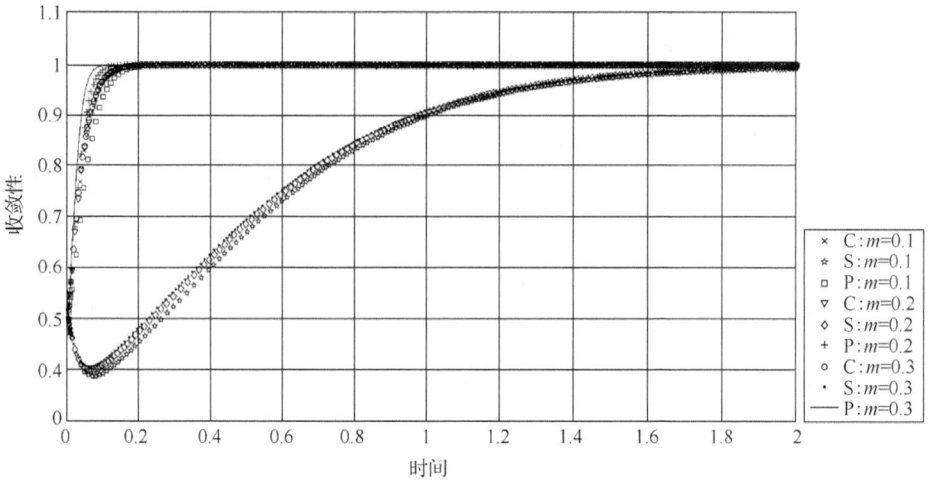

图 6-5 系数变化 0.1 对系统演化的影响

6.3 本章小结

本章主要设计了云制造联盟创新生态系统平衡机制，包含了生态位决策机制和利益分配机制。其中生态位决策机制主要是对生态位的分析、特征值计算，并提出决策模型；利益分配机制首先确立了利益分配原则，其次选择了合适的利益分配方法，再次构建了云制造联盟创新生态系统利益分配模型，最后进行了仿真分析，得出最优的利益分配比例。

参 考 文 献

[1] 彭巍, 郭伟, 赵楠, 等. 基于生态位的云制造生态系统主体竞争合作演化模型[J]. 计算机集成制造系统, 2015, 21(3): 840-847.

[2] 朱春全. 生态位态势理论与扩充假说[J]. 生态学报, 1997(3): 324-332.

[3] 杨剑钊. 高技术产业创新生态系统运行机制及效率研究[D]. 哈尔滨: 哈尔滨工程大学, 2020.

[4] 高新勤, 原欣, 朱斌斌, 等. 基于合作博弈的制造联盟利益分配方法[J]. 计算机集成制造系统, 2018, 24(10): 203-211.

[5] 李娜. 河北省唐县肉羊产业链利益分配机制研究[D]. 保定: 河北农业大学, 2021.
[6] 贺一堂, 谢富纪, 陈红军. 产学研合作创新利益分配的激励机制研究[J]. 系统工程理论与实践, 2017, 37(9): 2244-2255.
[7] 张忠寿, 高鹏. 科技金融生态系统协同创新及利益分配机制研究[J]. 宏观经济研究, 2019(9): 47-57, 66.
[8] 张瑜, 菅利荣, 刘思峰, 等. 基于优化Shapley值的产学研网络型合作利益协调机制研究——以产业技术创新战略联盟为例[J]. 中国管理科学, 2016, 24(9): 36-44.

第 7 章

云制造创新生态系统演化机理与运行机制实证研究

7.1 航天云制造联盟背景简介

以航天云制造联盟——航天云网工业互联网公共服务平台为例,验证云制造联盟创新生态系统演化机理及运行机制研究的正确性。航天云网工业互联网公共服务平台(简称航天云网)构筑全球领先且自主可控的国家工业互联网技术体系、标准体系和产业体系,旨在打造成我国制造强国、网络强国战略的支撑平台。基于工业智能云系统+云制造支持系统(INDICS+CMSS)工业互联网公共服务平台,建设规划了以"平台总体架构""平台产品与服务""智能制造""工业大数据""网络与信息安全"5 大板块为核心的"1+4"发展体系,以"互联网+智能制造"为支撑,面向社会提供"一脑一舱两室两站一淘金"服务,同步打造自主可控的工业互联网安全生态环境。目前,航天云网已拥有复杂产品智能制造系统技术国家重点实验室、工业大数据应用技术国家工程实验室,具备企业智能化改造、信息系统安全等级保护三级、信息系统集成、产品质量认证等 53 项专业资质能力。牵头制定《智能制造服务平台制造资源/能力接入集成要求》,成为全球首个面向智能制造服务平台的国际标准。

航天云网致力于建设云制造产业集群生态,服务于众多不同类型企业,联合企事业单位、大学、研究机构等构建适应互联网经济的制造业新业态——云制造联盟创新生态系统。

7.2 航天云制造联盟创新生态系统演化机理

7.2.1 航天云制造联盟创新生态系统互动演化机理

航天云制造联盟创新生态系统演化是企业、研究机构、政府互相合作，不断克服和突破固有的边界、障碍，累积大量知识、建立共识机制并最终推动创新生成和发展的过程。

第一阶段是创建"知识空间"。航天云制造联盟创新生态系统吸纳创新资源，为三螺旋主体的研发活动提供基础，成员积极参与交换信息、思想和观点，可选择性地集中优势资源在某一领域，当其达到一定水平时，会以"较少投入产生特定结果"的形式，在三螺旋发展中发挥作用。

第二阶段是建立"共识空间"。对于航天云制造联盟创新生态系统来说，共识意识是至关重要的，它可以使各参与者的不同专业知识和能力之间达到协同。来自不同的文化、背景的成员聚集到创新生态系统中，从不同角度认可和支持新思想，彼此合作不断，产生具体的计划和项目，建立新公司。成员间加强了信息的流通，倡导达成共识，并探讨创新策略的生成。

第三阶段是创建"创新空间"，即创建一个个新的组织机制，试图实现共识空间的目标。此时，三螺旋主体彼此交织在一起，线性创新模式与非线性创新模式交叉融合，创新被创造出来，已经形成和转化为知识资本，如出现新产品或新服务，此时成员间的协同创新离不开混生组织的支持与联结。

第四阶段是构建"递归空间"。航天云制造联盟创新生态系统在三螺旋演化成熟后，会陷入锁定效应，刚性陷阱使系统内在更新潜力降低，稳定的三螺旋结构急需打破，并重新构筑新的螺旋体系。此时，系统宜采取开放创新策略，打破三螺旋体原有的路径依赖，可加入新的螺旋主体或使云制造联盟创新生态系统嵌入上一级的价值网络。

航天云制造联盟创新生态系统三螺旋沿着资源共享、主体协同、螺旋发展、突破创新的路径进行演化。

（1）资源共享：航天云制造联盟创新生态系统形成的动机是汇集创新资源，并由需要发展共同技能的共同愿景所驱动。不同类型的成员导致创新资源的多样性，系统不断地整合所收集到的大量、多源、多形态的资源。资源共享的运作方式是让不同的创新主体走得更近，使它们在遵循个体战略的同时，以共同利益和目标部分趋同的基础进行互动。在云制造联盟创新生态系统中，每个螺旋参与者所拥有的资源与其利益相关者的资源和数量有关，每个参与者都力争资源密度，并希望增强其在创新生态系统中的生存能力，三螺旋主体都为自己利益和系统利益创造价值。

（2）主体协同：随着时间的推移，航天云制造联盟创新生态系统自我调整，拉近成员之间的认知距离，这通常是由参与者自发地感知和响应市场需求所决定的，三螺旋主体共同发展自己的能力和角色，成员的创新活动和策略实施，因处在不同的生态位而异。多元的文化维度使成员乐于进行互补性合作，合作的基础是长时间信任关系的建立。多数成员倾向于与一个或多个中心成员战略方向保持一致。那些担任领导角色的成员可能会随系统演化的深入而改变，但核心成员一般都会找到相互支持的组织，能够朝着共同的愿景前进。此时的创新生态系统结构较为简单，三螺旋体系尚不完整。

（3）螺旋发展：航天云制造联盟创新生态系统的三螺旋主体通过各种各样的方式，包括平衡、繁殖和学习，提高了系统抵抗熵增的能力。创新主体保持其交替使用集体和竞争战略的概念来不断扩张螺旋效应，其中具有特定技能的各种各样的行动者都可能或多或少地参与其中一方所进行的价值创造的集体过程。创新不再局限于某一螺旋体内部，它们是从三螺旋创新网络的联合行动演变创造。云制造联盟创新生态系统形成完整的三螺旋创新体系结构，从而使参与者更加投入，彼此依靠或松或紧的耦合形式螺旋发展。

（4）突破创新：航天云制造联盟创新生态系统在演化过程中会遇到瓶颈，限制了整个系统创造价值的能力，系统往往采用扩大创新体系、纳入第四螺旋线的方法，继续可持续发展。四螺旋创新体系将用户放在核心位置，鼓励用户推动、参与创新过程，增加知识意外发现和知识套利事件的可能性。用户以协作开发者的身份设计并开发创新产品、服务和解决方案，以服务主导逻辑思想，联合价值创造。系统也可以在更广泛的商业生态系统中寻找合作伙伴，形成开放移动边界，可以选择颠覆性的战略，打破平衡。如苹果公司是硅谷创新生态系统的组成部分，同时它也拥有基于平台的生态系统，包括为应用商店创建内容的开发人员、公司硬件构建所依赖组件的供应商，以及包装等配件的第三方制造商，其创新生态系统体系远远超出了硅谷的地理范围。

以上分析可以看出，在三螺旋视角下，航天云制造联盟创新生态系统是一个多层次、多模态、多节点的复杂体系，由所有创新参与者、机构和过程的聚合体，具有基本的运行逻辑与功能。航天云制造联盟创新生态系统是动态的，三螺旋主体以信任、合作关系为基础，依靠互补的技术或能力，共同创造生态价值。强大的创新生态系统是富有成效的，不仅可以将知识转化为更高的价值，而且对生态破坏具有坚实抵抗力。图 7-1 为航天云制造联盟创新生态系统互动演化模型。

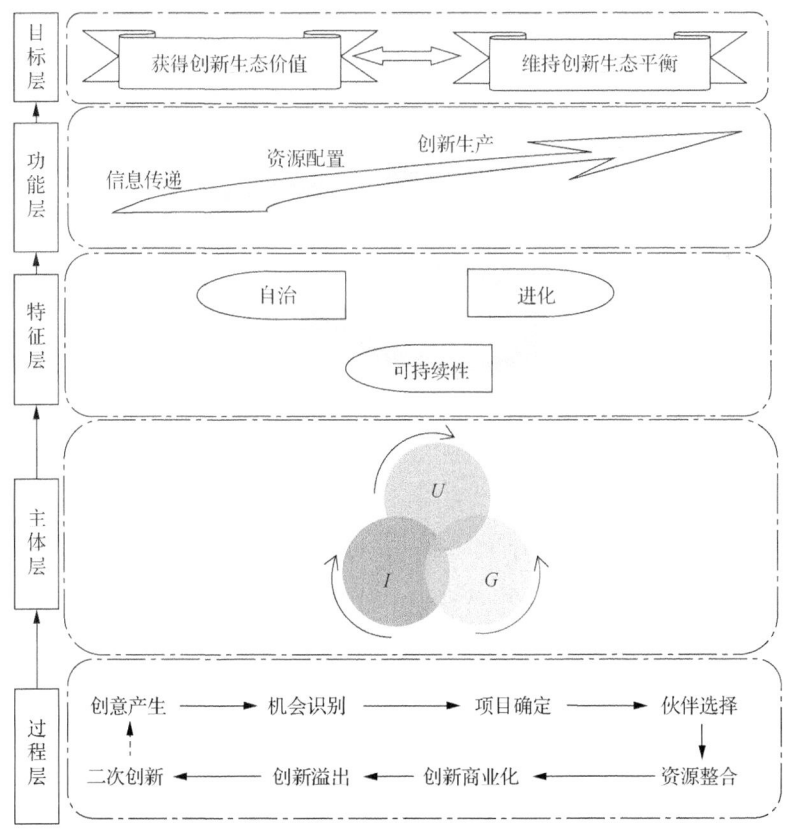

图 7-1　航天云制造联盟创新生态系统互动演化模型

航天云制造联盟创新生态系统通过网络将分散在世界各地的成员建立联系，整合多样化的制造资源。系统内的制造企业、研究机构和政府都进行着从低级到高级螺旋内部演化过程，同时三者并非孤立存在，而是互相依存、相互影响，自反效应使三者逐渐打破原有边界，可部分替代其他参与者的角色，并通过三者互动产生混生组织作为沟通桥梁，三者的交叠是知识创新的核心，加快推动知识技术转移，强大的自组织过程使官产学优势互补。企业、大学和政府协同发展，一方的变化均会引起其他两方的调整，三者成为紧密整体，形成既复杂又柔性的航天云制造联盟创新生态系统创新系统。这种动态虚拟的组织模式，能够对外界信息迅速做出反应，网络拉近了系统与全球市场的距离，开放的云制造联盟创新生态系统通过与外界进行的物质与能量的交换与循环，扩展了系统范围，同时与其他创新组织的交流与合作，不断增强系统竞争实力，加快产业升级，并嵌入全球价值网络。

7.2.2 航天云制造联盟创新生态系统种群演化机理

本书获取航天云网专利数据库中的专利数据 13233 项，整理并清洗去除其中不带有 IPC（国际专利分类）号的专利数据 116 项，最后获得的有效技术专利 13117 项。按 IPC 号前四位可以将航天云网专利数据库中的专利划分为 410 个技术种类，所以可将平台创新生态系统内的专利技术划分为 410 个种群。根据曾德明教授的研究，如果两个技术种类在一个专利中共现，说明两类技术可以融合创新，表明两个种群之间存在共生关系[1]。通过应用网络分析软件 UCINET 描绘出云制造平台中种群共生关系如图 7-2 所示。图 7-2 中 410 个节点代表了航天云网云制造联盟创新生态系统内所有的种群，两个节点之间存在连线，则表明两个种群存在共生关系。

使用 UCINET 软件从图 7-2 中的种群共生网络中提取出 9 个种群，表 7-1 中 9 个种群研究对象之间的共生关系如图 7-3 所示。图 7-3 中共有 9 个节点，包含提取的研究对象，节点之间的连线表示两者之间存在共生关系。

第 7 章 云制造创新生态系统演化机理与运行机制实证研究

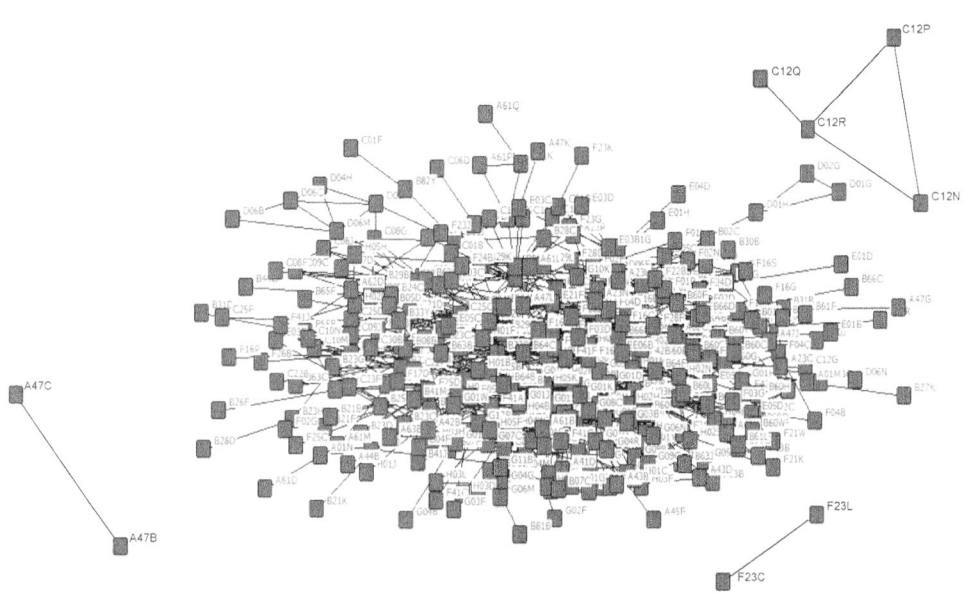

图 7-2 云制造联盟创新生态系统种群共生网络

表 7-1 种群研究对象

种群名称	种群描述
H01R	导电连接装置、继电器等
G06F	电数字数据处理
G01R	测量电变量、测量磁变量
H04L	数字信息的传输
G01N	借助测定材料的性质测定材料
F16B	紧固构件或机器零件的器件
B23K	钎焊、焊接、加热或火焰切割
G05B	一般的控制或调节系统
G01M	机器或结构部件静态与动态的平衡能力测试

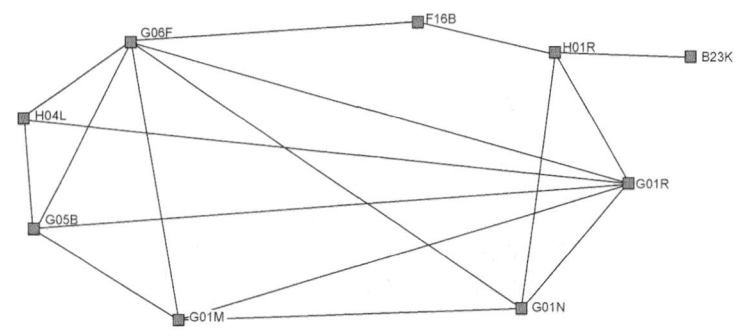

图 7-3 关键种群共生关系

为研究种群之间的共生关系强度以及共生方式，统计 9 个种群每年的专利公开发布数量用以表示种群每年增长数量。由于实验数据为离散数据，将 Logistic 公式的微分形式改为差分形式[2,3]：

$$\Delta N_1(t) = \rho_0 + \rho_1 N_2 + \rho_2 N_2^2 + \varepsilon(t) \tag{7-1}$$

根据式（7-1）可以进一步分析两个种群之间的共生关系。式中，$\Delta N_1(t)$ 表示在第 t 年内种群 1 增加的专利数量，N_2 表示种群 2 在第 t 年年初的专利数量。ρ_0、ρ_1、ρ_2 为式（7-1）的三个待回归参数，ρ_0 为常数项，表明种群 1 在 t 年内固有的技术增量，ρ_1 与 ρ_2 表示种群 2 对种群 1 的影响系数。ρ_1 与 ρ_2 的取值反映了种群 2 对种群 1 的作用方向，当 ρ_1 与 ρ_2 的取值小于 0 时，种群 2 对种群 1 起到抑制作用；当 ρ_1 与 ρ_2 的取值大于 0 时，种群 2 对种群 1 起到促进作用。当 $|\rho_1| \gg |\rho_2|$ 时，ρ_1 为主要作用项，发挥主要的影响作用；当 $|\rho_1| < |\rho_2|$ 时，ρ_2 为主要作用项，发挥主要的影响作用。$\varepsilon(t)$ 为随机误差项，代表影响种群 1 技术增量的其他因素[2,3]。

使用 SPSS 软件对云制造联盟创新生态系统内 9 个种群的专利数据进行拟合，得到 17 组种群共生关系，如表 7-2 所示。表 7-2 中的数据均满足 $|\rho_1| \gg |\rho_2|$，所以 ρ_1 为种群关系中发挥主要作用的一项，可根据 ρ_1 的取值正负判断种群 2 对种群 1 发挥促进作用还是抑制作用。共生关系表 7-2 中的 R^2 为回归模型拟合系数，$R^2>0.6$ 表明数据拟合程度高，种群 2 对种群 1 的作用强度明显；$R^2<0.6$ 则表明数据拟合程度低，种群 2 对种群 1 的作用强度不明显。如果一组种群共生关系中的两个 R^2 都大于 0.6，并 ρ_1 都大于 0，说明两个种群之间为互利共生关系。如果一组种群共生关系中的两个 R^2 都大于 0.6，两个 ρ_1 一个大于 0、一个小于 0，说明两个种群之间为捕食共生关系。如果一组种群共生关系中的两个 R^2 一个大于 0.6、一个小于 0.6，则两个种群之间为偏利共生关系。

第7章 云制造创新生态系统演化机理与运行机制实证研究

表 7-2 种群共生关系表

种群1	种群2	R^2	ρ_0	ρ_1	ρ_2	共生方式
H01R	G01R	0.945	177.081	−0.371	0	捕食
G01R	H01R	0.985	−20.705	0.651	−0.001	
H01R	G01N	0.912	177.933	−0.887	0.001	捕食
G01N	H01R	0.641	−29.154	0.380	0	
H01R	F16B	0.963	204.241	−0.891	0.001	捕食
F16B	H01R	0.9	3.379	0.729	−0.003	
H01R	B23K	0.941	182.071	−1.041	0.001	捕食
B23K	H01R	0.636	−14.058	0.277	0	
G06F	G01R	0.854	19.645	1.155	−0.003	互利
G01R	G06F	0.778	49.291	0.45	−0.001	
G06F	H04L	0.925	2.88	2.088	−0.007	互利
H04L	G06F	0.772	25.799	0.382	−0.001	
G06F	G01N	0.714	28.568	1.805	−0.007	互利
G01N	G06F	0.989	0.756	0.492	−0.001	
G06F	F16B	0.804	−37.199	2.481	−0.008	互利
F16B	G06F	0.808	22.322	0.253	0	
G06F	G05B	0.747	26.709	2.173	−0.01	互利
G05B	G06F	0.778	18.501	0.199	0	
G06F	G01M	0.582	66.351	1.421	−0.007	偏利
G01M	G06F	0.985	−0.309	0.398	−0.001	
G01R	H04L	0.819	35.810	1.059	−0.004	互利
H04L	G01R	0.738	22.264	0.482	−0.001	
G01R	G01N	0.665	53.480	0.772	−0.003	互利
G01N	G01R	0.983	−2.304	0.589	−0.001	
G01R	G05B	0.725	49.094	1.055	−0.006	互利
G05B	G01R	0.839	16.503	0.246	0	
G01R	G01M	0.589	70.295	0.537	−0.003	偏利
G01M	G01R	0.961	−2.096	0.46	−0.001	
H04L	G05B	0.619	27.032	0.829	−0.004	互利
G05B	H04L	0.908	12.919	0.447	−0.001	
G01N	G01M	0.807	18.873	0.919	−0.004	互利
G01M	G01N	0.923	−3.236	0.879	−0.003	
G05B	G01M	0.406	27.239	0.308	−0.001	偏利
G01M	G05B	0.973	−2.523	1.002	−0.004	

9 个研究对象种群规模变化如图 7-4 所示,种群 H01R 在云制造联盟创新生态系统内有最高的累积量,但其生态位宽度相对偏小,在每组共生关系中生态位重叠度也较低,都低于 0.5,所以受到的促进作用较小、抑制作用较大。规模变化趋

势图中，H01R 曲线的斜率逐渐减小，说明在共生关系的影响下，其增长速率在不断下降。种群 G06F 拥有最大的生态位宽度，形成的共生关系较多，所以受到的促进作用较多，规模变化趋势图的斜率从 2011 年至 2014 年明显增加。种群 G01R 与 G01N 有较大的生态位宽度，并且共生关系中的生态位重叠度都高于 0.5，所以受到的促进作用较大，导致其拥有较高的增长速率。种群 H04L 有很高的生态位宽度与很多技术种群构成共生关系，所以其增长速率也相对较快，但由于研究数据有限，没有描述其在共生网络中所有的共生关系。

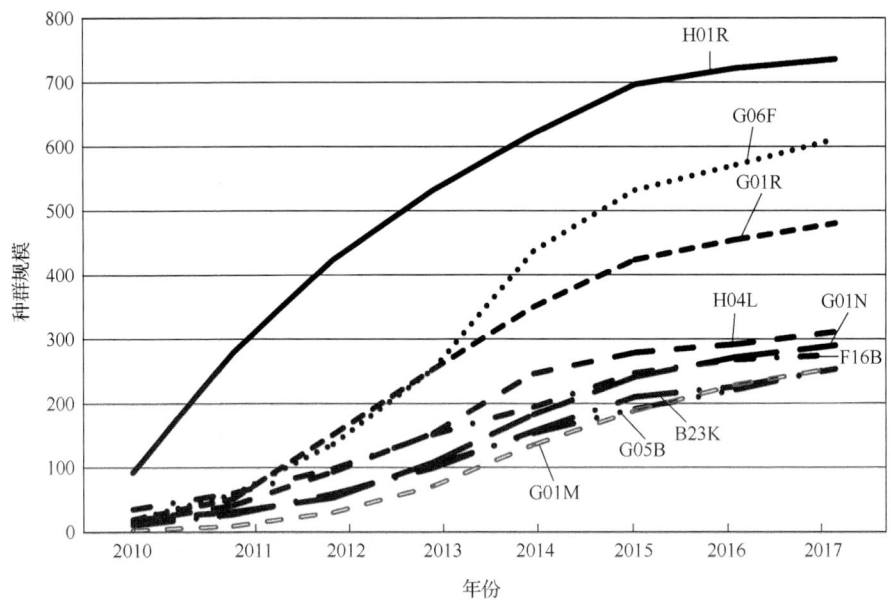

图 7-4　航天云制造联盟创新生态系统技术种群规模变化趋势图

种群 F16B 增长速率快，但是速率稳定没有明显变化，原因在于种群 F16B 的生态位宽度最小，并且共生关系的生态位重叠度也很低，增长过程中受共生关系的影响较小；其余种群的生态位宽度较小，所以增长速率都相对较低。

7.2.3　航天云制造联盟创新生态系统网络演化机理

以航天云网专利库中专利数据的企业合作关系为实证数据，以每 3 年为一个时间周期得到航天云制造联盟创新生态系内的研发创新网络的萌芽期、成长期以及发展期的网络结构图。通过 UCINET 软件计算出各阶段的网络特征指标，对研

第 7 章　云制造创新生态系统演化机理与运行机制实证研究

发创新网络的各个阶段做定量分析。

航天云制造联盟创新生态系统研发创新网络在萌芽期，网络小世界特性明显，网络整体的联通性较差，所以网络密度较小，为 0.0418，如图 7-5 所示。

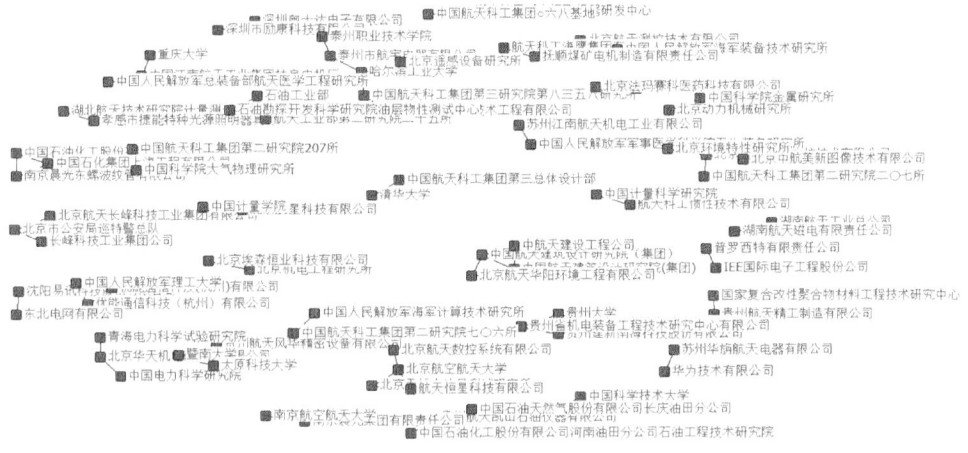

图 7-5　研发创新网络萌芽期

此阶段点度中心度、接近中心度以及中间中心度最高的节点为中国航天科工集团，由于航天云制造联盟创新生态系统首先由中国航天科工集团发起，所以其在网络中有最高的资源控制能力以及信息传输能力。贵州大学与贵州建新集团有较高的点度中心度，如图 7-6 所示，表明这两个机构在另外的小网络上发挥引领创新的创新极的作用。中国人民解放军研究所、哈尔滨工业大学以及北京美联华新测控技术有限公司在网络中有较高的接近中心度以及中间中心度，如图 7-7、图 7-8 所示，表明其可以获得满足所需的创新资源而不受其他节点的影响，并且对网络中的信息传递有较强的控制能力。以上四个企业均在同一网络，表明在研发创新网络形成初期小网络之间的创新能力差异巨大。同时该阶段只有中国航天科工集团占据网络中最多的结构洞，如图 7-9 所示，表明其可掌控最多的异质性资源。从取得的创新成果数量来看，中国航天科工集团取得的成果最多共有 14 项专利，贵州大学与哈尔滨工业大学各有 6 项，北京美联华新测控技术有限公司与贵州建新集团有 5 项专利，表明此阶段三种中心度均对节点的创新效率有正向影响。

		1 Degree	2 NrmDegree	3 Share
1	中国航天科工集团	15.000	4.688	0.086
3	贵州建新集团	10.000	3.125	0.057
11	贵州鑫士科技有限公司	9.000	2.813	0.052
12	贵阳鑫博士科技有限公司	8.000	2.500	0.046
4	哈尔滨工业大学	6.000	1.875	0.034
5	北京美联华新测控技术有限公司	6.000	1.875	0.034
2	中国航天建筑设计研究院	5.000	1.563	0.029
9	杭州优能通信系统有限公司	5.000	1.563	0.029
10	人民解放军理工大学	5.000	1.563	0.029
8	泰州市航宇电器有限公司	5.000	1.563	0.029
11	中国人民解放军研究所	4.000	1.250	0.023
13	北京华天机电研究所	4.000	1.250	0.023
14	贵州省机电装备工程技术研究中心	3.000	0.938	0.017
15	中国石油化工集团	3.000	0.938	0.017
16	湖南航天工业集团	3.000	0.938	0.017
17	南京晨光集团	3.000	0.938	0.017
18	深圳奥士达电子有限公司	3.000	0.938	0.017
19	深圳市勋燃科技有限公司	3.000	0.938	0.017
20	中航建设工程集团	3.000	0.938	0.017
21	北京航空航天大学	3.000	0.938	0.017
23	北京航天长峰有限公司	2.000	0.625	0.011
22	北京市公安局巡特警总队	2.000	0.625	0.011
25	中国科学技术大学	2.000	0.625	0.011
26	北京法玛医院	2.000	0.625	0.011
27	北京法玛喜科医药科技股份有限公司	2.000	0.625	0.011
29	航天信息股份有限公司	2.000	0.625	0.011
30	青海电力科学试验研究院	2.000	0.625	0.011
31	泰州职业技术学院	2.000	0.625	0.011
32	中国电力科学研究院	2.000	0.625	0.011
33	北京航天华阳环境工程有限公司	2.000	0.625	0.011
34	中国江南航天工业集团	2.000	0.625	0.011
51	林泉电机厂	2.000	0.625	0.011
52	石油勘探开发科学研究院油层物性测试中心	2.000	0.625	0.011
39	航天恒星科技有限公司	2.000	0.625	0.011
38	北京无线电计量测试研究所	2.000	0.625	0.011
56	太原科技大学	2.000	0.625	0.011
37	北京航天数控系统有限公司	1.000	0.313	0.006
41	北京中国计量学院	1.000	0.313	0.006
42	北京机电工程研究所	1.000	0.313	0.006
43	北京埃森恒业科技有限公司	1.000	0.313	0.006
44	北京环境特性研究所	1.000	0.313	0.006
46	北京中航美新图像技术有限公司	1.000	0.313	0.006
47	东北大学	1.000	0.313	0.006
48	沈阳易讯科股份有限公司	1.000	0.313	0.006
49	国家复合改性聚合物材料工程技术研究中心	1.000	0.313	0.006
50	北京遥感设备研究所	1.000	0.313	0.006

图 7-6 研发创新网络萌芽期的点度中心度

		1 Farness	2 nCloseness
1	中国航天科工集团	2955.000	2.166
11	中国人民解放军研究所	2965.000	2.159
4	哈尔滨工业大学	2967.000	2.157
5	北京美联华新测控技术有限公司	2969.000	2.156
52	石油勘探开发科学研究院油层物性测试中心	2972.000	2.153
51	石油工业部	2972.000	2.153
62	中国计量科学研究院	2973.000	2.153
16	湖南航天工业集团	2973.000	2.153
57	清华大学	2973.000	2.153
61	北京航天海鹰集团	2973.000	2.153
53	抚顺煤矿电机制造有限责任公司	2973.000	2.153
34	中国江南航天工业集团	2981.000	2.147
58	苏州江南航天机电工业有限公司	2983.000	2.145
8	泰州市航宇电器有限公司	2983.000	2.145
40	北京航天测控技术有限公司	2983.000	2.145
50	北京遥感设备研究所	2985.000	2.144
44	北京环境特性研究所	2987.000	2.143
65	北京中航美新图像技术有限公司	2987.000	2.143
60	重庆大学	2999.000	2.134
31	泰州职业技术学院	3001.000	2.133
6	贵州航天有限公司	3779.000	1.694
15	中国石油集团	3780.000	1.693
17	南京晨光集团	3783.000	1.692
28	太原科技大学	3783.000	1.692
49	国家复合改性聚合物材料工程技术研究中心	3784.000	1.691
29	南京航空航天大学	3788.000	1.690
3	贵州大学	3968.000	1.613
7	贵州建新集团	3968.000	1.613
21	北京航空航天大学	3968.000	1.613
38	北京无线电计量测试研究所	3969.000	1.612
14	贵州省机电装备工程技术研究中心有限公司	3969.000	1.612
12	贵阳鑫博士科技有限公司	3969.000	1.612
39	航天恒星科技有限公司	3969.000	1.612
37	北京航天数控系统有限公司	3970.000	1.612
2	中国航天建筑设计研究院	4032.000	1.587
13	北京华天机电研究所有限公司	4032.000	1.587
20	中航电力建设工程有限公司	4033.000	1.587
30	青海电力科学试验研究院	4033.000	1.587
32	中国电力科学研究院	4033.000	1.587
33	北京航天华阳环境工程有限公司	4033.000	1.587
10	中国人民解放军理工大学	4096.000	1.563
27	北京法玛喜科医药科技股份有限公司	4096.000	1.563
44	北京埃森恒业科技有限公司	4096.000	1.563
35	IEE国际工程学院	4096.000	1.563
42	中国计量学院	4096.000	1.563
23	北京航天长峰有限公司	4096.000	1.563
48	沈阳易讯科股份有限公司	4096.000	1.563
43	北京机电工程研究所	4096.000	1.563
18	深圳奥士达电子有限公司	4096.000	1.563
47	东北大学	4096.000	1.563

图 7-7 研发创新网络萌芽期的接近中心度

第7章 云制造创新生态系统演化机理与运行机制实证研究

	单位	Betweenness	nBetweenness
1	中国航天科工集团	151.000	7.490
11	中国人民解放军研究所	65.000	3.224
4	哈尔滨工业大学	50.000	2.480
5	北京美联华新测控技术有限公司	35.000	1.736
34	中国江南航天工业集团林泉电机厂	18.000	0.893
8	泰州市航宇电器有限公司	18.000	0.893
6	贵州航天有限公司	11.000	0.546
15	中国石油集团	8.000	0.397
17	南京晨光集团	5.000	0.248
21	北京航空航天大学	2.000	0.099
2	中国航天建筑设计研究院	1.000	0.050
13	北京华天机电研究所有限公司	1.000	0.050
3	贵州大学	0.500	0.025
7	贵州建新集团	0.500	0.025
12	贵阳鑫博士科技有限公司	0.000	0.000
14	贵州省机电装备工程技术研究中心	0.000	0.000
16	湖南航天工业集团	0.000	0.000
10	中国人民解放军理工大学	0.000	0.000
19	深圳市励弊科技有限公司	0.000	0.000
20	中航天建设工程	0.000	0.000
9	杭州优能通信系统有限公司	0.000	0.000
22	北京市公安局巡特警总队	0.000	0.000
23	北京航天长峰有限公司	0.000	0.000
24	北京航天信息股份有限公司	0.000	0.000
25	中国科学技术大学	0.000	0.000
26	航天中心医院	0.000	0.000
27	北京法玛赛科医药科技有限公司	0.000	0.000
28	暨南大学	0.000	0.000
29	南京航空航天大学	0.000	0.000
30	青海电力科学试验研究院	0.000	0.000
31	泰州职业技术学院	0.000	0.000
32	中国电力科学研究院	0.000	0.000
33	北京航天华阳环保工程有限公司	0.000	0.000
18	深圳昌士达电子有限公司	0.000	0.000
35	IEE国际电子工程股份有限公司	0.000	0.000
36	普罗西特责任公司	0.000	0.000
37	北京航天救控系统有限公司	0.000	0.000
38	北京无线电计量测试研究所	0.000	0.000
39	航天恒星科技有限公司	0.000	0.000
40	北京航天测控技术有限公司	0.000	0.000
41	北京航星有限公司	0.000	0.000
42	中国计量学院	0.000	0.000
43	北京机电工程研究所	0.000	0.000
44	北京埃森恒业有限公司	0.000	0.000
45	北京环境特性研究所	0.000	0.000
46	北京中航美新图像技术有限公司	0.000	0.000
47	东北电网有限公司	0.000	0.000
48	沈阳易讯科技股份有限公司	0.000	0.000
49	国家复合改性聚合物材料工程技术研究中心	0.000	0.000

图 7-8 研发创新网络萌芽期的中间中心度

单位	Degree	EffSize	Efficie	Constra	Hierarc	Ego Bet
中国航天科工集团	10.000	9.867	0.987	0.140	0.174	88.000
中国航天建筑设计研究院	2.000	2.000	1.000	0.520	0.110	2.000
贵州大学	3.000	1.950	0.650	0.838	0.189	1.000
哈尔滨工业大学	3.000	3.000	1.000	0.389	0.244	6.000
北京美联华新测控技术有限公司	3.000	3.000	1.000	0.440	0.454	6.000
贵州航天有限公司	4.000	3.583	0.896	0.390	0.115	10.000
贵州建新集团	3.000	1.611	0.537	0.976	0.252	1.000
泰州市航宇电器有限公司	2.000	2.000	1.000	0.520	0.110	2.000
杭州优能通信系统有限公司	1.000	1.000	1.000	1.000	1.000	0.000
中国人民解放军理工大学	1.000	1.000	1.000	1.000	1.000	0.000
中国人民解放军研究所	4.000	4.000	1.000	0.250	0.000	12.000
贵阳鑫博士科技有限公司	2.000	1.000	0.500	1.125	0.000	2.000
北京华天机电研究所有限公司	2.000	2.000	1.000	0.500	0.000	2.000
贵州省机电装备工程技术研究中心	2.000	2.000	1.000	0.476	0.024	2.000
中国石油集团	2.000	2.000	1.000	0.556	0.278	2.000
湖南航天工业集团	1.000	1.000	1.000	1.000	1.000	0.000
南京晨光集团	2.000	2.000	1.000	0.556	0.278	2.000
深圳昌士达电子有限公司	1.000	1.000	1.000	1.000	1.000	0.000
深圳市励弊科技有限公司	1.000	1.000	1.000	1.000	1.000	0.000
中航天建设工程	1.000	1.000	1.000	1.000	1.000	0.000
北京航空航天大学	3.000	2.333	0.778	0.611	0.052	4.000
北京市公安局巡特警总队	1.000	1.000	1.000	1.000	1.000	0.000
北京航天长峰有限公司	1.000	1.000	1.000	1.000	1.000	0.000
北京航天信息股份有限公司	1.000	1.000	1.000	1.000	1.000	0.000
中国科学技术大学	1.000	1.000	1.000	1.000	1.000	0.000
航天中心医院	1.000	1.000	1.000	1.000	1.000	0.000
北京法玛赛科医药科技有限公司	2.000	1.167	0.583	1.003	0.110	0.000
暨南大学	1.000	1.000	1.000	1.000	1.000	0.000
南京航空航天大学	1.000	1.000	1.000	1.000	1.000	0.000
青海电力科学试验研究院	1.000	1.000	1.000	1.000	1.000	0.000
泰州职业技术学院	1.000	1.000	1.000	1.000	1.000	0.000
中国电力科学研究院	1.000	1.000	1.000	1.000	1.000	0.000
北京航天华阳环保工程有限公司	1.000	1.000	1.000	1.000	1.000	0.000
中国江南航天工业集团林泉电机厂	2.000	1.000	0.500	1.000	0.000	2.000
IEE国际电子工程股份有限公司	1.000	1.000	1.000	1.000	1.000	0.000
普罗西特责任公司	1.000	1.000	1.000	1.000	1.000	0.000
北京航天救控系统有限公司	1.000	1.000	1.000	1.000	1.000	0.000
北京无线电计量测试研究所	2.000	1.000	0.500	1.125	0.000	2.000
航天恒星科技有限公司	1.000	1.000	1.000	1.000	1.000	0.000
北京航天测控技术有限公司	2.000	1.000	0.500	1.125	0.000	2.000
北京航星有限公司	1.000	1.000	1.000	1.000	1.000	0.000
中国计量学院	1.000	1.000	1.000	1.000	1.000	0.000
北京机电工程研究所	1.000	1.000	1.000	1.000	1.000	0.000
北京埃森恒业有限公司	1.000	1.000	1.000	1.000	1.000	0.000
北京环境特性研究所	1.000	1.000	1.000	1.000	1.000	0.000
北京中航美新图像技术有限公司	1.000	1.000	1.000	1.000	1.000	0.000
东北电网有限公司	1.000	1.000	1.000	1.000	1.000	0.000
沈阳易讯科技股份有限公司	1.000	1.000	1.000	1.000	1.000	0.000
国家复合改性聚合物材料工程技术研究中心	1.000	1.000	1.000	1.000	1.000	0.000
北京遥感设备研究所	1.000	1.000	1.000	1.000	1.000	0.000
中国石油工业大学	1.000	1.000	1.000	1.000	1.000	0.000
石油勘探开发科学研究院油层物性研究中心	2.000	1.000	0.500	1.125	0.000	2.000
抚顺煤矿电机制造有限公司	1.000	1.000	1.000	1.000	1.000	0.000

图 7-9 研发创新网络萌芽期的结构洞

航天云制造联盟创新生态系统研发创新网络成长期网络结构如图7-10所示。萌芽期的小世界网络之间建立了联通关系，但由于有新的研发单位加入网络，所以网络中节点增加导致密度下降至0.0347。在成长期网络发生了一定程度的演化，如图7-11所示，此阶段点度中心度最强的节点是北京航天爱威电子技术有限公司，表明此阶段该公司直接获取资源的能力最强。但在接近中心度与中间中心度方面仍然是中国航天科工集团具有最高的数值，如图7-12所示，表明其在网络中具有最强的资源控制能力。在此阶段有许多新的研究力量的加入，如清华大学、北京机电工程研究所、北京动力机械研究所等。

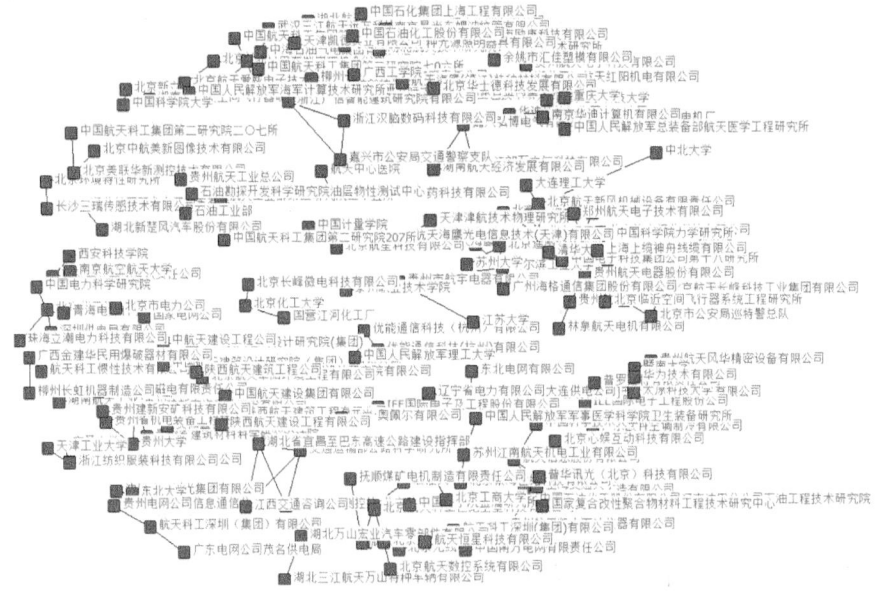

图7-10　研发创新网络成长期

这些研究单位带着新的知识资源加入网络，在网络中具有较高的接近中心度，表明这些研究单位可以不受其他节点影响接受与传递资源的自由度较高。中国航天科工集团以及北京机电工程研究所具有最高的中间中心度并占据结构洞，如图7-13、图7-14所示，表明这两个单位在网络中有着最高的资源控制能力。此阶段取得最多专利的节点是点度中心度最高的两个单位，分别是北京航天威电子技术有限公司申请专利共55项、中国航天科工集团申请专利46项，表明此阶段点度中心度对创新绩效产生主要影响。接近中心度最高的几个节点中，北京机电工程研究所创新活跃度较高取得专利19项，清华大学取得专利仅两项。而代表资

第7章 云制造创新生态系统演化机理与运行机制实证研究

源控制能力的中间中心度与结构洞对创新绩效的影响不明显，北京机电工程研究所取得专利4项。

图 7-11 研发创新网络成长期的点度中心度

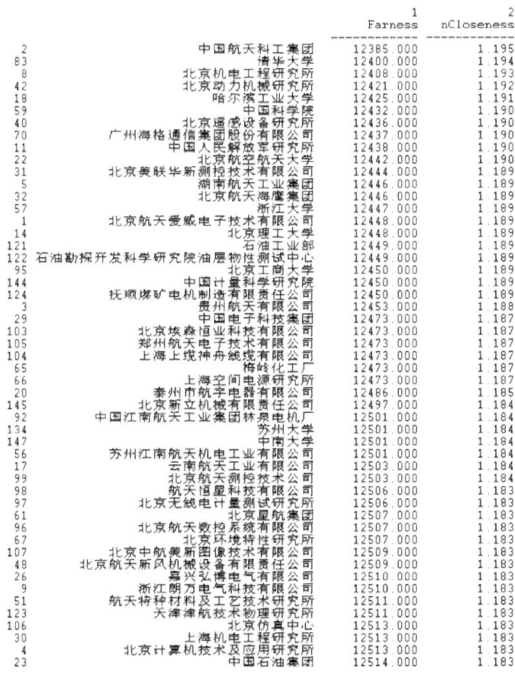

图 7-12 研发创新网络成长期的接近中心度

	1 Betweenness	2 nBetweenness
2 中国航天科工集团	1535.500	14.116
8 北京机电工程研究所	1041.500	9.574
83 清华大学	695.000	6.389
3 贵州航宇有限公司	601.000	5.525
14 北京理工大学	409.500	3.764
18 哈尔滨工业大学	387.500	3.562
11 中国人民解放军研究所	373.000	3.429
40 北京遥感设备研究所	287.000	2.638
22 北京航空航天大学	253.000	2.326
31 北京美联华新测控技术有限公司	191.000	1.756
48 北京航天新风机械设有限责任公司	129.000	1.186
32 北京航天海鹰集团	129.000	1.186
20 泰州市航宇电器有限公司	129.000	1.186
5 湖南航天工业集团	128.000	1.177
23 中国石油科学院	128.000	1.177
59 北京动力机械研究所	100.000	0.919
42 南京晨光集团	83.000	0.763
25 北京航天爱威电子技术有限公司	65.000	0.598
1 中国江南航天工业集团林泉电机厂	65.000	0.598
92 北京环境特性研究所	65.000	0.598
67 苏州江南航天机电工业有限公司	65.000	0.598
56 中国航天建设集团电气公司	65.000	0.598
7 中海石油电气集团	30.500	0.280
12 湖北三江集团	12.000	0.110
6 湖北航天技术有限公司	11.000	0.101
43 中国航天建筑设计院	11.000	0.101
10 北京航天华阳环境工程有限公司	8.500	0.078
58 陕西航天工程有限公司	6.000	0.055
38 航天信息股份有限公司	6.000	0.055
24 北京华天电力研究所有限公司	6.000	0.055
21 贵州省建新集团	3.500	0.032
15 深圳航天科工集团	3.000	0.028
41 IEE国际电子工程股份有限公司	1.000	0.009
60 贵州大学	1.000	0.009
49 北京工业大学	0.500	0.005
16 中航天建设工程有限公司	0.000	0.000
27 嘉兴弘博电气有限公司	0.000	0.000
26 南京航空航天大学	0.000	0.000
35 杭州优能通信系统有限公司	0.000	0.000
36 云南航天工业有限公司	0.000	0.000
17 中国电子科技集团	0.000	0.000
29 林泉航天电机有限公司	0.000	0.000
34 暨南大学	0.000	0.000
28 北京航天勘察设计研究院	0.000	0.000
46 深圳市励康科技有限公司	0.000	0.000
47 泰州职业技术学院	0.000	0.000
39 中航天建设工程	0.000	0.000
45 深圳奥士达电子有限公司	0.000	0.000
50 贵州省机电装备工程技术研究中心	0.000	0.000
33 余姚市汇佳塑胶有限公司	0.000	0.000
52 柳州长虹机器制造公司	0.000	0.000

图 7-13 研发创新网络成长期的中间中心度

	Degree	EffSize	Efficie	Constra	Hierarc	Ego Bet
北京航天爱威电子技术有限公司	2.000	2.000	1.000	0.513	0.075	2.000
中国航天科工集团	16.000	15.816	0.989	0.255	0.751	234.000
贵州航宇有限公司	9.000	8.857	0.984	0.198	0.373	70.000
北京计算机技术及应用研究所	1.000	1.000	1.000	1.000	1.000	0.000
湖南航天工业集团	3.000	2.254	0.751	0.771	0.497	4.000
湖北三江集团	4.000	3.330	0.832	0.544	0.683	10.000
中国航天建设集团电气公司	7.000	7.000	1.000	0.213	0.935	42.000
北京机电工程研究所	10.000	10.000	1.000	0.141	0.288	90.000
浙江朗万电气有限公司	2.000	1.164	0.582	0.953	0.304	0.000
中国航天建筑设计研究院	3.000	3.000	1.000	0.407	0.343	6.000
中国人民解放军研究所	5.000	3.471	0.694	0.413	0.694	20.000
中海石油电气集团	3.000	2.121	0.707	0.840	0.893	4.000
贵州大学校	1.000	1.000	1.000	1.000	1.000	0.000
北京工业大学	5.000	5.000	1.000	0.306	0.440	20.000
贵州建新集团	4.000	2.724	0.681	0.835	0.418	7.000
云南航天工业有限公司	3.000	1.875	0.625	0.941	0.295	1.000
哈尔滨工业大学	4.000	3.500	0.875	0.461	0.223	10.000
贵阳鑫博科技有限公司	2.000	1.000	0.500	1.125	0.000	0.000
泰州市航宇电器有限公司	3.000	3.000	1.000	0.406	0.000	6.000
北京华天机电有限公司	4.000	4.000	1.000	0.265	0.073	12.000
北京航空航天大学	5.000	4.714	0.943	0.276	0.061	18.000
中国石油科学院	2.000	2.000	1.000	0.722	0.765	2.000
航天信息股份有限公司	4.000	4.000	1.000	0.278	0.139	12.000
嘉兴弘博电气有限公司	2.000	1.000	0.500	1.549	0.000	0.000
中航天建设工程有限公司	1.000	1.000	1.000	1.000	1.000	0.000
北京航天勘察设计研究院	1.000	1.000	1.000	1.000	1.000	0.000
北京美联华新测控技术有限公司	3.000	3.000	1.000	0.440	0.454	6.000
北京航天海鹰集团	3.000	3.000	1.000	0.440	0.454	6.000
余姚市汇佳塑胶有限公司	1.000	1.000	1.000	1.000	1.000	0.000
林泉航天电机有限公司	1.000	1.000	1.000	1.000	1.000	0.000
杭州优能通信系统有限公司	1.000	1.000	1.000	1.000	1.000	0.000
中国人民解放军研究所	2.000	2.000	1.000	0.520	0.110	2.000
陕西航天工程有限公司	1.000	1.000	1.000	1.000	1.000	0.000
北京遥感设备研究所	4.000	4.000	1.000	0.250	0.000	12.000
深圳航天科工集团	2.000	2.000	1.000	0.375	0.210	0.000
北京动力机械研究所	3.000	2.375	0.792	0.627	0.199	4.000
湖北航天技术有限公司	2.000	2.000	1.000	0.375	0.210	6.000
深圳奥士达电子有限公司	2.000	1.167	0.583	1.003	0.110	0.000
泰州职业技术学院	1.000	1.000	1.000	1.000	1.000	0.000
北京航天新风机械设备	2.000	1.000	0.500	1.000	0.333	0.000
深圳市励康科技有限公司	1.000	1.000	1.000	1.000	1.000	0.000
暨南大学	2.000	2.000	1.000	0.556	0.278	2.000
贵州省机电装备工程技术研究中心	2.000	1.000	0.500	1.678	0.008	0.000
航天特种材料工艺研究所	1.000	1.000	1.000	1.000	1.000	0.000
广西金建华民用爆破器材	1.000	1.000	1.000	1.000	1.000	0.000

图 7-14 研发创新网络成长期的结构洞

第7章 云制造创新生态系统演化机理与运行机制实证研究

航天云制造联盟创新生态系统研发创新网络进入发展期,其网络结构如图 7-15 所示。

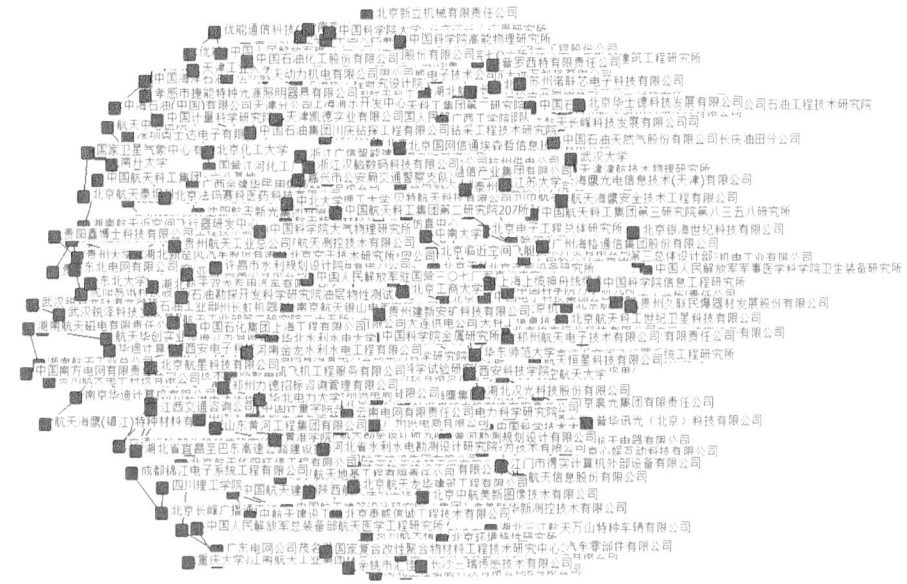

图 7-15 研发创新网络发展期

该阶段网络密度增长至 0.0364,表明航天云制造联盟创新生态系统内研发之间的合作关系更加紧密。根据点度中心度判断研发创新网络发展期直接获取资源能力最强的单位是北京航天爱威电子技术有限公司、北京计算机技术及应用研究所、中国航天建设集团有限公司以及中国航天科工集团,如图 7-16 所示,这些单位获取资源所消耗的时间与成本较低。根据接近中心度大小可以判断,研发创新网络发展期,信息交流自由度较高的研发单位有中国航天科工集团、中国电力科学研究院、北京理工大学、中国石油集团、清华大学等,如图 7-17 所示,这些研发单位在发展期阶段表现较为活跃。中间中心度与结构洞指数如图 7-18、图 7-19 所示,研发创新网络发展期网络资源控制能力最强的单位是中国航天科工集团、中国电力科学研究院、贵州航天有限公司以及北京机电工程研究所。研发创新网络发展期创新成果最多的单位是点度中心度高的机构,其中北京航天爱威电子技术有限公司取得专利 102 项,北京计算机技术及应用研究所取得专利 83 项,中国航天建设集团有限公司取得专利 69 项,中国航天科工集团取得专利 64 项。占据结构洞位置的研发单位便于掌握异质性资源,也取得了较多的研究成果,贵州航天有限公司取得专利 42 项,北京机电工程研究所取得专利 19 项。网络指标中的中间中心度与接近中心度并未对创新绩效产生明显影响,中国电力科学研究院取得专利 6 项，北京理工大学取得专利 16 项，中国石油集团取得专利 7 项，清华大学取得专利 2 项，中国电力科学研究院取得专利 6 项。

		1 Degree	2 NraDegree	3 Share
1	北京航天爱威电子技术有限公司	108.000	0.678	0.080
2	北京计算机技术及应用研究所	83.000	0.521	0.062
4	中国航天建设集团有限公司	73.000	0.458	0.054
3	中国航天科工集团	69.000	0.433	0.051
5	贵州航天电子科技有限公司	44.000	0.276	0.033
7	湖南航天光电有限公司	32.000	0.201	0.024
9	南京理工大学	30.000	0.188	0.022
6	陕西航天建筑工程有限公司	27.000	0.169	0.020
13	浙江朗为电气有限公司	27.000	0.169	0.020
10	哈尔滨工业大学	26.000	0.163	0.019
8	贵州省机电装备工程技术研究中心有限公司	23.000	0.144	0.017
11	湖北三江集团	23.000	0.144	0.017
20	北京航天勘察设计研究院	21.000	0.132	0.016
12	贵州慧联科技有限公司	20.000	0.126	0.015
16	中海石油电气集团	20.000	0.126	0.015
15	北京电机工程研究所	19.000	0.119	0.014
14	中国人民解放军研究所	19.000	0.119	0.014
25	贵州建工集团有限公司	19.000	0.119	0.014
27	北京建筑大学	18.000	0.113	0.013
29	贵阳鑫骑士科技有限公司	16.000	0.100	0.012
18	贵州师范学校	15.000	0.094	0.011
19	北京华天机电研究所有限公司	14.000	0.088	0.010
24	北京航天勘察设计研究院	14.000	0.088	0.010
22	清华大学电气有限公司	14.000	0.088	0.010
37	江苏嘉虹机电有限公司	13.000	0.082	0.010
21	中航天建集团有限公司	12.000	0.075	0.009
44	江苏省特种设备安全监测研究院	12.000	0.075	0.009
45	南京林业大学	11.000	0.069	0.008
23	上海机电工业研究所	11.000	0.069	0.008
26	云南机电工业集团	10.000	0.063	0.007
28	上海核工程研究所	9.000	0.056	0.007
17	中国航天建筑有限公司	9.000	0.056	0.007
43	中国电力科学研究院	9.000	0.056	0.007
30	泰州市航宇电缆附件有限公司	8.000	0.050	0.006
33	华迪计算机集团有限公司	8.000	0.050	0.006
32	南京航空航天大学	8.000	0.050	0.006
31	北京航天集团	8.000	0.050	0.006
61	广州海格通信集团股份有限公司	8.000	0.050	0.006
35	许昌市水利规划设计院	7.000	0.044	0.005
36	航天信息股份有限公司	7.000	0.044	0.005
161	河南金龙水利水电工程有限公司	7.000	0.044	0.005
162	淮阴学院	7.000	0.044	0.005
164	南京林业大学	7.000	0.044	0.005
51	华北水利水电大学	7.000	0.044	0.005
160	山东黄河工程集团	7.000	0.044	0.005
165	中国	7.000	0.044	0.005
46		7.000	0.044	0.005

图 7-16　研发创新网络发展期的点度中心度

		1 Farness	2 nCloseness
4	中国航天科工集团	13236.000	1.451
43	中国电力科学研究院	13292.000	1.444
18	北京大学	13315.000	1.442
35	中国石油集团	13319.000	1.442
109	清华大学	13333.000	1.440
14	中国人民解放军研究所	13334.000	1.440
10	哈尔滨工业大学	13341.000	1.439
38	北京动力机械研究所	13342.000	1.439
34	北京航空航天大学	13344.000	1.439
16	中海石油电气集团	13346.000	1.439
61	广州海格通信集团股份有限公司	13350.000	1.438
48	北京莫联华新测控技术有限公司	13352.000	1.438
31	北京航天集团	13354.000	1.438
80	湖南航天工业集团	13356.000	1.438
1	北京航天爱威电子技术有限公司	13358.000	1.437
155	石油勘探开发科学研究院油层物性测试中心	13359.000	1.437
154	石油工业部	13359.000	1.437
123	北京工业大学	13360.000	1.437
72	抚顺煤矿机制造有限责任公司	13360.000	1.437
107	江苏航天动力机电有限公司	13360.000	1.437
74	郑州航诺中流体控制技术有限公司	13360.000	1.437
187	北京机电工程研究所	13384.000	1.435
15	北京机电工程	13384.000	1.435
3	中国航天建设集团有限公司	13384.000	1.435
20	北京航天勘察设计研究院	13389.000	1.434
5	贵州航天电子有限公司	13392.000	1.434
8	北京华天机电研究所	13393.000	1.434
185	华北电力大学	13404.000	1.432
46		13409.000	1.432
7	北京思光集团	13417.000	1.431
58	北京遥感设备研究所	13420.000	1.431
23	上海机电工程研究所	13426.000	1.430
66	北京航天新风机械设备有限责任公司	13435.000	1.429
85	北京无线电计量测试研究所	13435.000	1.429
84	北京航天救援系统有限公司	13437.000	1.429
134	北京仿真中心	13439.000	1.429
39	中国江南航天工业集团	13449.000	1.428
119	中国江南航天机械工厂	13456.000	1.427
79	苏州航天机电有限公司	13456.000	1.427
124	贵州航天星辰科技有限公司	13457.000	1.427
26	云南航天工业集团	13458.000	1.427
125	北京航天测控技术有限公司	13458.000	1.427
30	泰州市航宇电缆附件有限公司	13461.000	1.426
11	湖北三江集团	13465.000	1.426
70	北京临近空间飞艇技术开发中心	13465.000	1.426
49	北京电子工程总体研究所	13465.000	1.426
62	湖北航天技术研究所	13466.000	1.426
83	北京航天技术研究所	13466.000	1.426
189	天津凯瑞实业有限公司	13467.000	1.426
68	北京环控工程研究所	13472.000	1.425

图 7-17　研发创新网络发展期的接近中心度

第 7 章　云制造创新生态系统演化机理与运行机制实证研究

	单位	1 Betweenness	2 nBetweenness
4	中国航天科工集团	6111.133	33.329
43	中国电力科学研究院	3367.000	18.363
3	中国航天建设集团有限公司	1412.500	7.703
24	北京华天机电研究所有限公司	1294.000	7.057
35	中国石油	1286.033	7.014
5	贵州航天有限公司	1142.400	6.230
18	北京理工大学	1104.900	6.026
14	中国人民解放军研究所	1052.967	5.743
15	北京机电工程研究所	949.433	5.178
16	中海石油电气集团	838.000	4.570
20	北京航天勘察设计研究有限公司	826.000	4.505
10	哈尔滨工业大学	797.025	4.347
7	南京晨光集团	766.500	4.180
34	北京航空航天大学	498.808	2.720
48	北京美联华新测控技术有限公司	487.000	2.656
31	北京航天鹰集团	368.000	2.007
38	北京动力机械研究所	340.300	1.856
46	中国科学院	286.283	1.561
58	北京遥感设备研究所	281.125	1.533
109	清华大学	274.983	1.500
11	湖北三江集团	247.000	1.347
30	泰州市航宇电器有限公司	247.000	1.347
66	北京环境特性研究有限责任公司	247.000	1.347
62	北京航天新风机械设备有限责任公司	247.000	1.347
9	湖北航天技术有限公司	246.000	1.342
99	国家电网公司	246.000	1.342
23	上海机电工程研究所	138.558	0.756
17	中国航天建设设计研究院	124.500	0.679
21	中航天建设工程有限公司	124.000	0.676
1	北京航天爱威电子技术有限公司	124.000	0.676
71	天津航天物理研究所	124.000	0.676
79	苏州江南航天机电工业有限公司	124.000	0.676
119	中国江南航天工业集团林果电机厂	124.000	0.676
100	国网青海省电力公司电力科学研究院	124.000	0.676
22	北京航天勘察设计有限公司	124.000	0.676
81	北京航天华阳环境工程有限公司	122.000	0.665
56	陕西航天建筑工程	122.000	0.665
85	北京无线电计量测试研究所	69.242	0.378
39	北京星航集团	19.700	0.107
36	航天信息股份有限公司	10.000	0.055
84	航天数控系统有限公司	5.608	0.031
25	贵州建新集团	5.000	0.027
40	北京长峰华天有限公司	5.000	0.027
8	贵州省机电装备工程技术研究中心有限公司	4.000	0.022
67	深圳航天工业	3.000	0.016
94	北京化工大学	3.000	0.016
27	北京航天测控技术有限公司	3.000	0.016
82	贵州大学	1.000	0.005
2	IEE国际电子工程股份有限公司	1.000	0.005
29	北京计算机技术及应用研究所	1.000	0.005
	贵阳鑫博士科技有限公司	0.000	0.000

图 7-18　研发创新网络发展期的中间中心度

单位	Degree	EffSize	Efficie	Constra	Hierarc	Ego Bet
北京航天爱威电子技术有限公司	2.000	2.000	1.000	0.644	0.587	2.000
北京计算机技术及应用研究所	1.000	1.000	1.000	1.000	1.000	0.000
中国航天建设集团有限公司	10.000	9.675	0.968	0.231	0.456	86.000
中国航天科工集团	22.000	21.816	0.992	0.171	0.660	456.000
贵州航天有限公司	11.000	10.868	0.988	0.180	0.447	108.000
陕西航天建筑工程有限公司	1.000	1.000	1.000	1.000	1.000	0.000
南京晨光集团	8.000	7.625	0.953	0.287	0.325	54.000
贵州省机电装备工程技术研究中心有限公司	3.000	2.870	0.957	0.785	0.835	4.000
南京航天工业集团	3.000	2.252	0.751	0.789	0.474	4.000
哈尔滨工业大学	7.000	6.667	0.952	0.244	0.191	40.000
湖北三江集团	4.000	3.302	0.825	0.571	0.731	10.000
贵州慧联万电气科技有限公司	1.000	1.000	1.000	1.000	1.000	0.000
浙江慧联万电气有限公司	2.000	1.169	0.584	0.961	0.255	0.000
中国人民解放军研究所	6.000	5.000	0.833	0.380	0.721	30.000
北京机电工程研究所	10.000	10.000	1.000	0.141	0.288	90.000
中海石油电气研究院	4.000	3.197	0.799	0.703	0.878	10.000
中国航建设有限公司	3.000	1.000	1.000	0.407	0.343	6.000
北京理工大学	6.000	1.000	1.000	0.367	0.695	30.000
北京航天勘察设计研究院	9.000	6.413	0.713	0.469	0.625	28.000
中航天建设工程有限公司	3.000	3.000	1.000	0.858	0.941	6.000
北京航天勘察设计有限公司	3.000	2.188	0.729	0.809	0.699	4.000
上海机电工程研究所	3.000	1.000	1.000	0.686	0.881	6.000
北京华天机电研究所有限公司	10.000	9.333	0.933	0.177	0.134	62.000
贵州新蒲新区大学	4.000	2.724	0.681	0.835	0.418	12.000
云南航天工业集团	1.000	1.000	1.000	1.000	1.000	0.000
上海核工程研究设计院	1.000	1.875	0.625	0.941	0.295	1.000
贵阳鑫博士科技有限公司	1.000	1.000	1.000	0.500	1.125	0.000
泰州市航宇电器有限公司	3.000	3.000	1.000	0.406	0.280	6.000
华迪计算机有限公司	1.000	1.000	1.000	1.000	1.000	0.000
南京航空机电有限公司	1.000	1.000	1.000	1.000	1.000	0.000
北京航空航天大学	3.000	5.750	0.958	0.227	0.075	28.000
中国石油集团	1.000	1.000	1.000	0.551	0.713	6.000
航天信息股份有限公司	5.000	5.000	1.000	0.224	0.137	20.000
真兴弘盛有限公司	1.000	1.000	1.000	1.000	1.000	0.000
北京动力机械研究所	3.000	3.583	0.896	0.390	0.115	10.000
北京星服集团	3.000	2.000	1.000	0.556	0.278	2.000
航天华创实业发展江苏有限公司	3.000	3.000	1.000	0.500	0.612	6.000
华创元天实业发展有限责任公司	1.000	1.000	1.000	1.000	1.000	0.000
中国电力科学研究院	5.000	4.185	0.837	0.542	0.158	16.000
江苏省特种设备安全监督	1.000	1.000	1.000	1.125	1.000	0.000
检验研究院	1.000	1.000	1.000	1.000	1.125	0.000
中国电子科技集团	6.000	5.714	0.952	0.235	0.083	28.000
北京美联华新测控技术有限公司	3.000	3.000	1.000	0.440	0.454	6.000
北京电子工程总体研究所	1.000	1.000	1.000	1.000	1.000	0.000
余姚市汇佳塑模	2.000	1.171	0.586	0.975	0.195	0.000
林泉航天电机有限公司	1.000	1.000	1.000	0.586	0.975	0.000
南京航空航天大学	1.000	1.000	1.000	1.000	1.000	0.000

图 7-19　研发创新网络发展期的结构洞

技术融合网络萌芽期的网络结构如图 7-20 所示。在此阶段多数融合创新只发生在同一知识领域之内，所以网络的联通性较差，网络密度仅为 0.0143。如图 7-21 所示，根据点度中心度判断直接获取资源能力最强的技术种类有 H04B、G08B。如图 7-22 所示，根据接近中心度判断该阶段获取资源信息自由度较高的技术种类有 H01R、G01C、G08B、H04N、B60R。如图 7-23 所示，根据中间中心度判断可以控制网络资源传播的技术种类有 H01R、H02K、G02B、G01C。如图 7-24 所示，占据结构洞位置的技术种类有 H01R、G01R、H02K。在技术融合网络萌芽期，H01R 有着最高的接近中心度与中间中心度，所以有着最高的创新绩效，此阶段属于 H01R 的专利技术 337 项。占据结构洞位置的 G01R 与 H02K 创新绩效较高，此阶段属于 G01R 的专利 67 项，属于 H02K 的专利 43 项。其余有较高接近中心度和中间中心度的技术种类也有较多的创新成果，G01C 包含专利 49 项，G08B 包含专利 24 项，H04N 包含专利 26 项，B60R 包含专利 24 项，H02K 包含专利 43 项，G02B 包含专利 13 项，H04B 包含专利 40 项。

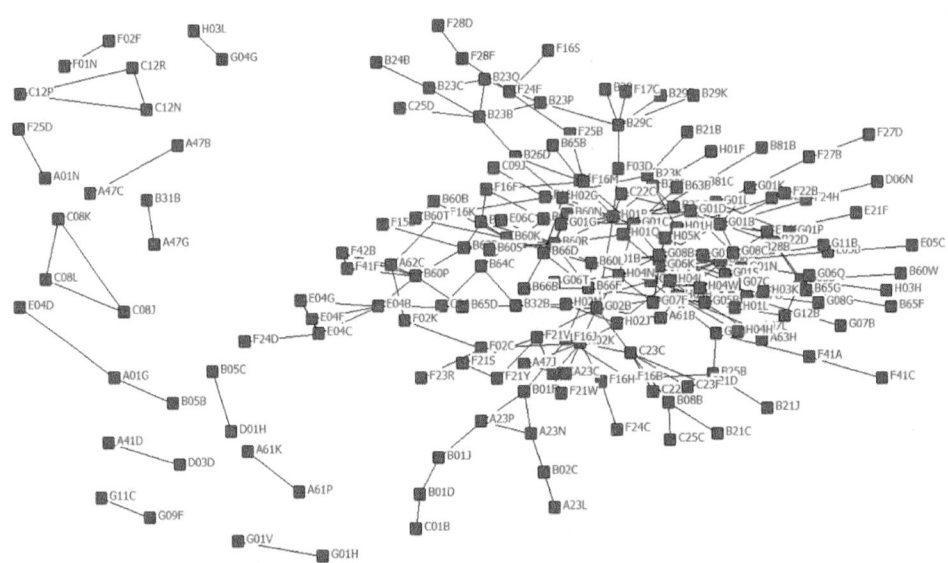

图 7-20 技术融合网络萌芽期

	Degree	NrmDegree	Share
16 H04B	56.000	1.249	0.044
32 G08B	46.000	1.026	0.036
22 G01S	39.000	0.870	0.030
47 G07C	38.000	0.847	0.030
48 H04W	35.000	0.780	0.027
3 G06F	29.000	0.647	0.023
30 B60P	24.000	0.535	0.019
50 A61B	24.000	0.535	0.019
13 H02K	23.000	0.513	0.018
9 H04L	23.000	0.513	0.018
56 A62C	21.000	0.468	0.016
12 G01N	21.000	0.468	0.016
1 H01R	19.000	0.424	0.015
23 G06K	19.000	0.424	0.015
5 G01R	17.000	0.379	0.013
38 F42B	17.000	0.379	0.013
33 B60R	16.000	0.357	0.012
70 F41F	15.000	0.334	0.012
15 B62D	15.000	0.334	0.012
27 H04N	14.000	0.312	0.011
19 G05B	13.000	0.290	0.010
28 H02J	13.000	0.290	0.010
65 E04B	13.000	0.290	0.010
18 G07G	13.000	0.290	0.010
2 F24F	12.000	0.268	0.009
20 B23B	12.000	0.268	0.009
10 B29C	12.000	0.268	0.009
29 B60K	12.000	0.268	0.009
39 G01B	11.000	0.245	0.009
6 F25B	11.000	0.245	0.009
11 G01C	11.000	0.245	0.009
84 C23C	11.000	0.245	0.009
69 G02B	10.000	0.223	0.008
45 B60G	10.000	0.223	0.008
37 H02M	10.000	0.223	0.008
58 B65D	9.000	0.201	0.007
80 A61K	9.000	0.201	0.007
61 G05D	9.000	0.201	0.007
14 F16L	9.000	0.201	0.007
46 G01L	9.000	0.201	0.007
21 H01Q	9.000	0.201	0.007
8 E21B	9.000	0.201	0.007
85 E04C	8.000	0.178	0.006
7 H01H	8.000	0.178	0.006
24 B23Q	8.000	0.178	0.006
78 B01D	8.000	0.178	0.006
97 A61P	8.000	0.178	0.006
96 G08C	7.000	0.156	0.005
111 G01D	7.000	0.156	0.005
40 H02G	7.000	0.156	0.005

	Farness	nCloseness
1 H01R	37156.000	0.805
11 G01C	37185.000	0.804
32 G08B	37202.000	0.804
27 H04N	37203.000	0.804
33 B60R	37206.000	0.804
69 G02B	37210.000	0.804
5 G01R	37213.000	0.803
9 H04L	37215.000	0.803
181 B60L	37231.000	0.803
7 H01H	37233.000	0.803
57 B66F	37235.000	0.803
3 G06F	37237.000	0.803
13 H02K	37238.000	0.803
25 H05K	37240.000	0.803
21 H01Q	37242.000	0.803
35 H01B	37243.000	0.803
95 F16M	37250.000	0.803
16 H04B	37252.000	0.803
111 G01D	37256.000	0.803
39 G01B	37259.000	0.802
19 G05B	37262.000	0.802
28 H02J	37274.000	0.802
37 H02M	37275.000	0.802
8 E21B	37275.000	0.802
12 G01N	37278.000	0.802
96 G08C	37281.000	0.802
40 H02G	37285.000	0.802
46 G01L	37287.000	0.802
59 F16J	37287.000	0.802
174 G01G	37289.000	0.802
114 B60N	37289.000	0.802
22 G01S	37291.000	0.802
14 F16L	37292.000	0.802
23 G06K	37293.000	0.802
18 G07G	37299.000	0.802
48 H04W	37306.000	0.801
150 F03D	37310.000	0.801
71 B22C	37312.000	0.801
75 B65H	37314.000	0.801
50 A61B	37315.000	0.801
29 B60K	37316.000	0.801
6 F25B	37321.000	0.801
153 B22F	37322.000	0.801
182 C22C	37324.000	0.801
45 B60G	37325.000	0.801
47 G07C	37325.000	0.801
84 C23C	37326.000	0.801
74 B64D	37328.000	0.801
106 B32B	37331.000	0.801
161 H03K	37332.000	0.801
93 G01J	37332.000	0.801

图 7-21 技术融合网络萌芽期的 点度中心度

图 7-22 技术融合网络萌芽期的 接近中心度

在成长期技术融合网络内跨知识领域的技术专利之间也开始融合创新,网络结构如图 7-25 所示,在成长期技术融合网络的联通性有了一定的提升,网络密度上升至 0.021。图 7-26 展示了技术融合网络成长期节点的接近中心度,根据接近中心度判断直接获取资源能力最强的技术种类有 G06F、G01S、H04B。图 7-27 展示了技术融合网络成长期节点的中间中心度,根据中间中心度判断该阶段获取资源信息自由度较高的技术种类有 G01N、G06F、H05K、G02B、G05B。图 7-28 展示了技术融合网络成长期节点的点度中心度,根据点度中心度判断可以控制网络资源传播的技术种类有 B01D、G06F、G01N。图 7-29 展示了技术融合网络成长期节点的结构洞指数,占据结构洞位置的技术种类有 G06F、G01R、G01S。在此阶段 G01N 与 G06F 在网络中有最高的接近中心度,并占据结构洞位置,所以这两个技术种类的创新绩效较高,G01N 包含专利 197 项,G06F 包含专利 454 项。另外一个占据结构洞位置的技术种类 G01S 也有较高的创新绩效,取得专利 152 项。其余接近中心度较高的节点如 H05K 包含专利 113 项,G02B 包含专利 111 项,G05B 包含专利 160 项。中间中心度较高的节点 B01D 包含专利 24 项。点度中心度较高的节点 H04B 包含专利 116 项。

	Node	1 Betweenness	2 nBetweenness
1	H01R	4799.560	10.773
13	H02K	2463.687	5.530
69	G02B	2317.489	5.202
11	G01C	2004.679	4.500
33	B60R	1950.889	4.379
59	F16J	1774.438	3.983
5	G01R	1602.296	3.597
57	B66F	1353.282	3.038
150	F03D	1325.329	2.975
88	B01F	1243.812	2.792
10	B29C	1230.829	2.763
25	H05K	1148.878	2.579
27	H04N	1094.112	2.456
84	C23C	1035.000	2.323
3	G06F	1001.361	2.248
19	G05B	980.651	2.201
32	G08B	927.177	2.081
9	H04L	922.174	2.070
16	H04B	919.862	2.065
95	F16M	908.461	2.039
39	G01B	890.750	1.999
14	F16L	888.864	1.995
6	F25B	881.603	1.979
29	B60K	846.295	1.900
37	H02M	805.675	1.808
100	B26D	803.504	1.804
35	H01B	802.234	1.801
7	H01H	767.824	1.723
58	B65D	738.945	1.659
40	H02G	724.586	1.626
2	F24F	695.000	1.560
181	B60L	691.075	1.551
28	H02J	686.669	1.541
15	B62D	681.423	1.530
20	B23B	663.671	1.490
8	E21B	620.845	1.394
76	G01M	608.256	1.365
111	G01D	602.665	1.353
30	B60P	595.471	1.337
31	F16K	563.042	1.264
94	F21V	524.000	1.176
160	B63B	522.000	1.172
127	G01K	512.831	1.151
21	H01Q	511.091	1.147
75	B65H	508.052	1.140
65	E04B	470.719	1.057
106	B32B	466.776	1.048
61	G05D	453.801	1.019

图 7-23 技术融合网络萌芽期的中间中心度

Node	Degree	EffSize	Efficie	Constra	Hierarc	Ego Bet
H01R	15.000	14.172	0.945	0.149	0.119	193.000
F24F	3.000	3.000	1.000	0.597	0.772	6.000
G06F	12.000	9.980	0.832	0.304	0.314	83.667
F16B	2.000	2.000	1.000	0.556	0.278	2.000
G01R	11.000	10.357	0.942	0.186	0.100	91.000
F25B	3.000	3.000	1.000	0.686	0.881	6.000
H01H	6.000	5.750	0.958	0.227	0.075	28.000
E21B	7.000	6.056	0.865	0.338	0.213	34.000
H04L	10.000	8.038	0.804	0.353	0.365	55.000
B29C	6.000	5.639	0.940	0.286	0.190	28.000
G01C	8.000	7.636	0.955	0.178	0.064	51.000
G01N	6.000	5.238	0.873	0.670	0.465	26.000
H02K	12.000	11.196	0.933	0.189	0.187	123.000
F16L	5.000	4.778	0.956	0.384	0.348	18.000
B62D	7.000	6.133	0.876	0.297	0.149	28.000
H04B	11.000	9.115	0.829	0.360	0.265	93.000
B23K	3.000	3.000	1.000	0.333	0.000	6.000
G07G	7.000	5.203	0.743	0.487	0.381	23.000
G05B	8.000	7.500	0.938	0.219	0.106	52.000
B23B	5.000	4.236	0.847	0.475	0.280	15.000
H01Q	5.000	4.400	0.880	0.506	0.539	18.000
G01S	8.000	5.293	0.662	0.615	0.327	26.000
G06K	7.000	5.084	0.726	0.458	0.245	12.000
B23Q	3.000	1.688	0.563	0.905	0.210	1.000
H05K	4.000	3.500	0.875	0.406	0.055	10.000
F15B	1.000	1.000	1.000	1.000	1.000	0.000
H04N	11.000	9.766	0.888	0.278	0.120	67.167
H02J	7.000	6.346	0.907	0.293	0.348	37.000
B60K	9.000	7.438	0.826	0.329	0.113	45.000
B60P	6.000	4.688	0.781	0.447	0.141	22.000
F16K	3.000	3.000	1.000	0.375	0.210	6.000
G08B	11.000	8.168	0.743	0.526	0.388	53.667
B60R	11.000	9.506	0.864	0.268	0.256	87.000
F16M	3.000	3.000	1.000	0.333	0.000	6.000
H01B	3.000	3.000	1.000	0.375	0.210	6.000

图 7-24 技术融合网络萌芽期的结构洞

第 7 章 云制造创新生态系统演化机理与运行机制实证研究

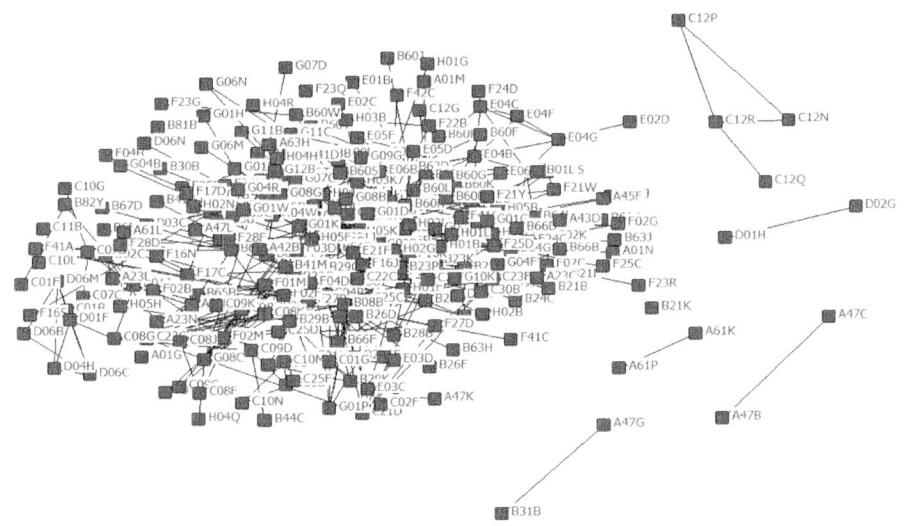

图 7-25 技术融合网络成长期

```
           1        2                          1         2
        Farness  nCloseness                Betweenness nBetweenness

  6 G01N  34841.000    1.145        102 B01D   5431.689    6.841
  2 G06F  34860.000    1.145          2 G06F   4132.422    5.204
 26 H05K  34866.000    1.144          6 G01N   4071.967    5.128
 27 G02B  34869.000    1.144         27 G02B   3592.539    4.525
 11 G05B  34870.000    1.144         13 B29C   3460.033    4.358
  1 H01R  34879.000    1.144         38 B60R   3244.045    4.086
  8 E21B  34880.000    1.144        124 B01F   3241.449    4.082
  3 G01R  34884.000    1.144         11 G05B   3179.139    4.004
 12 G01S  34886.000    1.144         12 G01S   3001.599    3.780
 61 F16J  34887.000    1.144         61 F16J   2911.596    3.667
  9 G01C  34888.000    1.144         86 B32B   2694.837    3.394
 38 B60R  34894.000    1.143         26 H05K   2643.869    3.330
 15 G06K  34907.000    1.143         18 H02K   2344.700    2.953
  5 F16B  34913.000    1.143         82 B01J   2327.684    2.932
 19 G01M  34916.000    1.143          1 H01R   2257.508    2.843
 18 H02K  34917.000    1.143        142 B05B   2249.879    2.834
 13 B29C  34923.000    1.143          9 G01C   2183.499    2.750
 16 H04N  34924.000    1.142         19 G01M   2183.213    2.750
 54 G01D  34927.000    1.142         30 B62D   2161.087    2.722
 17 F16L  34931.000    1.142          8 E21B   2051.446    2.584
 35 B23P  34933.000    1.142         15 G06K   1950.825    2.457
 24 H04B  34935.000    1.142         21 F24F   1949.768    2.456
 14 G01B  34942.000    1.142         29 F16K   1753.314    2.208
 47 G05D  34943.000    1.142         14 G01B   1685.932    2.123
 41 G01L  34946.000    1.142          3 G01R   1671.377    2.105
 86 B32B  34952.000    1.142         39 F15B   1659.946    2.091
 29 F16K  34956.000    1.141         37 B60P   1649.218    2.077
 22 H01Q  34962.000    1.141         17 F16L   1615.348    2.034
 33 H02M  34969.000    1.141         41 G01L   1595.148    2.009
 51 G08B  34969.000    1.141         35 B23P   1557.629    1.962
 65 F16M  34970.000    1.141         24 H04B   1430.997    1.802
 10 B23K  34970.000    1.141         45 B65G   1320.597    1.663
  4 H04L  34973.000    1.141         10 B23K   1299.960    1.637
 60 F16F  34974.000    1.141        158 F25D   1271.099    1.601
 52 H02G  34975.000    1.141         59 H01F   1268.689    1.598
 40 F16H  34979.000    1.141        330 D01F   1240.000    1.562
 71 G08C  34981.000    1.141         87 B64D   1231.295    1.551
 66 B66F  34981.000    1.141          5 F16B   1227.223    1.546
 34 H02J  34983.000    1.141         36 B25B   1211.773    1.526
 39 F15B  34985.000    1.140        134 E21F   1196.977    1.508
 55 G01J  34985.000    1.140         16 H04N   1131.039    1.424
105 A61B  34986.000    1.140         34 H02J   1091.456    1.375
 21 F24F  34994.000    1.140         47 G05D   1062.141    1.338
 90 B64C  34994.000    1.140         90 B64C   1048.109    1.320
118 C22C  34997.000    1.140        117 B08B   1039.027    1.309
134 E21F  35004.000    1.140         25 B23B   1028.105    1.295
 87 B64D  35006.000    1.140         22 H01Q   1007.557    1.269
 67 G01P  35006.000    1.140         99 C08L    999.639    1.259
102 B01D  35011.000    1.140        107 C07C    933.000    1.175
 25 B23B  35012.000    1.140
 50 H01B  35012.000    1.140
```

图 7-26 技术融合网络成长期的接近中心度　　图 7-27 技术融合网络成长期的中间中心度

	1 Degree	2 NrmDegree	3 Share
2 G06F	89.000	0.929	0.027
12 G01S	85.000	0.888	0.025
24 H04B	82.000	0.856	0.024
4 H04L	76.000	0.794	0.023
15 G06K	63.000	0.658	0.019
44 H04W	56.000	0.585	0.017
16 H04N	54.000	0.564	0.016
51 G08B	52.000	0.543	0.016
27 G02B	52.000	0.543	0.016
6 G01N	50.000	0.522	0.015
3 G01R	48.000	0.501	0.014
7 B23Q	47.000	0.491	0.014
38 B60R	44.000	0.459	0.013
37 B60P	44.000	0.459	0.013
74 G07C	41.000	0.428	0.012
11 G05B	39.000	0.407	0.012
1 H01R	36.000	0.376	0.011
9 G01C	36.000	0.376	0.011
25 B23B	36.000	0.376	0.011
30 B62D	35.000	0.365	0.010
18 H02K	35.000	0.365	0.010
72 F24F	34.000	0.355	0.010
26 H05K	32.000	0.334	0.010
19 G01M	31.000	0.324	0.009
13 B29C	31.000	0.324	0.009
28 F25B	30.000	0.313	0.009
105 A61B	30.000	0.313	0.009
99 C08L	29.000	0.303	0.009
17 F16L	28.000	0.292	0.008
35 B23P	27.000	0.282	0.008
34 H02J	27.000	0.282	0.008
49 F42B	27.000	0.282	0.008
71 G08C	27.000	0.282	0.008
102 B01D	27.000	0.282	0.008
110 F02F	26.000	0.272	0.008
103 A62C	26.000	0.272	0.008
33 H02M	26.000	0.272	0.008
8 E21B	25.000	0.261	0.007
130 F01P	24.000	0.251	0.007
148 F02B	23.000	0.240	0.007
41 G01L	23.000	0.240	0.007
86 B32B	23.000	0.240	0.007
20 G01B	22.000	0.230	0.007
31 G06Q	22.000	0.230	0.007
93 E04B	22.000	0.230	0.007
32 G07G	21.000	0.219	0.006
159 C08K	21.000	0.219	0.006
47 G05D	21.000	0.219	0.006
112 C22F	21.000	0.219	0.006
22 H01Q	21.000	0.219	0.006

图 7-28 技术融合网络成长期的点度中心度

	Degree	EffSize	Efficie	Constra	Hierarc	Ego Bet
H01R	24.000	21.831	0.910	0.156	0.155	350.100
G06F	40.000	35.167	0.879	0.199	0.449	874.904
G01R	34.000	30.347	0.893	0.148	0.231	571.424
H04L	22.000	16.992	0.772	0.292	0.412	150.434
G01N	29.000	25.845	0.891	0.180	0.263	390.541
F16B	14.000	11.935	0.852	0.260	0.276	118.333
B23K	17.000	15.266	0.898	0.234	0.345	222.333
G05B	28.000	25.138	0.898	0.164	0.222	436.626
E21B	27.000	24.987	0.925	0.129	0.133	541.833
G01M	25.000	22.411	0.896	0.192	0.327	421.986
G01S	39.000	34.994	0.897	0.151	0.290	771.406
B23Q	13.000	11.536	0.887	0.348	0.531	91.667
G01B	20.000	20.199	0.878	0.188	0.204	306.700
H02M	15.000	12.682	0.845	0.264	0.285	116.167
F16L	18.000	18.564	0.928	0.164	0.232	369.833
G01C	23.000	20.219	0.879	0.202	0.353	270.940
B29C	21.000	21.773	0.947	0.153	0.200	424.000
H04N	30.000	26.208	0.874	0.216	0.353	367.479
B21D	11.000	8.866	0.806	0.361	0.187	49.167
H02K	21.000	19.704	0.938	0.138	0.157	367.000
G06K	27.000	23.221	0.860	0.219	0.319	308.262
H05K	27.000	24.870	0.921	0.177	0.218	408.383
H01Q	14.000	12.197	0.871	0.297	0.252	93.667
F24F	14.000	12.222	0.873	0.456	0.771	140.333
G02B	29.000	27.016	0.932	0.140	0.206	533.767
H04B	23.000	20.056	0.872	0.209	0.248	265.398
F16K	13.000	13.718	0.915	0.215	0.335	180.667
B25B	15.000	13.488	0.899	0.218	0.182	152.833
B23B	9.000	6.270	0.697	0.646	0.703	45.333
B23P	19.000	17.443	0.918	0.209	0.234	227.333
H02J	21.000	18.515	0.882	0.191	0.198	286.600
H01H	12.000	10.188	0.849	0.335	0.214	76.667
G06Q	12.000	8.128	0.677	0.483	0.337	25.200
F25B	9.000	6.332	0.704	0.617	0.823	49.667
F16H	19.000	17.449	0.918	0.150	0.129	254.833
B60R	32.000	28.199	0.881	0.210	0.533	682.886
G06T	5.000	2.551	0.510	0.735	0.219	0.500
B62D	18.000	15.170	0.843	0.268	0.367	205.333
G01L	21.000	18.851	0.898	0.191	0.185	268.667
G07G	9.000	5.654	0.628	0.599	0.328	18.067
B65G	8.000	6.980	0.873	0.350	0.342	43.000
B60P	25.000	22.068	0.883	0.203	0.312	448.333
B65G	9.000	8.692	0.966	0.183	0.181	70.000
G05D	20.000	18.026	0.901	0.175	0.158	247.133
B21C	9.000	8.067	0.896	0.256	0.060	52.000
F15B	9.000	8.455	0.939	0.203	0.093	65.000
F42B	12.000	9.964	0.830	0.431	0.525	104.000
B24B	6.000	4.901	0.817	0.510	0.204	18.667

图 7-29 技术融合网络成长期的结构洞

在技术融合网络的发展期网络结构如图 7-30 所示,网络中的技术种类之间已经形成了共生关系,技术创新的相关性进一步加强,网络密度也上升至 0.0288。通过 UCINET 测量网络指标得到技术融合网络在发展期的各中心度以及结构洞指数。如图 7-31 所示,点度中心度较高的节点有 G06F、G01S、H04L、H05B。如图 7-32 所示,接近中心度较高的节点有 G01N、G05B、G06F、E21B、G02B。如图 7-33 所示,中间中心度较高的节点有 B01D、G06F、B29C、B60R。如图 7-34 所示,网络中结构洞指数较高的节点有 G06F、G01R。在发展期技术融合网络中最为活跃的节点是 G16F,其在网络中占据最高的点度中心度与结构洞指数,包含专利 628 项。占据接近中心度高的节点创新绩效也较高,G01N 包含专利 305 项,G05B 包含专利 262 项,E21B 包含专利 258 项,G02B 包含专利 164 项。中间中心度对创新绩效的影响相对不明显,B01D 包含专利 33 项,B29C 包含专利 200 项,B60R 包含专利 115 项。点度中心度高的节点创新成果也较多,G01S 包含专利 253 项,H04L 包含专利 321 项,H05B 包含专利 38 项。结构洞指数较高的节点还包括 G01R,包含专利 496 项。

第 7 章 云制造创新生态系统演化机理与运行机制实证研究

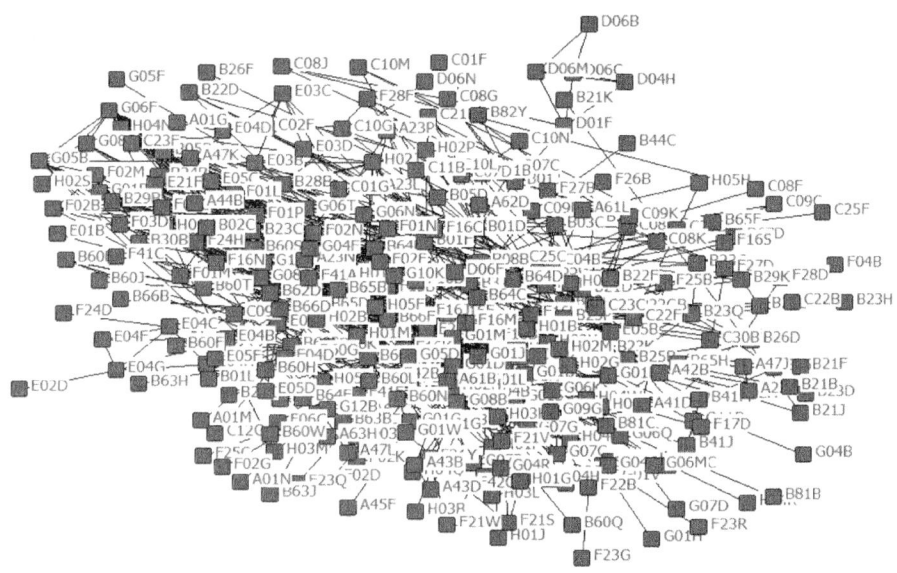

图 7-30 技术融合网络发展期

```
              1        2        3
           Degree  NrmDegree  Share
           ------  ---------  -----
  2 G06F   127.000   1.101    0.026
 11 G01S   112.000   0.971    0.023
  4 H04L   104.000   0.902    0.021
 26 H04B   102.000   0.884    0.021
 21 G06K    80.000   0.693    0.016
 18 H04N    79.000   0.685    0.016
 36 B60R    76.000   0.659    0.016
  5 G01N    69.000   0.598    0.014
  3 G01R    69.000   0.598    0.014
 25 G02B    66.000   0.572    0.013
 52 H04W    65.000   0.563    0.013
 10 G01M    61.000   0.529    0.012
  8 G05B    60.000   0.520    0.012
 12 B23Q    59.000   0.511    0.012
 42 B60P    58.000   0.503    0.012
 64 G08B    55.000   0.477    0.011
 22 H05K    54.000   0.468    0.011
114 F21V    52.000   0.451    0.011
  9 E21B    51.000   0.442    0.010
 17 B29C    49.000   0.425    0.010
 24 F24F    47.000   0.407    0.010
 98 B60N    46.000   0.399    0.009
 14 H02M    46.000   0.399    0.009
 87 G07C    45.000   0.390    0.009
  1 H01R    44.000   0.381    0.009
102 C08L    44.000   0.381    0.009
 38 B62D    44.000   0.381    0.009
 16 G01C    42.000   0.364    0.009
 78 C22C    42.000   0.364    0.009
 34 F25B    40.000   0.347    0.008
 29 B23B    40.000   0.347    0.008
 20 H02K    40.000   0.347    0.008
164 F21Y    39.000   0.338    0.008
 31 H02J    39.000   0.338    0.008
 30 B23P    39.000   0.338    0.008
 33 G06Q    38.000   0.329    0.008
117 A61B    38.000   0.329    0.008
 39 G01L    38.000   0.329    0.008
 47 F42B    37.000   0.321    0.008
101 A62C    37.000   0.321    0.008
 57 G01D    36.000   0.312    0.007
149 C08K    36.000   0.312    0.007
110 B01D    35.000   0.303    0.007
 15 F16L    35.000   0.303    0.007
163 F21S    35.000   0.303    0.007
 13 G01B    34.000   0.295    0.007
 86 B32B    34.000   0.295    0.007
 28 B25B    33.000   0.286    0.007
 76 G08C    33.000   0.286    0.007
 37 G06T    32.000   0.277    0.007
```

图 7-31 技术融合网络发展期的点度中心度

		1 Farness	2 nCloseness
5	G01N	30162.000	1.366
8	G05B	30180.000	1.365
2	G06F	30181.000	1.365
9	E21B	30183.000	1.365
25	G02B	30188.000	1.365
11	G01S	30188.000	1.365
22	H05K	30199.000	1.364
3	G01R	30205.000	1.364
13	G01B	30214.000	1.364
70	F16J	30219.000	1.363
27	F16K	30223.000	1.363
17	B29C	30227.000	1.363
57	G01D	30228.000	1.363
16	G01C	30228.000	1.363
36	B60R	30229.000	1.363
10	G01M	30229.000	1.363
1	H01R	30229.000	1.363
20	H02K	30233.000	1.363
18	H04N	30233.000	1.363
15	F16L	30235.000	1.363
44	G05D	30239.000	1.362
35	F16H	30247.000	1.362
6	F16B	30252.000	1.362
30	B23P	30255.000	1.362
72	E04H	30258.000	1.362
86	B32B	30261.000	1.361
42	B60P	30261.000	1.361
21	G06K	30264.000	1.361
28	B25B	30264.000	1.361
63	F16M	30265.000	1.361
61	B66F	30266.000	1.361
85	B64C	30271.000	1.361
14	H02M	30271.000	1.361
26	H04B	30272.000	1.361
76	G08C	30275.000	1.361
23	H01Q	30280.000	1.361
39	G01L	30281.000	1.361
7	B23K	30288.000	1.360
31	H02J	30289.000	1.360
110	B01D	30289.000	1.360
53	H03K	30291.000	1.360
24	F24F	30292.000	1.360
71	F16F	30293.000	1.360
4	H04L	30298.000	1.360
64	G08B	30298.000	1.360
54	G01J	30305.000	1.360
59	H02G	30316.000	1.359
32	H01H	30319.000	1.359
99	G01K	30319.000	1.359
46	F15B	30319.000	1.359
47	F42B	30320.000	1.359

图 7-32 技术融合网络发展期的接近中心度

		1 Betweenness	2 nBetweenness
110	B01D	5863.653	6.926
2	G06F	3672.184	4.337
17	B29C	3454.656	4.080
36	B60R	3230.556	3.816
8	G05B	3187.010	3.764
5	G01N	3181.480	3.758
9	E21B	3067.096	3.623
25	G02B	3062.097	3.617
11	G01S	2870.378	3.390
35	F16H	2841.896	3.357
86	B32B	2713.671	3.205
20	H02K	2537.423	2.997
42	B60P	2516.474	2.972
72	E04H	2431.251	2.872
10	G01M	2378.598	2.809
70	F16J	2328.927	2.751
27	F16K	2316.191	2.736
15	F16L	2262.036	2.672
3	G01R	2182.703	2.578
22	H05K	2078.534	2.455
13	G01B	2076.315	2.452
24	F24F	2035.573	2.404
1	H01R	1801.614	2.128
21	G06K	1648.115	1.947
28	B25B	1625.462	1.920
161	B01F	1594.797	1.884
18	H04N	1571.123	1.856
106	B01J	1561.809	1.845
43	B65G	1519.570	1.795
26	H04B	1503.507	1.776
61	B66F	1486.646	1.756
39	G01L	1478.895	1.747
85	B64C	1398.363	1.652
78	C22C	1376.707	1.626
16	G01C	1367.291	1.615
102	C08L	1314.236	1.552
55	C04B	1298.895	1.534
31	H02J	1291.218	1.525
44	G05D	1233.005	1.456
7	B23K	1229.961	1.453
38	B62D	1204.450	1.423
30	B23P	1180.651	1.394
159	F25D	1120.959	1.324
180	B05C	1035.761	1.223
46	F15B	1022.083	1.207
108	C07C	1014.000	1.198
149	C08K	985.787	1.164
57	G01D	979.165	1.157
49	H01F	971.493	1.147

图 7-33 技术融合网络发展期的中间中心度

	Degree	EffSize	Efficie	Constra	Hierarc	Ego Bet
H01R	24.000	21.831	0.910	0.156	0.155	350.100
G06F	40.000	35.167	0.879	0.199	0.449	874.904
G01R	34.000	30.347	0.893	0.148	0.231	571.424
H04L	22.000	16.992	0.772	0.292	0.412	150.434
G01N	29.000	25.845	0.891	0.180	0.263	390.541
F16B	14.000	11.935	0.852	0.260	0.276	118.333
B23K	17.000	15.266	0.898	0.234	0.345	222.333
G05B	28.000	25.138	0.898	0.164	0.222	436.626
E21B	27.000	24.987	0.925	0.129	0.133	541.833
G01M	25.000	22.411	0.896	0.192	0.327	421.986
G01S	39.000	34.994	0.897	0.151	0.290	771.406
B23Q	13.000	11.536	0.887	0.348	0.531	91.667
G01B	23.000	20.199	0.878	0.188	0.204	306.300
H02M	15.000	12.682	0.845	0.264	0.285	116.167
F16L	20.000	18.564	0.928	0.164	0.232	309.833
G01C	23.000	20.219	0.879	0.202	0.353	270.940
B29C	23.000	21.773	0.947	0.153	0.200	424.000
H04N	30.000	26.208	0.874	0.216	0.353	367.479
B21D	11.000	8.866	0.806	0.361	0.187	49.167
H02K	21.000	19.704	0.938	0.138	0.157	367.000
G06K	27.000	23.221	0.860	0.219	0.319	308.262
H05K	27.000	24.870	0.921	0.177	0.218	408.383
H01Q	14.000	12.197	0.871	0.297	0.252	93.667
F24F	14.000	12.222	0.873	0.456	0.771	140.333
G02B	29.000	27.016	0.932	0.140	0.206	533.767
H04B	23.000	20.056	0.872	0.209	0.248	265.398
F16K	15.000	13.718	0.915	0.215	0.335	180.667
B25B	15.000	13.488	0.899	0.218	0.182	152.833
B23B	9.000	6.270	0.697	0.646	0.703	45.333
B23P	19.000	17.443	0.918	0.209	0.234	227.333
H02J	21.000	18.515	0.882	0.191	0.198	286.600
H01H	12.000	10.188	0.849	0.335	0.214	76.667
G06Q	12.000	8.128	0.677	0.483	0.337	25.200
F25B	9.000	6.332	0.704	0.617	0.823	49.667
F16H	19.000	17.449	0.918	0.150	0.129	254.833
B60R	32.000	28.199	0.881	0.210	0.533	682.886
G06T	5.000	2.551	0.510	0.735	0.219	0.500
B62D	18.000	15.170	0.843	0.268	0.367	205.333
G01L	21.000	18.851	0.898	0.191	0.185	288.667
G07G	9.000	5.654	0.628	0.599	0.328	18.067
B65D	8.000	6.980	0.873	0.350	0.342	43.000
B60P	25.000	22.068	0.883	0.203	0.312	448.333
B65G	9.000	8.692	0.966	0.183	0.181	70.000
G05D	20.000	18.026	0.901	0.175	0.158	247.133
B21C	9.000	8.067	0.896	0.256	0.060	52.000
F15B	9.000	8.455	0.939	0.203	0.093	65.000
F42B	12.000	9.964	0.830	0.431	0.525	104.000
B24B	6.000	4.901	0.817	0.510	0.204	18.667
H01F	13.000	12.038	0.926	0.282	0.395	138.000
B65H	5.000	3.964	0.793	0.477	0.097	12.000
H01M	6.000	5.357	0.893	0.362	0.090	24.000

图 7-34 技术融合网络发展期的结构洞

机构-技术融合网络属于二模网络，网络中存在两种节点单元，相较于一模网络考察同一种节点单元之间的结构关系，二模网络主要研究一种节点对另一种节点的占有关系或归属关系。机构-技术融合网络萌芽期的网络结构如图 7-35 所示。

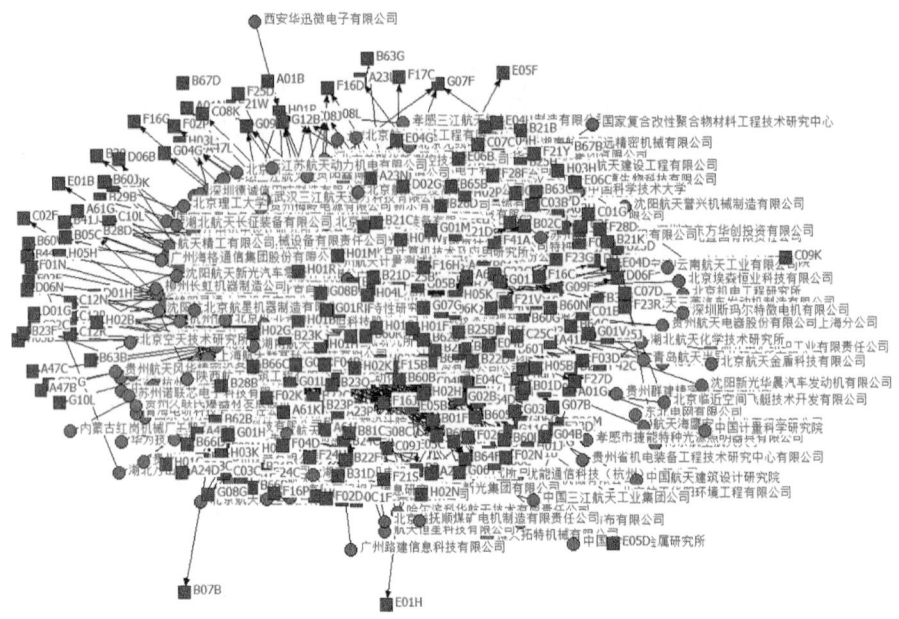

图 7-35 机构-技术融合网络萌芽期

此类网络的密度较大,在机构-技术融合网络的萌芽期网络密度达到 0.1332。图 7-36 展示了机构-技术融合网络在萌芽期网络节点的点度中心度,点度中心度高的单位有航天特种材料及工艺技术研究所、中国航天科工集团、贵州航天电器股份有限公司以及苏州华旃航天电器有限公司。图 7-37 展示了机构-技术融合网络在萌芽期网络节点的接近中心度,根据接近中心度判断在机构-技术融合网络萌芽期掌握技术专利而不受其他企业影响的单位是国营化工厂、航天特种材料及工艺技术研究所、贵州航天凯宏科技有限责任公司、北京华天机电研究所有限公司、云南航天工业总公司,这些单位可以不依靠合作独自申请技术专利。图 7-38 展示了机构-技术融合网络在萌芽期网络节点的中间中心度,其中间中心度高的单位有国营化工厂、贵州航天控制技术有限公司、中国航天科工集团、南京晨光有限公司以及贵州航天凯宏科技有限责任公司。图 7-39 展示了机构-技术融合网络在萌芽期网络节点的结构洞指数,结构洞较高的单位只有国营化工厂。在机构-技术融合网络萌芽期,国营化工厂不仅占据最高的接近中心度,同时占有最高的中间中心度、点度中心度以及结构洞指数,表明其掌握着最多的专利技术种类,网络中有许多单位需要与其进行合作研发才能成功申请专利技术。

第7章 云制造创新生态系统演化机理与运行机制实证研究

```
                                          1        2         3
                                       Degree  NrmDegree  Share
                                       ------  ---------  -----
  9    国营化工厂                         5031.000   0.711    0.231
 41    航天特种材料及工艺技术研究所         711.000   0.100    0.033
 18    中国航天科工集团                    578.000   0.082    0.027
  1    贵州航天电器股份有限公司             313.000   0.044    0.014
 43    苏州中航天器电器有限公司             308.000   0.044    0.014
 49    广东欧科空调制冷有限公司             288.000   0.041    0.013
  8    国营机械厂                          267.000   0.038    0.012
 10    南京晨光有限公司                    190.000   0.027    0.009
  7    贵州航天凯宏科技有限责任公司         190.000   0.027    0.009
 69    北京航天长峰科技工业集团有限公司     189.000   0.027    0.009
 13    北京航天信息科技工业集团             182.000   0.026    0.008
 44    湖北航天电缆有限公司                179.000   0.025    0.008
  5    贵州航天精工制造有限公司             179.000   0.025    0.008
 14    湖北航天三江集团                    160.000   0.023    0.007
 60    武汉三江航天固德生物科技有限公司     155.000   0.022    0.007
 26    昆山航天林泉电机有限公司             153.000   0.022    0.007
 84    中国江南航天工业集团林泉电机厂       142.000   0.020    0.007
110    北京美联华新测控技术有限公司         136.000   0.019    0.006
 42    湖南航天磁电有限责任公司             134.000   0.019    0.006
  3    江苏捷诚车载电子信息工程有限公司     131.000   0.019    0.006
 45    遵义拓朗机械有限公司                124.000   0.018    0.006
126    北京机械设备研究所                  121.000   0.017    0.006
 47    武汉皖苏科纤激光技术有限公司         120.000   0.017    0.006
 68    贵州航天南海科技有限责任公司         108.000   0.015    0.005
146    孝感市捷能特种光源照明器具有限公司   106.000   0.015    0.005
 63    遵义群建塑胶制品有限公司             104.000   0.015    0.005
 36    上海机电工程研究所                   99.000   0.014    0.005
 17    IEE国际电子工程股份有限公司           98.000   0.014    0.004
123    大连三科航空科技有限公司             94.000   0.013    0.004
 55    遵义航天奎山电器化工有限公司         94.000   0.013    0.004
173    天津津海航天技术物理研究所           94.000   0.013    0.004
  4    珠海天志科技实业公司                 90.000   0.013    0.004
 23    北京华天机电研究所有限公司           89.000   0.013    0.004
168    北京电子工程总体研究所               88.000   0.012    0.004
 24    北京星朗机电设备厂                   86.000   0.012    0.004
 22    深圳市航天精密刀具有限公司           83.000   0.012    0.004
 46    贵州航天控制技术有限公司             82.000   0.012    0.004
 40    贵州航天风华实业有限公司             77.000   0.011    0.004
137    湖南航天工业总公司                   75.000   0.011    0.003
 20    贵州航天林泉电机有限公司             75.000   0.011    0.003
 25    贵州航天马林电机科技有限公司         73.000   0.010    0.003
 21    国营机器厂                            71.000   0.010    0.003
106    哈尔滨科华航天技术有限责任公司       71.000   0.010    0.003
```

图 7-36 机构-技术融合网络萌芽期的点度中心度

```
                                           1          2          3          4
                                       inFarness  outFarness  inCloseness outCloseness
                                       ---------  ----------  ----------- -----------
  9    国营化工厂                          20664.000  758.000    1.389       37.863
 41    航天特种材料及工艺技术研究所          20801.000  821.000    1.380       34.957
  7    贵州航天凯宏科技有限责任公司          20849.000  649.000    1.377       44.222
 23    北京华天机电研究所有限公司            20852.000  790.000    1.376       36.329
 35    云南航天工业总公司                    20859.000  760.000    1.376       36.795
105    泰州航宇电器有限公司                  20861.000  937.000    1.376       30.630
 46    贵州航天控制技术有限公司              20861.000  559.000    1.376       51.342
160    北京新立机械有限公司                  20861.000  1001.000   1.376       28.671
 78    贵阳航天标准件厂                      20865.000  710.000    1.376       40.423
156    广州赊建信息科技有限公司              20872.000  980.000    1.375       29.286
 36    上海机电工程研究所                    20872.000  672.000    1.375       42.708
 32    航天科技控股集团股份有限公司          20872.000  731.000    1.375       39.261
200    北京临近空间飞艇技术开发有限公司      20878.000  1034.000   1.375       27.756
 60    武汉三江航天固德生物科技有限公司      20886.000  910.000    1.374       31.538
146    孝感市捷能特种光源照明器具有限公司    20906.000  1040.000   1.373       27.596
 44    湖北航天电缆有限公司                  20906.000  718.000    1.373       39.972
 55    遵义航天奎山电器化工有限公司          20907.000  814.000    1.373       35.258
 45    遵义拓朗机械有限公司                  20917.000  1039.000   1.372       27.623
110    北京美联华新测控技术有限公司          20918.000  903.000    1.372       31.783
 42    湖南航天磁电有限责任公司              20919.000  756.000    1.372       37.963
 84    中国江南航天工业集团林泉电机厂        20920.000  760.000    1.372       37.763
 26    昆山航天林泉电机有限公司              20921.000  926.000    1.372       30.994
 68    贵州航天南海科技有限责任公司          20925.000  694.000    1.371       41.354
113    北京航天时空科技有限公司              20930.000  997.000    1.371       28.786
 80    华迪计算机                            20935.000  963.000    1.371       29.803
 73    天津市英贝特航天科技有限公司          20935.000  760.000    1.371       37.763
126    北京机械设备研究所                    20938.000  821.000    1.371       34.957
 47    武汉皖苏科纤激光技术有限公司          20941.000  870.000    1.371       32.813
 10    南京晨光有限公司                      20944.000  524.000    1.370       54.771
 63    遵义群建塑胶制品有限公司              20946.000  846.000    1.370       33.924
 18    中国航天科工集团                      20952.000  465.000    1.370       61.720
123    大连三科航空科技有限公司              20955.000  760.000    1.370       37.763
 85    中国人民解放军理工大学                20955.000  760.000    1.370       37.763
103    北京市公安局巡特警总队                20960.000  953.000    1.369       30.115
 90    东北电网有限公司                      20961.000  1032.000   1.369       27.810
 82    湖北省八峰药化股份有限公司            20964.000  986.000    1.369       29.108
 89    湖南航天泰山工业有限公司              20967.000  568.000    1.369       50.528
 50    北京航空航天大学                      20972.000  993.000    1.368       28.902
 54    浙江纺织服装科技有限公司              20972.000  854.000    1.368       33.607
106    哈尔滨科华航天技术有限责任公司        20973.000  775.000    1.368       37.208
 72    深圳市励衡科技有限公司                20974.000  970.000    1.368       29.588
 25    贵州航天马林电机科技有限公司          20977.000  732.000    1.368       39.208
138    锦阳航天电讯设备有限公司              20979.000  918.000    1.368       31.264
 22    深圳市航天精密刀具有限公司            20979.000  760.000    1.368       37.763
125    沈阳新光阀门有限公司                  20979.000  1000.000   1.368       28.700
 81    北京助力机械研究所                    20979.000  730.000    1.368       39.315
 83    贵州省建筑材料科学研究设计院          20980.000  738.000    1.368       38.889
140    中国石油化工集团                      20983.000  947.000    1.368       30.306
102    河南许继信息工程集团                  20984.000  793.000    1.368       36.192
 27    国营复合改性聚合物材料工程技术中心    20985.000  687.000    1.368       29.844
 34    湖南航天稼穑有限公司                  20988.000  940.000    1.367       30.532
```

图 7-37 机构-技术融合网络萌芽期的接近中心度

	1 Betweenness	2 nBetweenness
9 国营化工厂	19239.184	23.439
46 贵州航天控制技术有限公司	9526.404	11.606
18 中国航天科工集团	8326.707	10.144
10 南京晨光有限公司	5382.334	6.557
7 贵州航天凯宏科技有限责任公司	5332.037	6.496
41 航天特种材料及工艺技术研究所	3523.232	4.292
36 上海机电工程研究所	3379.612	4.117
43 苏州华辨航天电器有限公司	2825.728	3.443
14 湖北航天三江集团	2146.211	2.615
8 国营江南电机厂	2102.267	2.561
84 中国江南航天工业集团林泉电机厂	1574.640	1.918
69 北京航天长峰科技工业集团有限公司	1459.792	1.778
44 湖北航天电缆有限公司	1443.490	1.759
78 航天标准件厂	1339.440	1.632
1 贵州航天电器股份有限公司	1332.705	1.624
68 贵州航天南海科技有限责任公司	1300.735	1.585
35 云贵州航天工业总公司	1217.250	1.483
25 贵州航天天马机电科技有限公司	1205.749	1.469
126 北京航天机械设备研究所	1139.259	1.388
4 珠海天科实业有限公司	1119.850	1.364
63 遵义群建塑胶制品有限公司	1073.503	1.308
24 贵州航天海鹰机电设备厂	1072.714	1.307
62 贵州航天海鹰机电设备厂	1072.625	1.307
32 航天科技控股集团股份有限公司	1054.112	1.284
120 华创天元实业发展有限责任公司	907.972	1.106
42 湖南航天缆有限责任公司	905.979	1.104
89 湖南航天泰山工业有限公司	862.331	1.051
17 IEE国际电子工程股份有限公司	828.108	1.009
23 北京华天机电研究所有限公司	767.929	0.936
137 湖南市航天工业总公司	716.836	0.873
22 深圳市航天精密刀具有限公司	706.655	0.861
81 北京劲力机械研究所	691.886	0.843
70 三江瓦力特种车辆有限公司	670.251	0.817
15 哈尔滨工业大学	618.951	0.754
49 广东欧科空调制冷有限公司	588.647	0.717
85 中国人民解放军理工大学	577.097	0.703
13 航天信息股份有限公司	555.138	0.676
40 贵州航天风华实业有限公司	545.184	0.664
2 武汉三江航天固德生物科技有限公司	525.325	0.640
196 贵州航天计量测试技术研究所	501.307	0.611
58 贵州航天新建机器厂	461.727	0.563
21 国营建新机器厂	437.498	0.533
47 武汉锐科光纤激光技术有限公司	429.642	0.523
73 天津市英贝特航天科工有限公司	401.406	0.489
67 梅岭化工厂	395.394	0.482
110 北京美联华新测控技术有限公司	369.083	0.450
3 江苏捷诚车载电子信息工程有限公司	363.309	0.443
106 哈尔滨科航天技术有限公司	351.278	0.428
26 昆山万通电机有限公司	338.204	0.412
138 绵阳灵通电讯设备有限公司	327.899	0.399
118 北京星航机电装备有限公司	294.071	0.358
105 泰州市航宇电器有限公司	278.650	0.339

图 7-38　机构-技术融合网络萌芽期的中间中心度

	Degree	EffSize	Efficie	Constra	Hierarc	Ego	Bet
贵州航天电器股份有限公司	93.000	63.701	0.685	0.557	0.795	447	326
江苏捷诚车载电子信息工程有限公司	55.000	40.615	0.738	0.618	0.763	220	916
珠海天科实业有限公司	42.000	29.563	0.704	0.646	0.744	297	604
贵州航天制造有限公司	61.000	47.914	0.785	0.640	0.776	225	200
贵州群建塑胶制品有限公司	17.000	11.728	0.690	0.911	0.688	62	250
贵州航天凯宏科技有限责任公司	47.000	47.355	0.696	0.609	0.776	902	431
国营化工厂	68.000	62.216	0.700	0.581	0.793	682	567
南京晨具制造有限公司	217.000	130.352	0.601	0.394	8608215	905	
孝感三江航天红林模具制造有限公司	74.000	52.122	0.704	0.607	7921591	075	
西安华迅通系统有限公司	19.000	14.164	0.745	0.956	0.712	23	200
航天飞扬发展有限公司	9.000	6.495	0.722	1.062	0.589	3	333
湖北三江集团	60.000	46.029	0.767	0.684	0.783	189	651
哈尔滨工业大学	58.000	41.331	0.713	0.694	0.774	362	214
遵义拓特橡胶研究所	26.000	17.418	0.670	0.782	0.708	154	967
IEE国际电子工程股份有限公司	22.000	16.336	0.743	0.770	0.690	98	379
	30.000	30.349	0.606	0.662	0.754	293	587
中国三江航天工业集团特种车辆有限公司	44.000	91.557	0.721	0.520	8062421	914	
贵州航天林泉电机有限公司	127.000	18.049	0.752	0.942	0.739	99	400
国营建新机器厂	24.000	27.050	0.751	0.699	0.738	179	364
深圳市航天精密刀具有限公司	36.000	21.884	0.684	0.774	0.743	214	681
贵州华天机电研究所有限公司	32.000	27.557	0.707	0.738	0.758	269	011
北京星航机电装备有限公司	39.000	41.477	0.876	0.879	0.754	162	882
贵州航天天马机电科技有限公司	31.000	27.499	0.689	0.710	0.753	387	221
贵州航天林泉电机有限公司	40.000	22.018	0.667	0.769	0.738	348	750
国家复合改性聚合物新材料工程技术研究中心	33.000	32.665	0.710	0.772	0.770	199	988
湖北万力机电有限公司	46.000	12.165	0.760	0.964	0.685	6	667
贵州航星防爆力传作业机械有限公司	5.000	3.767	0.773	1.254	0.468	3	000
贵州航天长峰科技工业集团有限责任公司	8.000	5.767	0.721	1.029	0.539	5	500
航天乌科控股集团股份有限公司	22.000	15.653	0.711	0.836	0.697	72	517
湖南航天信息发展中心	28.000	21.738	0.776	0.869	0.749	113	926
湖南航天	13.000	8.431	0.649	0.951	0.628	49	833
土高贵阳华汇通信传动有限公司	16.000	11.521	0.720	0.817	0.638	7	267
湖南航天三江天贝特航天科工有限公司	17.000	11.741	0.691	0.894	0.665	16	833
云南机电仪工业总公司	28.000	19.029	0.680	0.834	0.730	334	356
上海机电工程研究所	43.000	32.597	0.745	0.700	0.764	712	070
遵义拓特橡胶研究所	8.000	5.199	0.650	1.086	0.567	5	000
航天标准件厂	13.000	9.861	0.759	1.006	0.655	3	333
贵州航天计量测试技术研究所	14.000	10.392	0.742	0.973	0.665	3	500
贵州航天特种材料及工艺技术研究所	39.000	27.564	0.707	0.676	0.742	276	361
航天特种材料及工艺技术研究所	113.000	73.664	0.652	0.539	8061205	184	
湖南航天缆有限责任公司	45.000	30.224	0.672	0.685	0.759	283	507
苏州华辨航天电器有限公司	90.000	68.680	0.763	0.565	7971007	263	
贵州航天南海科技有限责任公司	41.000	29.028	0.708	0.693	0.757	145	145
贵州航天海鹰机电设备厂	37.000	26.790	0.724	0.822	0.759	22	433
武汉锐科光纤激光技术有限公司	31.000	20.671	0.667	0.801	0.731	353	838
北京航天	43.000	29.976	0.697	0.665	0.746	233	877
广东欧科空调制冷有限公司	8.000	5.511	0.689	1.030	0.537	6	667
北京无线电计量测试科学研究院	76.000	59.300	0.780	0.670	0.796	225	159
航天汇信息科技股份有限公司	23.000	16.886	0.734	0.899	0.724	29	500
北京航天电子计量测试科技有限公司	24.000	16.986	0.709	0.772	0.697	109	117
航天工业总公司	14.000	9.586	0.685	0.937	0.658	5	000

图 7-39　机构-技术融合网络萌芽期的结构洞

第7章 云制造创新生态系统演化机理与运行机制实证研究

机构-技术融合网络演化至成长期，网络内的单位申请的专利数量增加，网络结构如图 7-40 所示。每个单位的专业技术种类变多，所以网络密度增长至 0.2567。点度中心度高的单位有中国航天科工集团、航天特种材料及工艺技术研究所、航天信息股份有限公司，如图 7-41 所示。根据接近中心度判断在机构-技术融合网络成长期掌握技术专利而不受其他单位影响的单位是国营化工厂、航天特种材料及工艺技术研究所、北京美联华新测控技术有限公司、贵州航天凯宏科技有限责任公司以及中国江南航天工业集团，如图 7-42 所示，这些单位可以不依靠合作独自申请技术专利。在机构-技术融合网络成长期，国营化工厂依旧占据最高的接近中心度，同时占有最高的中间中心度、点度中心度以及结构洞指数，表明其在机构-技术融合网络成长期依然有最高的资源控制能力。中间中心度高的单位有国营化工厂、中国航天科工集团、贵州航天凯宏科技有限责任公司、航天特种材料及工艺技术研究所以及湖南航天工业总公司，如图 7-43 所示。机构-技术融合网络成长期网络结构有了一定的改变，除了国营化工厂之外，贵州航天电器股份有限公司、湖北航天三江集团、航天信息股份有限公司、中国航天科工集团等也都占据较高的结构洞指数，如图 7-44 所示。

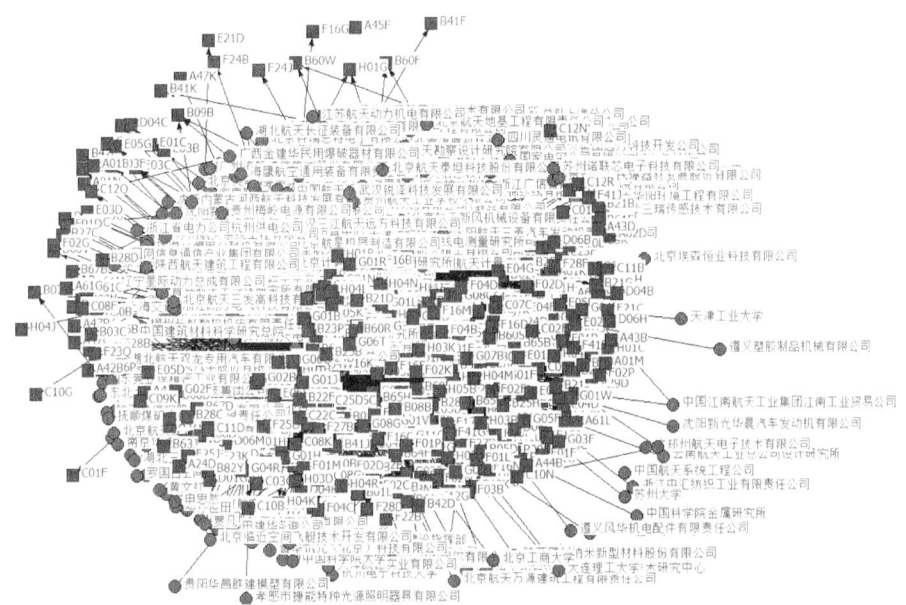

图 7-40 机构-技术融合网络成长期

		Degree 1	NrmDegree 2	Share 3
9	国营化工厂	18841.000	0.515	0.236
18	中国航天科工集团	2474.000	0.068	0.031
41	航天特种材料及工艺技术研究所	1465.000	0.040	0.018
13	航天信息股份有限公司	1128.000	0.031	0.014
14	湖北航天三江集团	989.000	0.027	0.012
26	昆山航天泉电机有限公司	963.000	0.026	0.012
7	贵州航天凯芯科技有限责任公司	750.000	0.021	0.009
110	北京美联华新测控技术有限公司	749.000	0.020	0.009
126	北京机械设备研究所	677.000	0.019	0.008
10	南京晨光有限公司	609.000	0.017	0.008
69	北京航天长峰科技工业集团有限公司	599.000	0.016	0.008
1	贵州航天电器股份有限公司	593.000	0.016	0.007
5	贵州航天精工制造有限公司	555.000	0.015	0.007
146	孝感市捷能特种光源照明器具有限公司	523.000	0.014	0.007
51	北京无线电计量测试研究所	495.000	0.014	0.006
49	广东欧科空调制冷有限公司	487.000	0.013	0.006
55	遵义航天娄山电器化工有限公司	485.000	0.013	0.006
43	苏州华烨航天电器有限公司	449.000	0.012	0.006
60	武汉三江航天固德生物科技有限公司	443.000	0.012	0.006
74	河南航天工业总公司	443.000	0.012	0.006
47	武汉锐科光纤激光器技术有限责任公司	418.000	0.011	0.005
84	中国江南航天工业集团林泉电机厂	407.000	0.011	0.005
113	北京航天时空科技有限公司	401.000	0.011	0.005
120	华创天元实业发展有限责任公司	397.000	0.011	0.005
8	国营机械厂	397.000	0.011	0.005
3	江苏捷诚车载电子信息工程有限责任公司	388.000	0.011	0.005
63	遵义群建塑胶制品有限公司	376.000	0.010	0.005
137	湖南航天工业总公司	367.000	0.010	0.005
100	北京航天测控技术有限公司	362.000	0.010	0.005
17	IEE国际电子工程股份有限公司	351.000	0.010	0.004
105	泰州市航宇电器有限公司	347.000	0.009	0.004
22	深圳市航天精密刀具有限公司	335.000	0.009	0.004
148	沈阳航天新乐有限责任公司	327.000	0.009	0.004
42	湖南航天磁电有限责任公司	320.000	0.009	0.004
44	湖北航天电缆有限公司	302.000	0.008	0.004
123	大连三科航空科技有限公司	296.000	0.008	0.004
90	东北电网有限公司	296.000	0.008	0.004
46	贵州航天控制技术有限公司	295.000	0.008	0.004
103	北京市公安局巡特警总队	294.000	0.008	0.004
81	贵州航天南海科技有限责任公司	292.000	0.008	0.004
68	北京动力机械研究所	289.000	0.008	0.004
119	北京自动化控制设备研究所	273.000	0.007	0.003
23	北京华天机电研究所有限公司	260.000	0.007	0.003
40	贵州航天风华实业有限公司	249.000	0.007	0.003

图 7-41 机构-技术融合网络成长期的点度中心度

		inFarness 1	outFarness 2	inCloseness 3	outCloseness 4
9	国营化工厂	25344.000	976.000	1.563	40.574
41	航天特种材料及工艺技术研究所	25552.000	857.000	1.550	46.208
110	北京美联华新测控技术有限公司	25597.000	1136.000	1.547	34.859
7	贵州航天凯芯科技有限责任公司	25597.000	680.000	1.547	58.235
84	中国江南航天工业集团	25598.000	761.000	1.547	52.037
26	昆山航天泉电机有限公司	25605.000	913.000	1.547	43.373
105	泰州市航宇电器有限公司	25607.000	762.000	1.546	51.969
23	北京华天机电研究所有限公司	25612.000	997.000	1.546	39.719
46	贵州航天控制技术有限公司	25615.000	762.000	1.546	51.969
88	八峰药化宜昌有限责任公司	25631.000	1115.000	1.545	35.516
35	云南航天工业总公司	25632.000	935.000	1.545	42.353
60	武汉三江航天固德生物科技有限公司	25634.000	993.000	1.545	39.879
160	北京新立机械有限公司	25641.000	804.000	1.544	49.254
85	中国人民解放军理工大学	25641.000	910.000	1.544	43.516
146	孝感市捷能特种光源照明器具有限公司	25642.000	1343.000	1.544	29.486
55	遵义航天娄山电器化工有限公司	25650.000	921.000	1.544	42.997
20	上海航化工程有限公司	25651.000	791.000	1.544	50.063
156	广州路建信息阳板块有限公司	25657.000	1185.000	1.543	33.418
78	武汉航天标准件厂	25658.000	915.000	1.543	43.279
47	武汉锐科光纤激光器技术有限责任公司	25658.000	886.000	1.543	44.695
103	北京市公安局巡特警总队	25663.000	1216.000	1.543	32.566
32	航天科技控股股份有限公司	25663.000	841.000	1.543	47.087
148	沈阳航天新乐有限责任公司	25664.000	864.000	1.543	45.833
120	华创天元实业发展	25666.000	808.000	1.543	49.010
200	北京理工大学	25669.000	1013.000	1.543	39.092
254	内蒙古河西航天科技发展有限公司	25670.000	1017.000	1.543	38.938
63	遵义群建塑胶制品有限公司	25671.000	766.000	1.543	51.697
102	河南许信信息有限公司	25672.000	1056.000	1.543	37.500
123	大连三科航空科技有限公司	25673.000	1155.000	1.542	34.286
90	东北电网有限公司	25681.000	1259.000	1.542	31.454
137	湖南航天工业总公司	25690.000	861.000	1.541	45.993
126	北京机械设备研究所	25693.000	690.000	1.541	57.391
50	北京航空航天大学	25693.000	1035.000	1.541	38.261
18	中国航天科工集团	25696.000	569.000	1.541	69.596
10	南京晨光有限公司	25698.000	689.000	1.541	57.475
42	湖南航天磁电有限责任公司	25698.000	754.000	1.541	52.520
44	湖北航天电缆有限公司	25701.000	917.000	1.541	43.184
29	遵义振特机械有限公司	25705.000	1360.000	1.541	29.118
232	北京计算机技术及应用研究所	25712.000	751.000	1.540	52.730
29	山西豪吉山有限责任公司	25713.000	786.000	1.540	50.382
68	贵州航海科技有限责任公司	25715.000	826.000	1.540	47.942
138	绵阳灵通电讯设备有限公司	25716.000	894.000	1.540	44.295
140	中国石油化工集团	25718.000	1059.000	1.540	37.394
81	北京动力机械研究所	25720.000	794.000	1.540	49.874
15	哈尔滨工业大学	25724.000	779.000	1.539	50.834
17	IEE国际电子工程股份有限公司	25725.000	810.000	1.539	48.889
80	华迪计算机集团有限公司	25726.000	890.000	1.539	44.494
24	北京星航机电设备厂	25727.000	816.000	1.539	48.529
16	北京通信设备有限公司	25731.000	957.000	1.539	41.379
124	江西机电设计研究所	25738.000	928.000	1.539	42.672

图 7-42 机构-技术融合网络成长期的接近中心度

第7章 云制造创新生态系统演化机理与运行机制实证研究

		Betweenness	nBetweenness
9	国营化工厂	21327.740	13.635
18	中国航天科工集团	12988.485	8.304
7	贵州航天凯宏科技有限责任公司	11049.851	7.064
41	航天特种材料及工艺研究所	8095.454	5.175
137	湖南航天工业总公司	6711.229	4.291
126	北京机械设备研究所	6131.128	3.920
10	南京晨光有限公司	5534.202	3.538
84	中国江南航天工业集团泉电机厂	4986.404	3.188
105	泰州市航宇电器有限公司	4649.975	2.973
14	湖北航天三江集团	4250.124	2.717
46	贵州航天控制技术有限公司	4062.474	2.597
36	上海机电工程研究所	3729.203	2.384
160	北京新立科技有限责任公司	3409.471	2.180
63	遵义胖建塑胶制品有限公司	3353.023	2.144
43	苏州华纳电气有限公司	3228.870	2.064
55	遵义航天华山电器化工有限公司	2756.772	1.762
42	湖南航天融电有限责任公司	2750.299	1.758
13	航天信息股份有限公司	2370.535	1.515
17	IEE国际电子工程股份有限公司	2327.708	1.488
47	武汉锐科光纤激光器技术有限责任公司	2324.432	1.486
21	北京星航电气设备厂	2240.521	1.432
135	云南航天工业总公司	2026.896	1.296
120	华创天元实业发展有限公司	2021.684	1.292
32	航天科技控股集团股份有限公司	1931.536	1.235
25	贵州航天乌马机电科技有限公司	1921.785	1.229
6	昆山航天林泉电机有限公司	1896.366	1.212
60	武汉三江航天固德生物科技有限公司	1793.634	1.147
81	北京动力机械研究所	1762.005	1.126
148	沈阳航天新乐有限责任公司	1718.956	1.099
68	贵州航天南海科技有限公司	1709.606	1.093
8	国营机械厂	1683.380	1.076
69	北京航天长峰科技工业集团有限公司	1630.375	1.042
51	北京无线电计量测试研究所	1579.245	1.010
40	贵州天风实业有限公司	1494.256	0.955
232	北京计算机技术及应用研究所	1316.438	0.842
4	珠海天宏科技实业有限公司	1182.079	0.756
67	梅岭化工厂	1144.643	0.732
80	华迪计算机集团有限公司	1044.855	0.668
70	三江瓦力特特种车辆有限公司	1004.116	0.642
111	西安航天自动化股份有限公司	981.313	0.627
22	深圳市航天精密刀具有限公司	964.039	0.616
83	贵州省建筑材料科学研究设计院	960.119	0.614
3	江苏捷诚车载电子信息工程有限公司	947.171	0.606
15	哈尔滨工业大学	925.627	0.592
85	中国人民解放军理工大学	919.995	0.588
23	北京华天机电研究所有限公司	918.528	0.587
1	贵州航天电器有限公司	887.903	0.568
100	北京航天测控技术有限公司	828.455	0.530
138	绵阳灵通电讯设备有限公司	792.448	0.507

图 7-43 机构-技术融合网络成长期的中间中心度

	Degree	EffSize	Efficie	Constra	Hierarc	Ego Bet
贵州航天电器股份有限公司	138.000	101.564	0.736	0.547	0.819	423.842
江苏捷诚车载电子信息工程有限公司	109.000	81.911	0.751	0.574	0.809	466.834
珠海天宏实业有限公司	75.000	52.181	0.696	0.593	0.791	372.047
贵州航天精工有限公司	130.000	100.306	0.772	0.564	0.817	97.744
贵州群建齿轮有限公司	36.000	24.638	0.684	0.760	0.748	128.438
贵州航天凯宏科技有限责任公司	161.000	111.143	0.690	0.510	0.823	2789.397
国营机械厂	110.000	77.769	0.707	0.551	0.807	503.713
国营化工厂	334.000	202.046	0.605	0.390	0.875	10946.102
南京晨光有限公司	144.000	99.091	0.688	0.529	0.820	1618.552
孝感三江航天红林机具制造有限公司	31.000	21.673	0.699	0.808	0.742	17.611
西安华迅微电子有限公司	29.000	20.567	0.709	0.811	0.730	38.053
航天信息股份有限公司	176.000	133.866	0.761	0.510	0.827	1010.544
湖北三江集团	176.000	130.119	0.739	0.516	0.829	1678.023
哈尔滨工业大学	58.000	41.407	0.714	0.697	0.782	258.413
北京遥感设备研究所	62.000	44.131	0.712	0.682	0.783	142.030
IEE国际电子工程股份有限公司	109.000	74.345	0.682	0.561	0.805	774.607
中国航天科工集团	240.000	177.870	0.741	0.481	0.838	5973.265
中国三江航天工业集团公司特种车辆技术中心	31.000	21.534	0.695	0.854	0.747	46.809
贵州航天林泉电机有限公司	69.000	55.137	0.799	0.680	0.791	64.439
国营机械厂	42.000	28.652	0.682	0.744	0.761	115.409
深圳市航天精密刀具有限公司	94.000	66.880	0.711	0.632	0.807	460.268
北京华天机电研究所有限公司	74.000	49.784	0.673	0.692	0.797	369.314
北京航天电气设备厂	92.000	62.110	0.675	0.585	0.802	653.055
贵州航天南海科技有限公司	82.000	52.730	0.676	0.643	0.796	184.107
昆山航天林泉电机有限公司	130.000	88.434	0.680	0.568	0.818	779.779
国家复合改性聚合物材料工程技术研究中心	17.000	17.573	0.764	0.992	0.729	21.444
浙江中捷纺织工业有限责任公司	5.000	3.893	0.779	1.274	0.480	0.500
湖北万山宏发汽车零部件有限公司	15.000	11.042	0.736	0.965	0.664	12.117
贵州航天凯山电子有限责任公司	62.000	43.313	0.699	0.656	0.777	340.143
航天云电机电设备有限公司	66.000	48.389	0.733	0.682	0.791	84.745
贵州航天乌马机电科技有限公司	55.000	40.362	0.734	0.726	0.781	497.559
航天科技控股集团股份有限公司	30.000	27.283	0.718	0.791	0.755	32.663
湖南航天捷诚有限公司	30.000	22.094	0.736	0.853	0.744	17.243
云南航天工业总公司	71.000	48.081	0.677	0.673	0.797	710.590
上海机电工程研究所	78.000	54.415	0.698	0.626	0.794	982.439
遵义拓特有限公司	32.000	23.251	0.727	0.830	0.744	42.254
北京航星科技有限公司	24.000	17.000	0.708	0.947	0.731	4.583
中国计量学院	32.000	24.136	0.754	0.877	0.756	3.783
贵州天风实业有限公司	88.000	61.028	0.693	0.605	0.800	820.686
航天特种材料及工艺研究所	165.000	109.580	0.664	0.517	0.825	2452.124
湖南航天信融有限公司	91.000	61.277	0.673	0.602	0.803	893.901
苏州华纳电气有限公司	119.000	86.422	0.726	0.559	0.813	1019.380
湖北航天电缆有限公司	67.000	45.088	0.673	0.638	0.783	209.427
遵义航天机械有限公司	38.000	27.181	0.714	0.764	0.788	22.783
贵州航天控制技术有限公司	83.000	54.414	0.656	0.636	0.798	458.914
武汉锐科光纤激光器技术有限责任公司	108.000	72.512	0.671	0.578	0.809	679.255
哈尔滨玻璃钢研究院	24.000	16.893	0.704	0.907	0.727	21.686
广东欧科空调制冷有限公司	122.000	95.367	0.782	0.600	0.814	252.413
北京航空航天大学	69.000	47.364	0.686	0.715	0.799	210.255
北京无线电计量测试研究所	121.000	89.942	0.743	0.571	0.812	595.782
航天恒星科技有限公司	27.000	20.564	0.762	0.957	0.757	79.141

图 7-44 机构-技术融合网络成长期的结构洞

机构-技术融合网络到达发展期，网络聚集性极大增强，网络结构如图 7-45 所示，网络密度增长至 0.3371。根据图 7-46 所示的内容，点度中心度较高的单位有国营化工厂、中国航天科工集团、航天特种材料及工艺技术研究所、湖北航天三江集团、昆山航天林泉电机有限公司等。根据图 7-47 所示的接近中心度判断，在机构-技术融合网络发展期掌握技术专利而不受其他单位影响的单位是国营化工厂、航天特种材料及工艺技术研究所、贵州航天凯宏科技有限责任公司、中国江南航天工业集团林泉电机厂以及北京美联华新测控技术有限公司，这些单位可以不依靠合作独自申请技术专利。根据图 7-48 所示的中间中心度判断，在机构-技术融合网络发展期对资源控制能力较强的单位是国营化工厂、贵州航天凯宏科技有限责任公司以及中国航天科工集团。根据图 7-49 所示的结构系数判断，在机构-技术融合网络发展期，国营化工厂依然保持最高的资源控制能力有着最高的结构洞指数，其余单位如湖北航天三江集团、贵州航天宏凯科技有限公司、航天信息股份有限公司、中国航天科工集团等也都占据较高的结构洞指数。

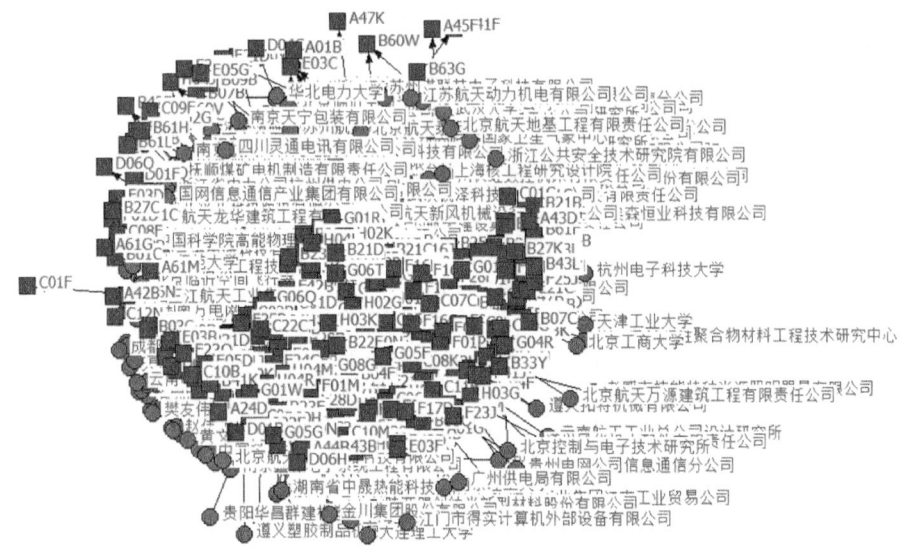

图 7-45　机构-技术融合网络发展期

第 7 章 云制造创新生态系统演化机理与运行机制实证研究

		1 Degree	2 NrmDegree	3 Share
9	国营化工厂	26723.000	0.496	0.236
18	中国航天科工集团	3157.000	0.059	0.028
41	航天特种材料及工艺技术研究所	1726.000	0.032	0.015
14	湖北航天三江集团	1521.000	0.028	0.013
26	昆山航天林泉电机有限公司	1327.000	0.025	0.012
13	航天信息股份有限公司	1274.000	0.024	0.011
7	贵州航天凯宏科技有限责任公司	1203.000	0.022	0.011
69	北京航天长峰科技工业集团有限公司	1188.000	0.022	0.010
110	北京美联泰科测控技术有限公司	1015.000	0.019	0.009
10	南京晨光有限公司	961.000	0.018	0.008
126	北京机械设备研究所	904.000	0.017	0.008
5	贵州航天精工制造有限公司	734.000	0.014	0.006
55	遵义航天奕山电器化工有限公司	706.000	0.013	0.006
120	华创天元实业发展有限责任公司	698.000	0.013	0.006
74	河南航天工业总公司	684.000	0.013	0.006
1	贵州航天电器股份有限公司	665.000	0.012	0.006
146	孝感市德能特种光源照明器具有限公司	658.000	0.012	0.006
60	武汉三江航天国际生物科技有限公司	614.000	0.011	0.005
84	中国江南航天工业集团林泉电机厂	601.000	0.011	0.005
63	遵义群建塑胶制品有限公司	583.000	0.011	0.005
49	广东欧科空调制冷有限公司	570.000	0.011	0.005
47	武汉锐科光纤激光器技术有限责任公司	558.000	0.010	0.005
3	江苏捷诚车载电子信息工程有限公司	556.000	0.010	0.005
51	北京无线电计量测试研究所	549.000	0.010	0.005
22	深圳市航天精密刀具有限公司	549.000	0.010	0.005
43	苏州华旃航天电器有限公司	525.000	0.010	0.005
113	北京航天时空科技有限公司	524.000	0.010	0.005
17	IEE国际电子工程股份公司	509.000	0.009	0.004
40	贵州航天风华实业有限公司	491.000	0.009	0.004
16	北京遥感设备研究所	491.000	0.009	0.004
90	东北电网有限公司	472.000	0.009	0.004
137	湖南航天工业总公司	472.000	0.009	0.004
105	泰州航宇电器有限公司	470.000	0.009	0.004
148	沈阳航天新乐有限责任公司	467.000	0.009	0.004
68	贵州航天南海科技有限责任公司	465.000	0.009	0.004
100	北京航天测控技术有限公司	457.000	0.008	0.004
123	大连三科航空科技有限公司	451.000	0.008	0.004
36	上海机电工程研究所	447.000	0.008	0.004
8	国营机械厂	436.000	0.008	0.004
46	贵州航天控制技术有限公司	418.000	0.008	0.004
232	北京计算机技术及应用研究所	401.000	0.007	0.004
81	北京动力机械研究所	395.000	0.007	0.003
44	湖北航天电缆有限公司	392.000	0.007	0.003

图 7-46 机构-技术融合网络发展期的点度中心度

		1 inFarness	2 outFarness	3 inCloseness	4 outCloseness
9	国营化工厂	18540.000	985.000	2.222	41.827
41	航天特种材料及工艺技术研究所	18775.000	861.000	2.194	47.8512
7	贵州航天凯宏科技有限公司	18798.000	681.000	2.192	60.499
84	中国江南航天工业集团林泉电机厂	18803.000	794.000	2.191	51.889
110	北京美联泰科测控技术有限公司	18806.000	1165.000	2.191	35.365
26	昆山航天林泉电机有限公司	18818.000	924.000	2.189	44.589
46	贵州航天控制技术有限公司	18827.000	793.000	2.188	51.955
105	泰州航宇电器有限公司	18829.000	788.000	2.188	52.274
23	北京航天电电研究所	18832.000	965.000	2.188	42.694
35	云南航天工业公司	18848.000	952.000	2.186	43.277
85	中国人民解放军理工大学	18853.000	900.000	2.185	45.778
88	八峰药化宜昌有限责任公司	18856.000	1151.000	2.185	35.795
113	北京航天时空科技有限公司	18858.000	1125.000	2.185	36.622
60	武汉三江航天国际生物科技有限公司	18860.000	1005.000	2.185	40.995
22	深圳市航天精密刀具有限公司	18864.000	942.000	2.184	43.737
160	北京新立机械有限责任公司	18864.000	805.000	2.184	51.180
55	遵义航天奕山电器化工有限公司	18867.000	940.000	2.184	43.830
146	孝感市德能特种光源照明器具有限公司	18867.000	1372.000	2.184	30.029
36	上海机电工程研究所	18868.000	750.000	2.184	54.933
156	广州路建信息科技有限公司	18877.000	1223.000	2.183	33.688
63	遵义群建塑胶制品有限公司	18877.000	795.000	2.183	51.824
120	华创天元实业发展有限责任公司	18879.000	761.000	2.182	54.139
123	大连三科航空科技有限公司	18882.000	1195.000	2.182	34.477
148	沈阳航天新乐有限责任公司	18884.000	862.000	2.182	47.796
78	信阳航天万山有限公司	18886.000	939.000	2.182	43.876
90	东北电网有限公司	18888.000	1292.000	2.181	31.889
47	武汉锐科光纤激光器技术有限责任公司	18889.000	821.000	2.181	50.183
32	航天科技控股集团股份有限公司	18890.000	841.000	2.181	48.949
103	北京市公安局巡特警总队	18893.000	1254.000	2.181	32.855
200	北京理工大学	18896.000	1030.000	2.181	41.000
254	内蒙古河西航天科技发展有限公司	18897.000	1048.000	2.180	39.313
102	河南许继集团有限公司	18898.000	1068.000	2.180	38.577
15	北京航天自动控制研究所	18906.000	961.000	2.179	42.872
137	湖南航天工业总公司	18906.000	882.000	2.179	46.712
138	绵阳灵通电讯设备备有限公司	18907.000	903.000	2.179	45.626
140	中国石油化工集团	18907.000	1067.000	2.179	38.613
126	北京机械设备研究所	18910.000	705.000	2.178	58.440
10	南京晨光有限公司	18913.000	679.000	2.178	60.677
18	中国航天科工集团	18913.000	586.000	2.178	70.768
232	北京计算机技术及应用研究所	18915.000	763.000	2.178	53.997
50	北京航天航空有限公司	18915.000	1056.000	2.178	39.015
44	湖北航天电缆有限公司	18926.000	886.000	2.177	46.501
89	湖南航天泰山工业有限公司	18930.000	819.000	2.176	50.305
45	武汉拓特机械有限公司	18932.000	1369.000	2.176	29.790
17	IEE国际电子工程股份公司	18938.000	810.000	2.176	50.864
42	湖南航天凯电有限公司	18938.000	788.000	2.176	52.484
4	珠海天密科技实业有限公司	18939.000	849.000	2.175	48.528
80	华迪计算机集团有限公司	18944.000	897.000	2.175	45.314
81	北京动力机械研究所	18944.000	792.000	2.175	52.020
68	贵州航天南海科技有限责任公司	18944.000	788.000	2.175	52.234
72	深圳市劭象科技有限公司	18946.000	1163.000	2.175	35.426

图 7-47 机构-技术融合网络发展期的接近中心度

```
                                                             1              2
                                                      Betweenness nBetweenness
                                                      ----------- ------------
         9                        国营化工厂            23023.986       13.597
         7                   贵州航天凯宏科技有限责任公司  15629.611        9.230
        18                      中国航天科工集团         11664.927        6.889
        41                 航天特种材料及工艺技术研究所    7556.935        4.463
       126                  北京机械设备研究所            7252.524        4.283
        10                    南京晨光有限公司            7004.617        4.137
       137                    湖北航天工业总公司          6155.067        3.635
        14                    湖北三江集团                5381.425        3.178
        36                    上海机电工程研究所          5370.542        3.172
        84              中国江南航天工业集团公司特种电机厂 5231.062        3.089
       105                      泰州航天科学有限公司      4527.097        2.674
       160                  北京新立技术有限责任公司      4505.820        2.661
        46                  贵州航天风控制有限公司        3933.884        2.323
       120                  华创天元实业发展有限公司      3240.608        1.914
        63                  遵义群建塑胶制品有限公司      2993.199        1.768
        47                  武汉锐科光纤激光器技术有限公司  2832.884        1.673
        43                  苏州华腾航天电器有限公司      2831.715        1.672
        40                  贵州航空风实业有限公司        2782.876        1.643
        17                  IEE国际电子工程股份有限公司    2746.167        1.622
        55                  遵义航天衷电器有限公司        2618.198        1.546
        13                  贵州航天信息技术应用研究所    2611.325        1.542
       232                  北京南海科技有限责任公司      2476.069        1.462
        68                  贵州航天新乐有限公司          2313.962        1.367
       148                  沈阳华阳新机有限公司          2274.084        1.343
        23                  北京华机电研究所有限公司      2163.246        1.278
        69                  北京航天长峰科技工业集团有限公司 1957.304        1.156
        32                  昆山航天林森电机有限公司      1949.628        1.151
        42                  航天科技控股集团股份有限公司  1884.075        1.113
        25                  湖南航天马恒机电科技有限公司  1878.001        1.109
        24                  贵州航天天马机电科技有限公司  1875.143        1.107
        35                  北京星航工业总公司            1726.609        1.020
         6                    云南航天工业总公司          1699.990        1.004
        81                      国营机械厂                1686.952        0.996
        60                  北京动力机械研究所            1645.031        0.971
        22                  武汉三江航天国营生物科技有限公司 1479.791        0.874
        85                  深圳市航天精密刀具有限公司    1470.292        0.868
       138                  中国人民解放军理工大学        1419.919        0.839
         4                    绵阳长虹通电讯设备有限公司  1392.989        0.823
        51                  珠海天宏科技实业有限公司      1375.811        0.812
        80                  北京无线电计量测试研究所      1332.713        0.787
         3                    北京华迪行信息系统有限公司  1279.921        0.756
        67                  江苏捷诚车载电子信息有限公司  1279.592        0.756
       128                  贵州航天电器有限公司          1271.804        0.751
        70                      梅岭化工厂                1200.337        0.709
        83                  湖北航天化学技术研究所        1191.459        0.704
        15                  三江瓦力特种车辆有限公司      1190.386        0.703
       118                  贵州省建筑材料科学研究设计院  1134.657        0.670
                                哈尔滨工业大学              981.297        0.580
                              北京星航机电装备厂            916.266        0.541
```

图 7-48　机构-技术融合网络发展期的中间中心度

```
                                       Degree EffSize Efficie Constra Hierarc Ego Bet
                                       ------ ------- ------- ------- ------- --------
                   贵州航天电器股份有限公司     149.000 109.948  0.738   0.537   0.822 559.412
                 江苏捷诚车载电子信息工程有限公司 140.000 106.191  0.759   0.546   0.821 733.950
                     珠海天宏科技实业有限公司   94.000  65.946  0.702   0.577   0.803 448.499
                     贵州航天精工制造有限公司  145.000 112.138  0.773   0.575   0.824  87.852
                     贵州航天群建齿轮有限公司   51.000  35.355  0.693   0.696   0.772 160.452
              贵州航天凯宏科技有限责任公司    208.000 144.375  0.694   0.488   0.834 4931.096
                            国营机械厂         117.000  81.915  0.700   0.548   0.812 631.962
                              国营化工厂       369.000 224.975  0.610   0.386   0.878 12626.124
                         南京晨光有限公司      179.000 128.132  0.716   0.506   0.830 2272.474
             孝感三江航天红林模具制造有限公司   38.000  27.473  0.723   0.779   0.761  20.239
                     西安华迅微电子有限公司    35.000  24.993  0.714   0.815   0.752  48.978
                     航天信息股份有限公司     187.000 142.679  0.763   0.511   0.831 1170.794
                     湖北航天三江集团          210.000 157.252  0.749   0.507   0.836 2337.655
                            哈尔滨工业大学      76.000  55.182  0.726   0.664   0.798 367.309
                     北京通感设备研究所        94.000  66.765  0.710   0.618   0.806 427.800
                 IEE国际电子工程股份有限公司   139.000  96.018  0.691   0.530   0.817 1061.176
                           中国航天科工集团   258.000 190.958  0.740   0.475   0.842 5858.029
               中国三江航天工业集团公司特种技术中心 31.000  21.873  0.706   0.868   0.750  28.528
                     贵州航天林泉电机有限公司   97.000  75.359  0.777   0.641   0.810 108.235
                            国营机器厂         46.000  31.402  0.683   0.730   0.769  91.064
                 深圳市航天精密刀具有限公司   120.000  85.666  0.714   0.606   0.817 868.413
                 北京华机电研究所有限公司      93.000  63.750  0.685   0.645   0.807 511.348
                        北京星航机电设备厂     94.000  63.784  0.679   0.592   0.804 521.854
             贵州航天马恒机电科技有限公司     86.000  58.929  0.685   0.621   0.802 748.852
                 昆山航天林森电机有限公司    152.000 103.771  0.683   0.551   0.826 836.246
     国家复合改性聚合物材料工程技术研究中心    30.000  22.518  0.751   0.896   0.744  14.452
                   浙江中汇纺织工业有限公司     5.000   3.929  0.786   1.292   0.494   0.500
                 湖北万山汽车零部件有限公司    17.000  12.600  0.741   0.963   0.688  24.450
                 湖南凯星液力传动有限公司      77.000  56.030  0.728   0.627   0.792 300.115
               贵州航天乌江机电设备有限责任公司 97.000  75.627  0.780   0.625   0.812 155.540
                 航天科技控股集团股份有限公司  66.000  48.343  0.732   0.696   0.789 530.171
                   湖南航天远空间飞行器研发中心 49.000  36.054  0.736   0.766   0.778  61.089
                   湖南航天稀土研究有限责任公司 41.000  30.962  0.755   0.844   0.774  19.367
                       云南航天工业总公司     83.000  57.352  0.691   0.667   0.807 726.600
                     上海机电工程研究所      123.000  89.038  0.724   0.545   0.814 1218.322
                     遵义相特铸有限公司       48.000  35.874  0.747   0.778   0.778  48.240
                     北京航星科技有限公司     27.000  19.877  0.736   0.953   0.745   4.033
                         中国计量学院          44.000  34.455  0.783   0.833   0.781   1.971
                     贵州航天风华实业有限公司 135.000  95.855  0.710   0.537   0.819 990.351
                 航天特种材料及工艺技术研究所 176.000 118.083  0.671   0.514   0.829 2428.467
                   湖南航天磁电有限责任公司    96.000  65.487  0.682   0.601   0.806 672.341
                     苏州华腾航天电器有限公司 131.000  95.684  0.730   0.560   0.818 1004.831
```

图 7-49　机构-技术融合网络发展期的结构洞

7.3 航天云制造联盟创新生态系统共生机制

7.3.1 航天云制造联盟创新生态系统信任机制

云制造联盟创新生态系统信任机制中各重要因素在航天云制造联盟创新生态系统中都有具体的体现。

1. 制造服务主体之间的协同度

各服务主体之间的协同度越好，服务需求方对服务提供方的信任度就越高。在航天云制造联盟创新生态系统中，云制造环境下能力服务种类众多。用户若对某项业务不擅长的话，可以直接选择相应的服务，如行业服务、公共服务、金融服务、保障服务等。由于用户对所选择的服务没有参照依据，服务企业可能会存在侥幸心理，将导致不同用户能从相同的资源或服务中获得的利益不尽一致，所以服务主体之间联系越紧密，相互之间促进效果就越明显，服务质量、服务过程可以得到保证。如果各服务主体之间协同效果不好，不仅影响服务进程，而且还会间接损害云制造平台声誉。各服务主体只有充分把握协同发展契机，有效提高内部各创新要素相互补充、配合、作用的有序度，使闲置资源得以充分利用，并积极发挥协同溢出效应，与其他企业实现良性互动，才能提升自身效率和能力，有效促进云制造发展。

2. 云制造平台的监管作用

由于各企业管理水平以及制造服务执行过程中不确定性因素的影响，企业自身无法保障服务质量，云制造平台的作用不可忽视。云制造平台作为服务交易的载体，监管方加强其安全监管的权利和责任，将会促进其信任体系、责任体系及监管机制的构建。首先，建立适合企业的激励制度，如：在航天云制造联盟创新生态系统中可以给服务提供方排名优先、资源扶持、专属界面等优惠政策；给服务需求方免费体验、费用优惠、运营指导等专属服务。与此同时，平台监管方对于服务提供方机会主义等行为的惩罚,体现在增加了对不合格商家的曝光宣传,根据不合格商家的违规程度对其进行惩罚或设置黑名单;启用保证金制度,服务提供方如果失信,则其成本将极大地增加;更加严重的将启动司法程序。上述奖惩是真切关乎企业本身的利益,平台监管方的接入,使交易成功率会逐渐提高、企业更加依托云制造平台,进而得到更好的发展。

3. 机会主义行为的差别性以及交互历史因素的重要性

服务过程中服务提供方采取机会主义行为的概率非常大,对于显性机会主义行为,如对于硬件资源的需求,服务需求方可通过相关途径加以甄别。而对于隐性机会主义行为而言,特别是软资源,如经验、能力等,这些高度个性化且难以标准化的软资源大都来自工作人员的直接经验。其内隐性和模糊性使服务需求方难以通过书面合同形式对服务提供方的隐性机会主义行为进行监督和控制,因此仅仅依靠完善契约控制机制并不能有效地抵制服务提供方的隐性机会主义行为。相反,一味地强化契约控制机制反而容易导致合作双方的不信任感和猜疑。通过交互历史的好坏去抑制显性、隐性机会主义行为的发生,则有利于双方实现长期合作,实现合作共赢。人类社会在本质上属于个体之间在信任与合作基础上构建的关系网,而信任关系是在彼此之间不断交互的过程中形成的。在航天云制造联盟创新生态系统中,服务需求方对交互过的云制造服务会有一个自己的QoS评价,从服务需求方的角度来看,考虑到其他服务需求方与某一云制造服务交互后QoS评价的不真实性,服务需求方更愿意相信自己交互的经验,在云制造中服务需求方可以通过自己的交互历史和其他服务需求方的QoS评价综合选择守信的云制造服务,抑制机会主义行为的发生。

4. 博弈方主观认知在云制造中的具体体现

由于各博弈方是有限理性的,主观意愿将会非常强,不确定性条件下的决策更符合前景理论。服务交易各方在面对可能因为信任带来的感知额外收益时小心翼翼,想确保自身可获得最大化收益。服务提供方在面对服务完成后,平台可能会给予的额外收益和自己可以采取机会主义行为时的确定收益,将会毫不犹豫选择后者。即使非确定性回报可能会很大,人们也更希望得到确定性回报。因为在云制造中，企业也不知道非确定性回报会是哪方面的，是否真的利于自己的发展。而服务提供方面对可能由于机会主义行为受到的惩罚时，会采取冒险行动。因为服务提供方有一定的概率此行为不会被发现，例如：在航天云制造联盟创新生态系统知识服务交易中，知识资源具有异质、异构等特征，加之有些服务来源于经验和能力，服务需求方没有评判标准，从而导致服务提供方会采取冒险行动。

航天云制造联盟创新生态系统不仅构建了比较完善的信任机制，充分考虑上述因素，而且还将全力保障用户利益，在直接购买中，用户可以看到企业名称、电话、邮箱、地址、联系人等，成交记录商品评价，最重要的是可以访问该企业，可以看到企业资料、档案等详细数据，进一步推动诚信交易，创建一个稳定、安全的信任环境。

7.3.2 航天云制造联盟创新生态系统合作伙伴选择机制

为共同推进工业互联网产业发展及应用推广，航天云制造联盟创新生态系统可帮助企业之间建立合作关系，通过制订合作伙伴计划，建设工业互联网产业集群生态，协助合作伙伴及用户基于航天云网实现高质量发展。合作伙伴可通过代理合作、开发合作、服务合作等多种形式，参与航天云制造联盟创新生态系统建设。

在选择合作伙伴时，航天云制造联盟创新生态系统首先根据科学性原则、风险最小原则以及互补性原则找到潜在合作伙伴，然后通过综合评价模型，确定合作目标的位序，根据位序对潜在合作伙伴逐一进行培训与认证，如果认证通过则建立合作关系，如果不通过则选择下一位合作伙伴重新进行审核，直到找到合适的合作伙伴为止。由于合作双方需要考虑许多因素，才能确定对方是否是可以合作的对象，因此加入航天云制造联盟创新生态系统有以下主要保障，可以降低企业合作风险。

1. 资源种类丰富

拥有高质量百万级潜在用户市场资源和中国航天科工集团体系内的供需资源，有效拓展线上供应能力服务，降低采购成本，拥有先进大数据技术帮助企业完成线上的合作，并通过质量评价、履约评价及征信服务系统保障业务交易。

2. 服务效率高

实现线上全流程的业务管理，采用电子合同、电子签章、合同审批、电子支付、电子发票、电子招投标等线上服务功能，并提供移动端 APP 应用，可随时随地实现业务对接、合同签署及流程审批，提高企业间合作效率，有效降低商务成本。依托 30 万专家数据库，覆盖专家成果、项目、专长等，可以智能分析企业需求，与专家可以线上或线下进行交流，发现企业问题和痛点，提供企业诊断评估报告及个性化解决方案。

3. 服务范围广

汇集了国务院、各部委、各省市智能制造、工业互联网和企业的相关上云政策，可提供全方面专业的政策解读及咨询服务。严格的配套服务商准入评价体系，优选第三方服务聚合机构，全面满足工商注册、财税服务、法律咨询、知识产权代理等四大基础性服务需求，解除企业发展后顾之忧；定制化的企业辅导课程，实现线上与线下培训的有机结合；提供咨询、检测、下单、支付、寄样、报告等一站式检测服务，云上路演、易贷超市两大金融服务，为中小企业提供优质项目和技术。

合作伙伴还可以被授予航天优选权威认证"航天云网合作伙伴"标识，享受航天云制造联盟创新生态系统产品销售分成、航天云制造联盟创新生态系统万亿级市场机遇和百万级用户资源，并且可以实现商机共享、一对一多样化专属服务支持、政策与行业解读咨询支持、产品、技术支持等服务。

7.4 航天云制造联盟创新生态系统循环机制

7.4.1 航天云制造联盟创新生态系统创新资源集成机制

目前，航天云网注册用户已超过 270 万户，遍布全球 202 个国家和地区，中国贵州茅台酒厂（集团）有限责任公司、北京长城华冠汽车科技股份有限公司、贵阳南明老干妈风味食品有限责任公司、广东万和新电气股份有限公司等知名企业和行业龙头单位背后,都有航天云网这个"幕后英雄"[4]。据统计,借助航天云网进行柔性化生产协同制造及智能化改造之后,普遍缩减研发设计周期30%~45%,生产效率提高25%~60%,成本降低10%~30%,用工减少30%~60%,并实现了工业服务、工业设备和工业产品的社会化集成共享、优化配置和业务协同,企业经营规模和经济效益快速攀升[5]。

航天云网坚持以"信息互通、资源共享、能力协同、开放合作、互利共赢"为核心价值理念,面向中国航天科工集团军工领域建设运营协同制造专有云和智慧企业平台,支撑中国航天科工集团战略转型;面向社会化建设航天云网;面向区域经济建设运营工业云;面向国际化建设运营国际云,构建了制造与服务结合、线上与线下结合、创新与创业结合的制造业新业态,为服务国家制造强国战略目标提供支撑[6,7]。

航天云制造联盟创新生态系统集成与服务技术主要涉及互联网环境中实现人、机、物、环境、信息的共融,支撑着面向制造业全产业链横向集成、纵向集成和端到端集成、优化与互操作的云制造系统集成技术,以及面向工业产品制造全过程活动的制造资源/能力的智能感知、服务、协同与智能化应用关键技术。平台中的专用网络平台(专有云,解决集团内部范围内企业协同设计、协同制造等资源共享、能力协同问题)可推动集团公司全要素资源共享、制造过程深度协同,实现"企业有组织,资源无边界"。

7.4.2 航天云制造联盟创新生态系统服务组合机制

航天云制造联盟创新生态系统中有多种服务可以进行组合,更好地满足不同用户的不同需求。例如,其中的模具服务平台是以模具制造企业为核心构建起来的云端模具行业生态圈。围绕模具行业所需的交易、工具、技术、知识、管理等提供云平台功能。汇聚模具行业上下游所需产品、配件、技术、知识等高质量资源,服务模具行业上下游企业,助力企业通过工业互联网实现高效协同。覆盖模具产业链企业、研究机构、配套服务商,汇集模具行业高质量资源,全力打造模具产业链新生态。模具产业链新生态包括模具需求企业、模具制造企业、模具材料工业企业、模具标准件供应企业、模具设计软件服务商、模具检测计量服务商、模具行业产学研机构、模具行业从业者等企业,还包括模具采购、模具加工、模具设计、模具检测、产学研对接、模具行业教育培训、模具企业智能化改造等多样化的服务，其应用场景非常多。

（1）社会化协同制造。基于 INDICS 平台构建模具行业网络化协同云平台，形成以模具企业为中心，上游客户、供应商、模具加工协作企业、模具检测、金融服务机构等角色共同组成的产业链协同发展生态圈，提供模具定制、协同智造、供需对接、工业软件、在线教育、产学研等服务。

（2）知识分享。研究机构等机构可上传模具行业科研成果、文献、专利进行知识传播和分享，模具企业可在线查看。平台提供交流功能，模具企业可在线提出问题，研究机构专家进行解答。

（3）获取生源。模具培训机构、大学在线发布专业课程、模具资料、讲座信息等，用户在线获取学习信息，在线进行报名或免费课程学习，为培训机构和院校提供学习生源。

模具服务只是航天云网中服务组合的一个代表，在航天云网中，用户可以根据自己所需，进行匹配和选购，平台便会根据需求实现资源与服务的最优配置和组合，更好地提高云服务效率和质量。

7.5　航天云制造联盟创新生态系统平衡机制

7.5.1　航天云制造联盟创新生态系统生态位决策机制

为保证实验数据充足，选取航天云网专利库中专利数量达到或超过 250 个的关键种群为研究对象，并运用公式计算关键种群的生态位宽度。为测量种群的共生能力，利用 UCINET 软件测量研究对象的点度中心度。点度中心度常用于网络分析方法中，用于表示网络中与该节点连接的节点数量，所以选取网络节点的点度中心度表示该种群形成共生关系数量。经统计与计算研究对象的生态位宽度与点度中心度如表 7-3 所示。

表 7-3 种群的生态位宽度与点度中心度

种群名称	种群描述	生态位宽度	点度中心度
H01R	导电连接装置、继电器等	4.238530217	43
G06F	电数字数据处理	9.794111755	112
G01R	测量电变量、测量磁变量	6.198254843	66
H04L	数字信息的传输	7.17727183	102
G01N	借助测定材料的性质测定材料	6.35825328	68
F16B	紧固构件或机器零件的器件	2.95864578	23
B23K	钎焊、焊接、加热或火焰切割	4.810195091	27
G05B	一般的控制或调节系统	5.760729752	60
G01M	机器或结构部件静态与动态的平衡能力测试	4.792906479	61

通过统计学软件 SPSS 对种群的生态位宽度与点度中心度作皮尔逊相关性分析，结果显示种群的生态位宽度与点度中心度之间的皮尔逊相关系数为 0.921，表示二者之间存在正相关性，两者不相关的双侧显著性为 0<0.01，表示在 0.01 的显著性水平上否定了二者不相关的假设。依据统计学原理可以得到，种群的生态位宽度与种群在共生关系网络中的点度中心度有明显的正相关关系。实验结果说明，生态位越宽的种群在共生关系网络中形成的共生关系越多。

为进一步探究种群共生作用与种群生态位重叠度之间的相关关系，按式 (6-2) 计算出每组共生种群之间的生态位重叠度，并将每组共生关系中的两个 ρ_1 相加，得到种群生态位重叠度以及共生作用对照表如表 7-4 所示。表 7-4 中的共生作用为正，表明两个种群之间的总促进作用大于总抑制作用，共生作用为负则表明两个种群之间的总抑制作用大于总促进作用。通过统计学软件 SPSS 对两个种群的生态位重叠度与共生作用作皮尔逊相关性分析，结果显示两个种群的生态位重叠度与共生作用之间的皮尔逊相关系数为 0.61，表示二者之间存在正相关性，两者不相关的双侧显著性为 0.009<0.01，表示在 0.01 的显著性水平上否定了二者不相关的假设。依据统计学原理可以得到，种群的生态位重叠度与种群共生作用之间有明显的正相关关系。实验结果说明，两个种群之间的生态位重叠度越高，种群之间的共生作用越强。

表 7-4 种群生态位重叠度与共生作用对照表

种群 1	种群 2	种群生态位重叠度	种群共生作用
H01R	G01R	0.189	0.28
H01R	G01N	0.473	−0.507
H01R	F16B	0.279	−0.162
H01R	B23K	0.098	−0.764
G06F	G01R	0.462	1.605
G06F	H04L	0.706	2.47
G06F	G01N	0.432	2.297
G06F	F16B	0.602	2.734
G06F	G05B	0.695	2.372
G06F	G01M	0.348	1.819
G01R	H04L	0.609	1.541
G01R	G01N	0.605	1.361
G01R	G05B	0.642	1.301
G01R	G01M	0.639	0.997
H04L	G05B	0.81	1.276
G01N	G01M	0.57	1.798
G01M	G05B	0.696	1.31

7.5.2 航天云制造联盟创新生态系统利益分配机制

航天云制造联盟创新生态系统中的云端应标群可以快速高效地进行组队，实现能力互补，协同应标。云端应标群提供三种支撑服务：供应商管理、社群生态环境、专业运营服务。在供应商管理中有绩效风险管理，社群生态环境中实行在线沟通交流、协作、实时监控，专业运营服务中进行资源匹配、辅助对接。再完成团队搭建后，将会确定群的组织架构、成员的权限和成员利益分配方式，确保成员应有的权益和任务的顺利实施。

7.6 航天云制造联盟创新生态系统发展对策

新一代信息技术引领下的航天云制造联盟创新生态系统发展需要注重企业为中心的"政、产、学、研、金、用"结合的技术创新体系的建设及各类人才培养，需要实现"技术、产业、应用"的协调发展。

中国云制造的产生和发展受益于国家政府政策驱动，基于政策文本的计量和分析，有利于厘清云制造演进机理，为云制造落地与应用提供指导与建议。通过搜集与整理 2010～2020 年中国国家层面的云制造政策，利用社会网络分析、内容分析等方法，UCINET、ROST 等软件，从政策发布主体、政策关注主题、政策工具使用多方视角，探究中国云制造政策可持续演进规律，并进一步讨论政府作用的逻辑主线，扩展了政策分析理论的应用范围，为指导云制造产业跨越式发展提供决策参考。

1. 政策文本收集与处理

政策文本数据来源于国家层面制定的政策，所有政策类型如规划、通知、意见等都在检索范围之内。通过对国务院、工业和信息化部等官方网站的政策文件检索，发现标题包含云制造的政策文件数量极少，由此将"云制造"设定为全文或关键字检索。同时云制造产业的发展离不开两化融合政策的提出，云计算作为云制造的核心关键技术，其政策制定也会对云制造产业产生一定影响，本书也检索了关于"信息化和工业化"或"云计算"的政策文件，时间截至 2020 年 5 月，剔除与云制造产业无关的政策文件，最终得到 20 个有效的政策文件，其基本信息如表 7-5 所示。

表 7-5　云制造政策文件基本信息

编号	政策名称	发布时间	发布单位
1	《中小企业数字化赋能专项行动方案》	2020 年	工业和信息化部
2	《关于做好国家高新区科学防疫推动企业有序复工复产的通知》	2020 年	科技部

续表

编号	政策名称	发布时间	发布单位
3	《关于促进中小企业健康发展的指导意见》	2019 年	中共中央办公厅、国务院办公厅
4	《推动企业上云实施指南（2018—2020 年）》	2018 年	工业和信息化部
5	《关于深化"互联网+先进制造业"发展工业互联网的指导意见》	2017 年	国务院
6	《新一代人工智能发展规划》	2017 年	国务院
7	《关于深入推进信息化和工业化融合管理体系的指导意见》	2017 年	工业和信息化部、国务院国有资产监督管理委员会、国家标准化管理委员会
8	《云计算发展三年行动计划（2017—2019 年）》	2017 年	工业和信息化部
9	《"十三五"国家战略性新兴产业发展规划》	2016 年	国务院
10	《关于深化制造业与互联网融合发展的指导意见》	2016 年	国务院
11	《信息化和工业化融合发展规划（2016—2020 年）》	2016 年	工业和信息化部
12	《关于引导企业创新管理提质增效的指导意见》	2016 年	工业和信息化部、国家发展和改革委员会、财政部、人力资源和社会保障部、环境保护部、中国人民银行、国务院国有资产监督管理委员会、国家税务总局、国家质量监督检验检疫总局、中国银行业监督管理委员会、中国证券监督管理委员会
13	《关于积极推进"互联网+"行动的指导意见》	2015 年	国务院
14	《中国制造 2025》	2015 年	国务院
15	《关于促进云计算创新发展培育信息产业新业态的意见》	2015 年	国务院
16	《信息化和工业化深度融合专项行动计划（2013—2018 年）》	2013 年	工业和信息化部
17	《关于组织开展 2013 年信息化和工业化深度融合专项资金项目申报工作的通知》	2013 年	工业和信息化部
18	《2012 年信息化和工业化深度融合专项资金项目指南》	2012 年	工业和信息化部
19	《关于加快推进信息化与工业化深度融合的若干意见》	2011 年	工业和信息化部、科技部、财政部、商务部、国务院国有资产监督管理委员会
20	《国家高技术研究发展计划（863 计划）先进制造技术领域"云制造服务平台关键技术"主题项目申请指南》	2010 年	科技部

第7章 云制造创新生态系统演化机理与运行机制实证研究

我国从 2010 年开始出现云制造产业政策，政策文本总数较少，直接服务于云制造产业的政策数量更少，只有科技部于 2010 年发布的《国家高技术研究发展计划（863 计划）先进制造技术领域"云制造服务平台关键技术"主题项目申请指南》中明确提出攻克关键技术，打造云制造平台，推动制造服务模式创新。从政策分类来看，20 个政策文件包括 7 种类型，如表 7-6 所示，意见、规划、指南三种类型居多，均对政策实施起到较为宏观的方向性指导作用，通知、计划、方案、行动纲领所占比例较小，说明具体实操性政策有待加强。

表 7-6 政策文本类型统计

文本类型	数量/个
意见	8
规划	3
指南	3
通知	2
计划	2
方案	1
行动纲领	1

图 7-50 为 2010~2020 年政策数量与 CNKI 数据库中云制造文献数量对比图，可以看到变化趋势大体相同。由此综合考虑云制造产业发展、政策发布数量、政策内容等方面，将云制造政策演化划分为三个阶段：第一阶段（2010~2014 年），云制造相关政策首次发布与云制造概念提出的时间基本吻合，李伯虎团队、上海交通大学、中国航天科工集团等在国家高技术研究发展计划的大力支持下进行云制造系统设计、关键技术及云制造落地与应用研究，表明国家充分认识到云制造模式对制造业转型升级的重要作用；第二阶段（2015~2017 年），云制造相关政策及政策发布主体逐渐增多，政策类型也趋于多样化，长期及短期的计划、规划类政策增加明显，如《中国制造 2025》等，对产业发展推动作用效果显著；第三

阶段（2018~2020年），发布政策数量有所下降，但从发展趋势来看，呈现上升趋势，尤其因疫情而催生的"云经济"，各行业围绕互联网进行"云"转型，政策关注焦点转向上云、数字化等实现云制造的核心环节。

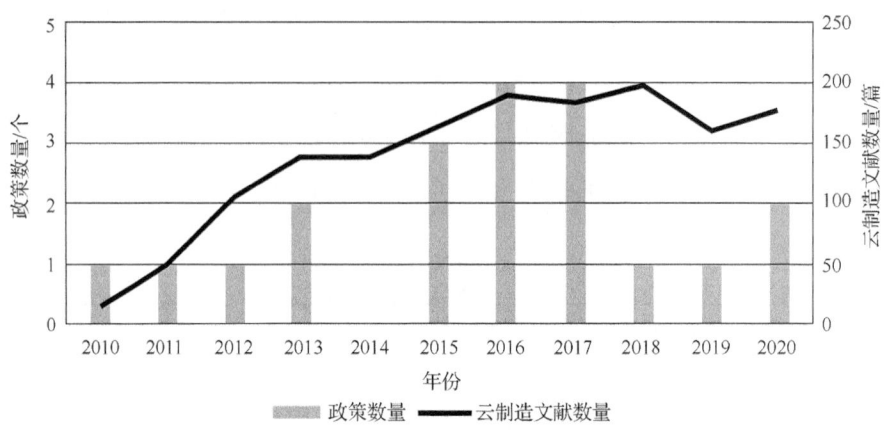

图 7-50　云制造政策数量与云制造文献数量年度分布图（2010~2020年）

2. 政策主体演进分析

（1）政策主体发文总体情况。以首次发布政策的年限为介入时间，发布政策数量为介入强度，绘制政策主体发布政策数量气泡图，如图 7-51 所示，气泡大小表示政策数量的多少。可以看到，科技部介入时间最早，但发文数量一般。工业和信息化部发文数量最多，共计 10 项，其中 7 项单独发文、3 项联合发文，且介入时间较早。在第二阶段介入的政策主体最多，国务院在此阶段发文，且发布政策总数量较多，共计 8 项，包括 7 项单独发文、1 项联合发文，仅次于工业和信息化部。在第三阶段才介入的政策主体只有中共中央办公厅，且只有 1 项联合发文。由此看出，工业和信息化部及国务院是云制造相关政策的主要制定者，其次是科技部。从联合发文情况看，工业和信息化部与其他部门合作最为紧密，合作发文的部门数也是最多的。

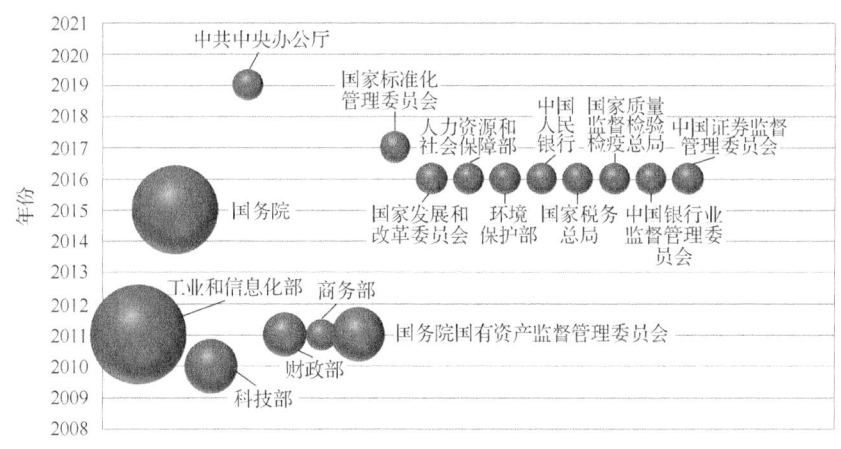

图 7-51 各政策发文主体的发文数量统计图

(2) 政策主体合作关系演化。以政策主体间联合发文情况为基础,首先将政策文本按发展阶段进行整理,利用社会网络分析法,分别构建联合发文的邻接矩阵。然后使用 UCINET 软件绘制其合作关系图,不同节点代表不同政策主体,节点大小表示与该主体联合发文的其他政策主体数量的多少,节点间存在连线表示不同主体间存在联合发文情况,节点间连线的粗细表明两主体合作的频繁程度。图 7-52 为政策主体合作关系图。第一阶段有 5 个政策主体相互合作发文,共同的政策目标为推进工业化与信息化深度融合,形成了较为简单的初始合作网络,无论是网络规模、连接频次均较少。第二阶段为网络快速发展阶段,政策主体及其合作关系增加较为迅速,工业和信息化部、国有资产监督管理委员会处于核心位置,网络关系数及连接频次增长明显。第三阶段的政策主体间合作较少,没有形成合作网络,网络规模等指标均显著减少。整体来看,工业和信息化部、国有资产监督管理委员会、财政部为网络核心,合作最为密切。国务院及中共中央办公厅有合作,但与其他政策主体没有联合发文。政策主体合作网络关系初步形成,呈现核心-边缘形态,但尚不完善,联通性有待加强。

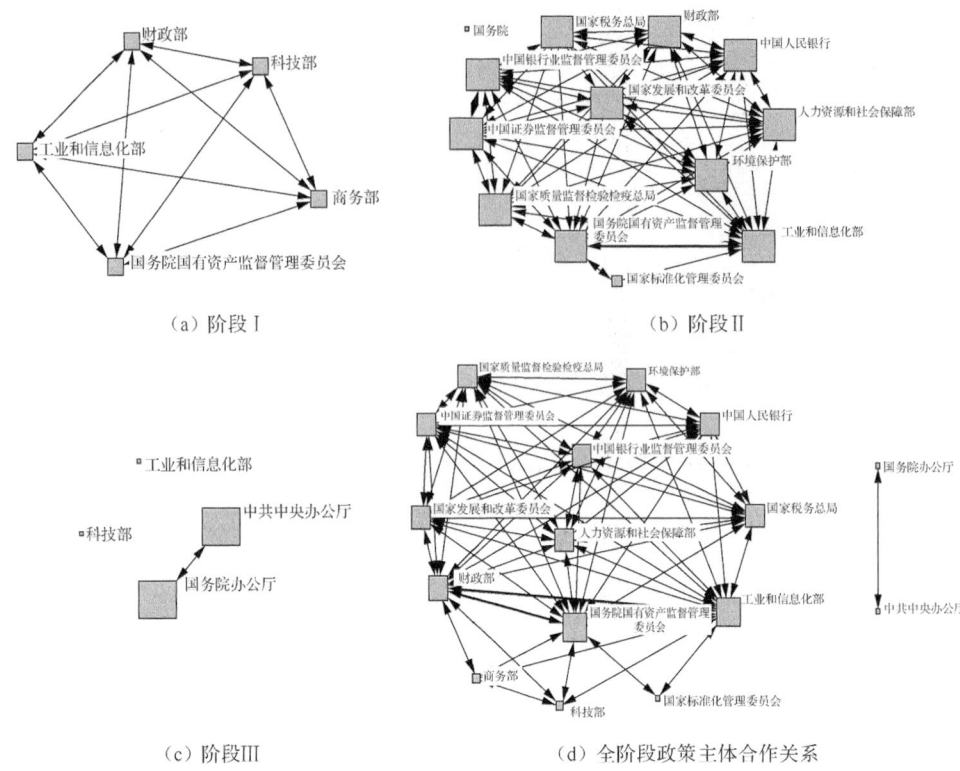

图 7-52 政策主体合作关系图

3. 政策内容演化

(1) 政策文本高频主题词识别。政策文本高频主题词识别具体步骤为：①按照不同发展阶段将政策文本分别整理为一个文本文件。②调整 ROSTCM6 软件分词自定义词表和词频统计过滤词表，在分词自定义词表中增加"云计算、云制造、用云、上云、云服务、物联网、新一代信息技术、云平台、大数据、云应用、公有云、私有云、生命周期、供应链、智能制造、基础设施"等词，在词频统计过滤词表增加"一批、面向、大力、一代、各类、积极、我国、中国"等词。③利用 ROSTCM6 软件对政策文本进行分词和词频统计，并利用 NetDraw 软件生成高频主题词网络。图 7-53 为高频主题词网络及词频、点度中心度统计。

第7章 云制造创新生态系统演化机理与运行机制实证研究

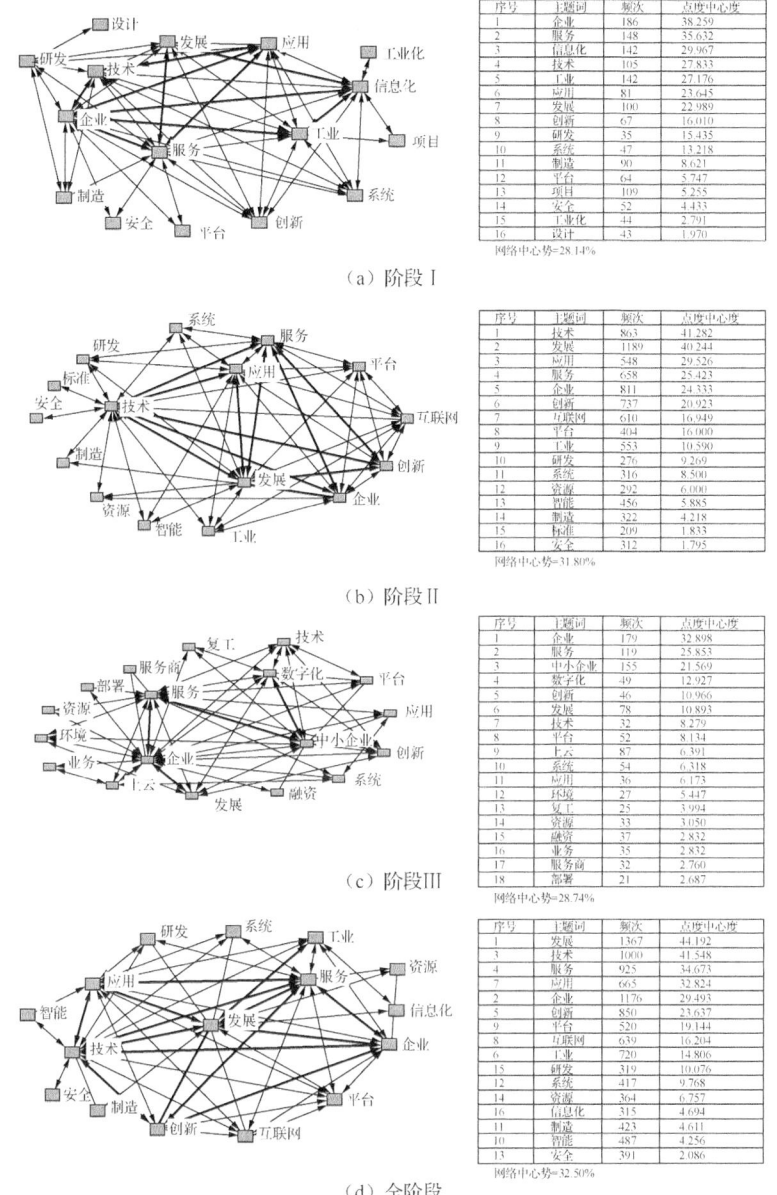

图 7-53 政策文本高频主题词网络及词频、点度中心度统计

各阶段政策文本高频主题词网络的网络中心势在 28.14%～32.50%,说明各政策关注焦点有一定的一致性,但仍有部分主题词不相关或相关关系不明显,不同政策突出的主题内容相对分散。频次指标值反映该主题词在政策文本中出现的次数。点度中心度指标值反映与该节点相连的节点数量,说明该主题词与其他主题

词的关联程度。各阶段分析结果表明，高频主题词重复出现概率较大，但各阶段也有独特主题词，说明各政策目标一致性较好，也兼顾不同时期需求。总体来看，发展、企业、技术这三个主题的频次和点度中心度在各阶段都处在较高地位，说明政策都是面向企业，围绕发展这一主题展开，同时云制造这一新兴产业需要新一代信息技术支撑。

（2）政策文本高频主题词小团体识别。邀请团队成员及多名领域专家共同讨论，专家组依据云制造产业特点和各阶段高频主题词，最终聚类为 4 个小团体，如表 7-7 所示。

表 7-7 主题词小团体

聚类结果	全阶段主题词	第一阶段主题词	第二阶段主题词	第三阶段主题词
政策目标	发展、服务、信息化、智能	发展、服务、信息化、工业化	发展、服务、信息化	服务、发展、数字化、复工
面向对象	企业、工业	企业、工业	企业、工业	企业、中小企业、服务商
云制造环节	研发、制造、创新、应用	研发、制造、创新、应用、设计	研发、制造、创新、应用	创新、应用、上云、部署、业务
云制造基础	技术、平台、互联网、系统、资源、安全	技术、平台、系统、安全、项目	技术、平台、互联网、系统、资源、安全、标准	技术、平台、系统、资源、环境、融资

小团体 1 是政策目标，各项政策的制定都是为了推动云制造产业良性发展，同时云制造以"制造即服务"为核心理念，以更为便捷的方式为用户提供多样化的云服务，因此"发展"和"服务"占据政策目标的核心位置。云制造产业是新一代信息技术和制造业深度融合的产物，在产业形成初期，"信息化"和"工业化"是高频词。近年来云制造逐渐突破了制造领域，力求在信息化的基础上实现全面数字化。2020 年受到疫情影响，云上复工也成为各企业的迫切需求，由此"数字化"和"复工"是第三阶段的高频词。从整体来看，"智能"也是突显的目标之一，智能制造是制造业向高端发展的集中体现，也是云制造的核心内容。

小团体 2 是面向对象，从宏观和微观角度分析，云制造政策面向的对象分别为工业和企业，尤其注重对中小企业的扶持。面向企业发布的政策数量为 5 个，其中 2 个重点针对中小企业。第三阶段的高频主题词增加了"服务商"，是因为企业在转型过程中，需要平台服务商、应用服务商给予资源和服务等协助，以便顺

第 7 章 云制造创新生态系统演化机理与运行机制实证研究

利上云。

小团体 3 是云制造环节，云制造融合产业链、创新链、价值链，在运行过程中，围绕从需求到论证、设计、工艺、加工、实验、仿真等制造全生命周期，打通采购、研发、生产、营销、供应、库存、发货和交付、售后服务、运维、报废回收服务等全商务流程，实现协同化制造。"研发""制造""创新""应用""设计"等高频词体现云制造各环节。近年来，为进一步推动云计算落地，并融合先进制造业发展，政府大力支持企业上云，科学制定部署模式，使企业业务、数据、系统等顺利迁移至云端。"部署""上云"为第三阶段特有高频词。

小团体 4 是云制造基础，云制造依赖于云计算、大数据等新一代信息技术，整合闲散制造资源，其有效运行离不开互联网平台及其信息系统的支持，数据安全也是首先需要解决的问题。由此，"技术""平台""互联网""系统""资源""安全"是高频词。在第一阶段，政府多以项目的形式提供资金，鼓励云制造研究、信息化和工业化融合发展。在第二阶段，多项政策提出规范标准，如互联网融合标准、数据开放、共享、交换标准等。在第三阶段，政府为纾解中小企业困难，提升其专业化能力，给予中小企业融资政策支持，营造良好发展环境。因此，不同阶段的高频主题词略有不同。

政策发布主体关注的主题分析。选择独立发文数量较多的政策主体进行主题分析，工业和信息化部发布 7 项政策，国务院发布 7 项政策，科技部发布 2 项政策。具体分析步骤为：①按照不同发布主体汇总相关政策文本；②与上文"政策内容演化（1）"中政策文本高频主题词识别步骤②相同；③利用 ROSTCM6 软件对政策文本进行分词和词频统计，并与上文统计的高频主题词对比分析。表 7-8 为政策主体独立发文政策的高频主题词。

表 7-8 政策主体独立发文政策的高频主题词

工业和信息化部		国务院		科技部		全部政策	
主题词	词频	主题词	词频	主题词	词频	主题词	词频
企业	328	发展	981	企业	50	发展	1367
服务	263	技术	757	服务	43	企业	1176
工业	226	创新	595	制造	31	技术	1000
发展	208	企业	559	项目	30	服务	925

续表

工业和信息化部		国务院		科技部		全部政策	
主题词	词频	主题词	词频	主题词	词频	主题词	词频
平台	141	互联网	539	技术	25	创新	850
创新	141	服务	493	平台	25	工业	720
应用	140	应用	474	云制造	22	应用	665
技术	138	工业	438	复工	19	互联网	639
信息化	135	智能	405	疫情	18	平台	520
安全	128	人工智能	355	发展	17	智能	487
云计算	123	平台	316	中小企业	16	制造	423
系统	119	制造	261	资源	16	系统	417
制造	105	系统	259	科技	10	安全	391
上云	87	安全	250	高新区	10	资源	364
中小企业	84	资源	236	创新	9	研发	319
互联网	75	研发	224	环境	7	信息化	315

3个核心政策主体共有48个主题词,其中重复主题词36个,覆盖率高达75%,说明各政策主体关注的政策焦点较为一致,尤其是对云制造产业目标的定位均为发展及服务。与全部政策高频主题词最为一致的是国务院,区别在于国务院同时关注"人工智能"。其次是工业和信息化部,额外关注"云计算""上云""中小企业"。差别最为明显的是科技部,关注"云制造""复工""疫情""中小企业""科技""高新区""环境"。

为了直观展示政策主体关注的核心问题,生成政策主体与主题关系矩阵,并利用UCINET软件绘制网络关系图,如图7-54所示,中间三个正方形节点为政策主体,圆形节点为主题词,连线的粗细表示政策主体对该主题的重视程度,节点的大小表示关注该政策主题的政策主体的数量。可以看到,大部分主题词均出现在三个政策主体发布的政策中,出现在两个政策主体发布政策中的主题是"工业、安全、信息化、人工智能、科技、复工、疫情",比例为25.9%,仅出现在1个政策主体发布政策中的主题是"上云、云制造、高新区",比例为11.1%。3个政策主体发布政策关注焦点基本代表全部政策,其中国务院处于核心位置,使用主题词数量最多,频率最高。

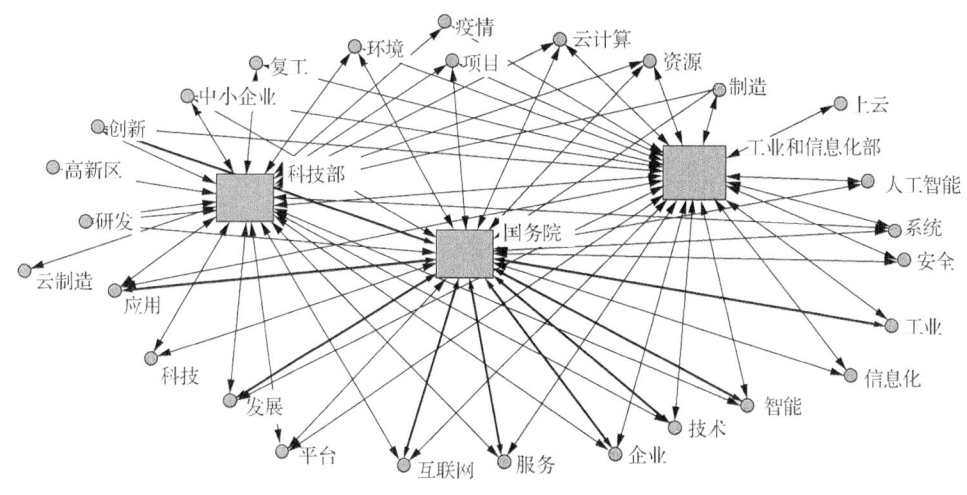

图 7-54 政策主体与主题关系

4. 政策工具演进

（1）政策工具分类及编码。本书将政策工具分为供给型、环境型和需求型三种类型。供给型政策对云制造产业发展起到积极推动作用，具体手段包括资金投入、人才培养、信息支持、技术支持及基础设施建设等。需求型政策对云制造产业发展起到积极拉动作用，具体手段包括政府采购、外包、海外交流、贸易管制、示范应用等。环境型政策通过构建良好的政策环境，对云制造产业发展起到间接影响作用，具体手段包括金融支持、税收优惠、法规管制、知识产权保护、政策性策略等。

内容分析法通过定量化地归类政策文件，避免了分析结果过于主观等问题。考虑到样本分析单元表达信息的完整度与细致度，按照"政策编号-具体章节-序列号"为编码原则，对 20 个政策文件进行编码，并根据政策工具细则将每份政策文件内容进行析出，如表 7-9 所示。为了提高分析结果的可信度和科学性，课题组成员分别进行上述工作，利用交叉互检方式，将归类不一致的政策条目进一步讨论，最终形成如表 7-10 所示的统计结果。

表 7-9 云制造产业政策文本内容编码表

政策编号	政策名称	政策文本具体内容	编码
1	《中小企业数字化赋能专项行动方案》	一、行动目标 坚持统筹推进新冠肺炎疫情防控和经济社会发展······ 二、重点任务 (一)利用信息技术加强疫情防控······ (二)利用数字化工具尽快恢复生产运营······ (三)助推中小企业上云用云······	1-1 1-2-1 1-2-2 1-2-3
⋮	⋮	⋮	⋮
20	《国家高技术研究发展计划(863 计划)先进制造技术领域"云制造服务平台关键技术"主题项目申请指南》	6. 项目拟支持的国拨经费控制额······	20-2-6

表 7-10 政策工具的分类统计表

工具类型	工具名称	编号	数量	百分比/%	合计/%
供给型	资金投入	1-3-2、5-4-3、7-3-2、10-3-2、10-3-3、16-3-4、17、18、19-4-2、20	10	4.85	31.56
	人才培养	1-3-4、5-4-5、6-3-1、7-2-2、7-3-3、8-4-2、9-10-6、10-3-6、11-5-4、13-3-5、14-4-5、15-3-6、16-3-5、19-4-5	14	6.80	
	信息支持	1-2-7、11-3-7、16-2-3、16-2-8、19-3-3	5	2.43	
	技术支持	1-2-12、1-2-13、5-3-3、5-3-6、6-3-1、8-3-1、8-3-4、9-2-3、9-2-4、9-2-5、10-2-7、11-3-6、11-3-7、11-4-5、11-4-6、13-2-11、13-3-1、14-3-1、14-3-6、15-2-2、15-2-4、16-2-7、16-3-6	23	11.17	
	基础设施建设	1-2-3、1-2-4、1-2-9、5-3-1、8-3-5、9-2-1、9-3-1、10-2-5、14-3-1、14-3-2、14-3-3、15-2-5、16-2-8	13	6.31	
环境型	金融支持	5-4-4、8-4-1、9-10-5、10-3-4、11-5-2、13-3-6、14-4-3、15-3-4、19-4-2	9	4.37	47.57
	税收优惠	1-2-2、5-4-3、9-10-5、10-3-4、11-5-2、13-3-6、14-4-4、15-3-3	8	3.88	
	法规管制	5-4-1、5-4-2、5-4-6、7-3-1、8-3-5、9-2-6、9-10-1、10-3-1、10-3-5、11-5-1、14-4-1、14-4-2、14-4-6、14-4-8、15-3-2、19-4-1	16	7.77	

工具类型	工具名称	编号	数量	百分比/%	合计/%
环境型	知识产权保护	9-8-1、9-10-3、14-3-1	3	1.46	47.57
	政策性策略	1-2-5、1-2-6、1-2-8、1-2-10、1-2-11、1-3-1、2-2、2-6、3-5-4、4-2、4-3、4-4、4-5、4-6、5-3-5、6-3-2、7-2-1、7-2-2、7-2-3、7-2-4、7-3-2、7-3-4、8-3-3、8-4-3、9-2-2、9-8-3、9-10-2、9-10-4、10-2-1、10-2-2、10-2-3、10-2-4、10-2-6、11-3-1、11-3-2、11-3-3、11-3-5、11-4-3、11-5-3、12-2-8、13-2-1、13-2-2、13-2-11、14-3-4、14-3-7、14-3-8、15-3-1、16-2-1、16-2-3、16-2-3、16-3-1、16-3-2、16-3-3、19-3-1、19-3-2、19-3-3、19-3-4、19-3-5、19-3-6、19-3-7、19-3-8、19-4-4	62	30.10	
需求型	政府采购	5-3-2、10-3-3、15-2-3、15-3-3	4	1.94	20.87
	外包	15-2-1、15-3-3	2	0.97	
	海外交流	5-3-7、8-4-4、9-9-2、9-9-3、9-9-4、10-3-7、11-5-5、13-3-4、14-3-9、15-3-7、19-4-5	11	5.34	
	贸易管制	9-9-1、14-4-7	2	0.97	
	示范应用	1-2-10、1-3-3、1-3-4、5-3-2、5-3-4、5-3-5、6-3-2、7-3-4、8-3-2、8-4-3、9-3-1、9-8-2、11-3-4、11-4-1、11-4-2、11-4-4、13-2-2、14-3-1、14-3-3、16-2-1、16-2-2、16-2-6、16-2-8、19-4-3	24	11.65	

如表 7-10 所示，政策工具使用的分类情况统计，环境型占比最多为 47.57%，其次为供给型 31.56%，最少为需求型 20.87%。

环境型政策工具使用频率最多，说明政府以构建良好环境为主，激励制造企业、金融机构等行为主体积极参与云制造产业建设。其中政策性策略占比最多（30.10%），法规管制（7.77%）、金融支持（4.37%）和税收优惠（3.88%）次之，知识产权保护（1.46%）最少。政府以间接性的鼓励和引导手段为主，直接干预及强制性策略较少，金融支持、税收优惠是企业降低研发风险、完善融资渠道的重要手段，知识产权保护有利于维护企业创造创新的主动性，这些方面具体的实施细则需要加强。

供给型政策工具中，技术支持工具使用最为频繁（11.17%），人才培养（6.80%）、基础设施建设（6.31%）次之，资金投入（4.85%）、信息支持（2.43%）最少。云制造产业的发展需要充分发挥新一代信息技术的支撑作用，云计算、大数据、物联网等技术促进云制造产业高质量发展，政策的支撑力度最大。引进与培养相结合，壮大专业人才队伍，是亟须解决的问题之一。加快推进新型基础设施建设是传统制造企业上云的重要保证，政策也在积极推进中。政府在资金投入与信息支持方面的政策需要加强，可以通过财政拨款及鼓励社会力量和资源参与云制造产业建设。

需求型政策工具中，示范应用（11.65%）占比最多，海外交流（5.34%）、政府采购（1.94%）次之，外包（0.97%）和贸易管制（0.97%）最少。我国大力建设及推广云制造平台，在北京等 16 个省市开展工业云创新服务试点，鼓励试点地区聚集和共享制造与创新资源。加强府际间对话与合作，尤其与德国的合作较为密切。政府主要通过采购云服务、技术服务外包等形式制定相关政策，需要规范企业境外经营行为，同时维护我国企业在对外贸易中的合法权益。

（2）政策工具演进。通过以上分析可以看到，我国云制造政策类型的多样化，且综合运用了多种政策工具。各阶段不同政策工具使用频率如图 7-55 所示。可以看到无论哪一阶段，环境型政策工具使用频率最高，其次是供给型政策，最后是需求型政策。说明云制造产业尚处于发展初期阶段，政策工具结构亟待改善。政府早期是以项目指南、通知等供给型政策从宏观上倡导发展云制造产业及构建云制造平台，随后通过制定计划、规划等完善需求型政策工具，给予云制造产业顶层设计框架，近几年则从微观视角，从云制造运行具体环节出发提出行动方案。

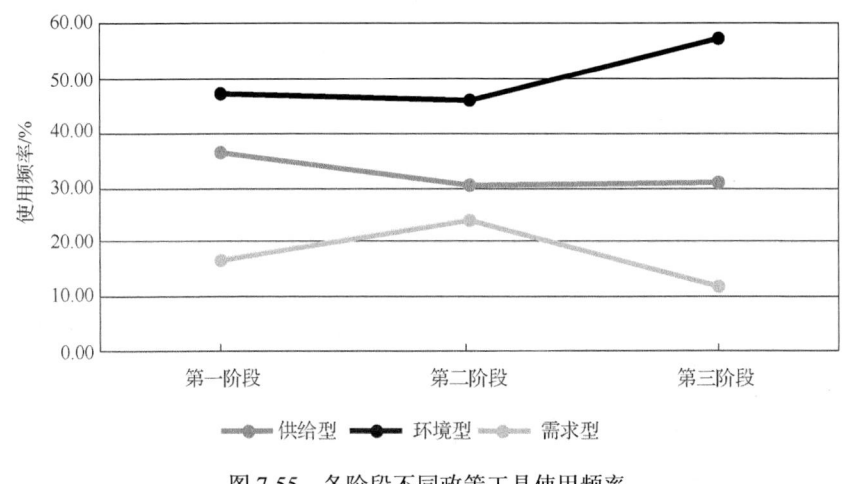

图 7-55　各阶段不同政策工具使用频率

5. 云制造政策可持续演进机理

通过对云制造政策发展历程的梳理，以及对政策主体合作、政策主题聚焦、政策工具使用情况的演进分析，可以看出云制造政策可持续演进呈现三个阶段。

（1）鼓励发展阶段（2010～2014 年）。此阶段明确指出了服务平台建设是攻克互联网背景下制造资源共享、制造能力协同的重要基础。依托国家高技术研究发展计划（863 计划），北京航空航天大学和中国航天科工集团设计云制造服务平台原型系统，并于 2012 年年底顺利过了第三方机构件对系统功能、性能、可靠性等方面的测评。同时，为促进工业转型升级和经济发展方式转变，国家加快推进信息化与工业化深度融合步伐。此阶段为基于平台的云制造产业形成奠定了非常重要的基础支撑。

（2）顶层设计阶段（2015～2017 年）。在新一轮科技革命的时代背景下，为抓住国际产业分工格局这一重大历史机遇，我国实施制造强国战略，明确制造业战略目标和发展方向。同时推进云计算技术创新发展、"互联网+"制造业新业态生态体系形成。在"培育具有全球影响力的'互联网+'应用平台、鼓励互联网企业积极拓展海外用户"等国家政策的推动下，以航天云网为代表的云制造平台向遍布全球的大部分国家和地区的企业用户提供普惠的免费服务与个性化的增值服务，并在全国"七个区域九个城市"开展布局，并与 20 余个省市签订战略合作协议，协同打造"区域工业云+行业工业云"发展模式。

（3）指导实施阶段（2018 年至今）。此阶段政府对企业上云及数字化赋能提出具体的指导措施。企业通过"上云"进行基础设施和信息系统的云化、生产经营业务流程优化等应用，实现连接社会化资源、共享能力及服务。通过采集工业装备和生产系统中的海量数据，融合其他外源数据进行快速抽取、储存、计算、分析，企业设备/业务上云服务系统能够为企业级用户创造巨大的价值，能够帮助制造型企业实现服务型制造转型，建立生产过程和设备的智能连接，通过数据驱动智能生产，通过数据和连接管理工业资产，由此产生更大的经济效益[8]。

6. 问题及启示

（1）政策数量偏少，主题不突出，专门针对云制造的政策需要加强。虽然中国云制造产业的理论研究成果较为丰富，但政策数量偏少，已有的政策文件大多也并非直接针对云制造制定。由于疫情的存在，企业亟须走上"云"端，加入互联网。政府除了在两化融合方面深度布局外，应继续推进企业设备、业务等上云，政策制定可更加具体，从云制造全生命周期活动视角，驱动更多的云应用和云服务不断涌现[9]。

（2）政出多门，政策主体协同性有待加强。虽然有十多个政府部门参与云制造政策制定，但联合发文政策数量较少，很多年份没有联合发文。无论从联合发文情况还是独立发文情况看，工业和信息化部都显示出较为重要的作用。其他政府部门应充分发挥各自职能优势，根据政策工具分布不均衡现象，进行横向合作，如联合教育部加强云制造相关人才的培养，科技部继续培育云制造相关技术的项目培育，财政部等在资金等方面给予支持，使云制造运行过程中人流、技术流、管理流、数据流、物流、资金流等资源尽可能达到最优化配置。

（3）政策工具类别结构性失衡，环境型政策工具使用频率高，应提高需求型和供给型政策工具的使用。无论是从三类政策工具的整体使用情况，还是具体工具的采用情况来看，云制造政策工具分布不均衡，环境型政策工具中政策性策略使用频率超过需求型工具，外包、贸易管制、知识产权保护、政府采购等政策工具使用频率低。在国内国际双循环相互促进的新发展格局背景下，政府根据应国内外市场需求，加强采购与外包力度，调整贸易管制策略，重视云制造相关知识产权的保护，利用自主创新助力新基建，培育云制造生态。

由以上分析可知，云制造政策演进经历了鼓励发展、顶层设计、实施指导三个阶段，但体系尚不成熟，云制造产业仍处在初级发展阶段。政府除了加强部门间合作、平衡使用政策工具有针对性地制定云制造政策外，还需联合产、学、研、用、金，共同推动中国云制造可持续稳步发展。在后续的研究中，从横向来看，可以通过对比德国、英国、美国等制造强国的政策体系，探究对中国制造业发展的经验；从纵向来看，继续收集中国各省市发布的云制造相关政策，计算中央和地方政策实施的协同程度，以及时调整政策导向。

7.7 本章小结

本章以航天云制造联盟为例，验证云制造联盟创新生态系统演化机理及运行机制的正确性和适用性。首先，描述成员互动演化机理、种群演化机理、网络演化机理；其次，从共生、平衡、循环三方面刻画航天云制造联盟创新生态系统运

第 7 章　云制造创新生态系统演化机理与运行机制实证研究

行机制，说明建立云制造联盟创新生态系统网络演化模型的正确性；最后，从政策方面提出航天云制造联盟创新生态系统发展对策。

参 考 文 献

[1] 王媛, 曾德明, 文金艳. 跨领域技术融合对企业新产品开发绩效的影响[J]. 科研管理, 2020, 41(8): 114-122.
[2] 张利飞. 创新生态系统技术种群非对称耦合机制研究[J]. 科学学研究, 2015, 33(7): 1100-1108.
[3] 黄鲁成, 张红彩. 基于生态学的通讯设备制造业的技术创新种群演化分析[J]. 中国管理科学, 2006(5): 143-148.
[4] 孙冰. 航天云网柴旭东: 工业互联网平台助力企业数字化智能化转型[J]. 中国经济周刊, 2019(1): 58-59.
[5] 原诗萌. 航天云网的工业互联网实践[J]. 国资报告, 2020(7): 106-108.
[6] 王为民. 航天云网: 赋能工业未来[J]. 国家电网, 2019(12): 38-39.
[7] 文晓. 航天云网: 工业互联网平台领航者[J]. 自动化博览, 2019, 36(3): 24-25.
[8] Wang J. Research on sustainable evolution of China's cloud manufacturing policies[J]. Technology in Society, 2021, 66:101639.
[9] 王京. 平台生态系统演化机理研究——以云制造产业为例[J]. 中国软科学, 2021(11): 29-35.